新民说　成为更好的人

海关洋员传记丛书 | 李爱丽 主编

［英］庆丕 著
朱卫斌 冯晖 译

庆丕回忆录

Paul King

IN
THE
CHINESE
CUSTOMS
SERVICE

A PERSONAL RECORD OF FORTY-SEVEN YEARS

我与中国海关
1874—1921

GUANGXI NORMAL UNIVERSITY PRESS
广西师范大学出版社
·桂林·

庆丕回忆录：我与中国海关（1874—1921）
QINGPI HUIYILU：WO YU ZHONGGUO HAIGUAN（1874—1921）

图书在版编目（CIP）数据

庆丕回忆录：我与中国海关：1874—1921 /（英）庆丕著；朱卫斌，冯晖译. -- 桂林：广西师范大学出版社，2025.4.
（海关洋员传记丛书 / 李爱丽主编）. -- ISBN 978-7-5598-7926-4

Ⅰ.K835.617=5

中国国家版本馆 CIP 数据核字第 2025CD8066 号

广西师范大学出版社出版发行

（广西桂林市五里店路 9 号　邮政编码：541004）
　网址：http://www.bbtpress.com
出版人：黄轩庄
全国新华书店经销
广西广大印务有限责任公司印刷
（桂林市临桂区秧塘工业园西城大道北侧广西师范大学出版社集团有限公司创意产业园内　邮政编码：541199）
开本：880 mm×1 240 mm　1/32
印张：9.375　　　字数：224 千
2025 年 4 月第 1 版　2025 年 4 月第 1 次印刷
定价：68.00 元

如发现印装质量问题，影响阅读，请与出版社发行部门联系调换。

总序

海关洋员的生活志与第二代海关史研究[*]

滨下武志

海关洋员的生活志

《海关洋员传记丛书》将海外出版的关于海关洋员的书籍集中译介给中国读者,包括洋员自传,洋员妻子、后人撰写的亲人回忆录和学者撰写的传记。这套丛书的特色在于,第一,从中国近代海关史研究的角度来看,它集中介绍海关洋员的个人历史,有别于以往的制度史、贸易史和经济史研究。第二,从近代人物史研究的角度看,除了海关洋员在中国的经历,还涉及洋员父母、家庭的历史背景和本人青年时代的历史,将海关洋员在中国通商口岸的跨国职业生涯和故乡的地方性社会文化联系在一起。我们发现,这些外国人进入中国海关工作之前,大多有船员和海军等海洋性跨国职业经历,也有大学毕业生、知识分子、传教士、商人和外交官背景,最终作为海关洋员,长途跋涉,不远万里来到中国。第三,从史料价

---

[*] 本序言由李爱丽编辑、整理。

值来看，除了公开出版的海关资料，本丛书广泛使用了传记、自传、旅行记录、日记、信函、照片和口述访谈等私人历史资料。①

从个人的研究兴趣出发，我认为这套丛书的特色是揭示海关官员活动的地方性与日常性，从个人化的视角透视海关文化；进而透过海关文化，看清清末中国和世界的时代文化潮流，更加深入地理解多样性的海关历史，包括全球性的时代变化。总的来说，本丛书涉及六个既往关注不多的领域：1）英国和英国以外的海关洋员的人物史；2）围绕海关的社会文化生态；3）海关洋员的家庭生活；4）作为汉学家的海关洋员；5）洋员在海关以外的文化与学术活动；6）人物研究与中国近代史研究。

从1858年开始，中国海关（又称洋关、旧海关）的主要职责是管理不断扩大的对外贸易。因为茶叶、生丝出口的增加，需要新的贸易管理机构。1858年《天津条约》签订后，清政府在各通商口岸建立外贸管理的新机构——外国人管理的海关。海关在课税/纳税这个主要功能之外，还承担了新式教育、海事、邮政等职责，成为一个庞大的政府机构。在清朝覆灭之前的50多年里，海关的行政架构大致如下：

一、中央：总税务司署。

二、征税部门：各通商口岸海关。包括内班、外班、海班，以及医疗检疫人员。

三、教育部门：同文馆、税务专科学堂。

四、海事部门：营造处、理船处、灯塔处。

---

① 已经出版关于海关洋员个人的传记、日记、信函有：《赫德日记——步入中国清廷仕途》《赫德日记——赫德与中国早期现代化》《中国第一客卿：鹭宾·赫德传》《赫德爵士传》《我在中国海军三十年（1889—1920）：戴乐尔回忆录》《青龙过眼》《中国海关密档：赫德、金登干函电汇编》等。

五、邮政部门：大清邮局、各地邮局。

20世纪初，海关各部门在职洋员人数约1500人，50年累计洋员人数近万人。职业涉及估税、统计、会计、文秘、翻译、绘图、印刷、验货、医学、检疫、教育、船只驾驶、水手、航道勘测、水文测量、工程建筑、设备营造、灯塔值事和邮件递送等多个领域，吸引了一大批来自欧美各国的专业、专职、技术性、实务性、有语言能力、有体力的人才。实际上，中国近代海关的工作是一份综合性的大事业。①

一直以来，海关洋员研究的主要对象，是以赫德等总税务司为主的最高级官员。可是，从人数来看，洋员绝大部分是地方海关每天在现场从事关务的中级和下级关员，他们的特征是，不管外国关员或者中国关员，不少人有国际性的船员经验。例如回忆录《青龙过眼》（Through the Dragon's Eyes）的作者阿林敦（Lewis Charles Arlington），是苏格兰裔美国人，青年时代有长期的航海船员经历，1879年来到中国，先后加入南洋水师和北洋水师，1886年加入海关，1906年又转到邮政部门，1929年退休后，仍在中国生活。②

另一个例子是英国人戴乐尔（海关登记名戴理尔，William Ferdinand Tyler），他撰写了《我在中国海军三十年（1889—1920）：戴乐尔回忆录》（Pulling Strings in China）。戴乐尔1889年参加海关内班工作，在上海的江海关担任巡工司，同时受雇于北洋水师，经历过甲午战争，直到1920年从海关退休。③ 他的青年时代也有过

---

① 复旦大学吴松弟教授整理出版的《美国哈佛大学图书馆藏未刊中国旧海关史料（1860—1949）》展示了海关的工作成就。
② [美] 阿林敦：《青龙过眼》，叶凤美译，中华书局，2011年。
③ [英] 戴乐尔：《我在中国海军三十年（1889—1920）：戴乐尔回忆录》，张黎源、吉辰译，文汇出版社，2011年。

全球性的船员经历。戴乐尔的祖父是英国东印度公司的专员,留给他父亲相当可观的家产。他父亲是一位乡村教区牧师。戴乐尔认为,"我在中国找到了自己——在事实上——那么中国就是我应该待的地方。于是我向罗伯特·赫德爵士申请,在他那里寻求一个内班人员的职位。他回复我说,可以在他的一艘税务巡船上给予我一个职位"①。

有时,父辈的海上经历也会影响洋员的任职。18世纪末到19世纪初,洋员们的父辈已经保有对中国和东亚世界的关切,访问亚洲,从事传教、商贸和水手等工作。有时候,他们带孩子们一起来亚洲。父辈的经验和影响,使孩子们继承了对中国和亚洲的关切,在结束学业后到亚洲寻找适合的工作,从而进入中国海关。当然,进入海关,通常需要经过严格的考试。海关首任总税务司李泰国(Horatio Nelson Lay,1832—1898)的父亲李太郭是一个博物学家和传教士,19世纪二三十年代在东南亚一带活动,第一次鸦片战争后被任命为驻广州领事。② 以语言和翻译能力著称的海关洋员邓罗(C. H. Brewitt-Taylor,1857—1938,本丛书有他的传记),父亲曾经是海岸护卫队的水手。

这些在海关现场天天工作的人,往往有着类似的人生经历,特别是从社会文化活动的侧面看,他们的人生可以分为三个阶段。第一阶段是来到中国之前的时间,一般看来他们都经历过全球性的与海洋有关的活动,以船员和水手为职业,在欧洲、美洲和亚洲的不同海域寻找工作,或者加入海军,跨海训练。第二阶段是在中国海

---

① 《我在中国海军三十年(1889—1920):戴乐尔回忆录》,第26页。
② [加拿大]葛松:《李泰国与中英关系》,邝兆江译,厦门大学出版社,1991年,第1—14页。

关工作的时期，在海关工作以外，下班以后或者休假时期，仍保有个人的兴趣活动和社交生活。第三阶段是从海关职位退休之后，出于对中国古典文化和社会文化的关心，他们留在中国深化在职期间保留的学术和文化生活；或者，退休以后回到本国，继续关注中国动态，从事有关中国的研究。

最近的海关史研究中，正在出现一种新的社会文化史取向，关注洋员跨文化的个人际遇，关注洋员在东西文化交流中的作用与成就。像加州大学的佩里·安德森教授（Perry Anderson）和康奈尔大学的本尼迪克特·安德森教授（Benedict Anderson，2015年逝世），他们是蒙自海关税务司安德森（J. C. Anderson）的儿子。他们出生的地点是蒙自，曾表示希望访问父亲工作过的云南蒙自海关。老安德森1914—1940年一直在海关工作。佩里·安德森教授撰写了关于他们的父亲和他们孩提时代在云南的生活的著作。① 本丛书收入的海关洋员庆丕（Paul King）的个人回忆录亦属此类。

本丛书正是从社会文化史角度来描写海关洋员的工作经验和人物历史的。丰富的社会性和文化性内容，使这套丛书在研究性和资料性方面都有独特的价值。

海关洋员与中国文化研究

1. 海关洋员与亚洲文会

在海关总税务司赫德的严格管理下，根据不断下发的总税务司通令，每个职位的人员都恪守自己的职务和职责。下班回家以后，

---

① ［英］佩里·安德森：《思想的谱系：西方思潮左与右》，袁银传等译，社会科学文献出版社，2010年。

他们则属于自己的家庭,融入口岸当地的文化社会。他们常常自己学习中文和中国古典文化,深化和扩大对中国本地的文化环境和古典文献的理解,甚至把中国古典文献翻译为英文、法文或德文,为传播中国文化做出了贡献。如海关英籍税务司包腊(Edward Charles Bowra,本丛书有包腊父子的传记),利用业余时间翻译了《红楼梦》的前八回。前述英籍洋员邓罗,将整本《三国演义》译成英文出版。1874年加入海关的法国人帛黎(A. T. Piry),后来担任邮政司(Postal Secretary,1904)和邮政总办(1910)。他把雍正皇帝的《圣谕广训》翻译成法文。

海关洋员文化研究活动也令人瞩目。从1870年到1940年,在皇家亚洲文会北中国支会(North China Branch of Royal Asiatic Society)演讲者中,可以确认职业和职位者一共有1256人,具体人数是:牧师/教士318人,海关关员270人,领事等外交家234人,学者/出版/媒体等167人,等等。虽然传教士人数最多,但是海关关员的人数处于第二位,而且演讲的内容一般不是与海关有关的题目,而是以中国古典文学、语言、宗教、地理等社会文化内容为主。说明海关洋员里的知识分子的比率也比较高。

2. 作为汉学家的海关洋员

海关洋员中有一些优秀甚至杰出的汉学家。德国人穆麟德就是其中之一(本丛书收入穆麟德夫人撰写的回忆录)。1877—1898年,他在皇家亚洲文会北中国支会四次发表演讲,演讲的题目是:《直隶的脊椎动物》(1877)、《中国的家法及与其他民族家法的比较》(1878)、《中国的方言》(1894—1895)、《比较语言学的缺点》（1898）。① 这些题目是与博物学和社会/语言学有关的领域，与外交/海关等历史文化领域无关。

海关洋员成为汉学家的另一个代表人物是德国人夏德（Friedrich Hirth），他 1870 年进入厦门海关，1897 年辞职。加入海关之前，夏德已经得到了德国莱比锡大学的博士学位。在海关工作期间，他长期任职于总税务司署下面的造册处，1885 年编辑出版了供新入职洋员学习中文的《新关文件录》。1909 年，海关税务专科学堂的洋员校长邓罗将此书再次编辑出版。1902 年，从海关辞职后的夏德应聘前往美国，出任哥伦比亚大学第一任中文讲座教授。夏德著述和编辑出版的汉学著作多达十余部，涉及音韵、字典、地形/地质、艺术、历史等多个领域，以英文和德文出版。

在历史研究领域发挥力量的海关关员也不少。引人注目的是 19 世纪 70 年代初同文馆教习、德国人方根拔（Johannes von Gumpach），他研究出版了关于 1868—1870 年中国第一次访问西洋各国的外交使节团的著作：《蒲安臣使团》（The Burlinghame Mission，1872 年在上海出版）。取得更为突出成就的是美国人马士（H. B. Morse），他的《中华帝国对外关系史》和《东印度公司对华贸易编年史》是研究清朝对外关系的经典名著。研究中国的美国著名学者费正清，将马士视为精神上的父亲（年龄上可算祖父），本丛书收入了费正清和司马富等人撰写的《马士传》，对马士的史学成就有详细的陈述。

---

① 参见王毅《皇家亚洲文会北中国支会研究》，上海书店出版社，2005 年。

海关文化研究的新资料

1. 个人文件和图片

海关洋员的个人资料，包括书信、日记、回忆录、采访记录、剪报、夫人和亲戚的观察记录和照片等。特别引人注目的是最近开始出版的海关洋员的孩子们的回忆录。为了更深入地了解海关洋员在中国的活动，我们特别需要了解洋员以个人身份保留下的资料，这些资料有的仍保留在洋员后人手中，有的由洋员后人捐给欧美各国的大学或博物馆。寻找洋员后人，鼓励他们将家族收藏的资料捐献给大学研究机构，是英国布里斯托大学毕可思（Robert Bickers）教授正在推进的一项非常有意义的工作。有些洋员后人已经利用这些私人材料出版了著作，本丛书收入的《赫德爵士传》（作者是赫德的侄女裴丽珠）、《金登干回忆录》（金登干长期担任海关伦敦办事处负责人，该办事处是海关全球化活动的代表机构，该回忆录由金登干之子撰写）和玛丽·蒂芬的《中国岁月：赫德爵士和他的红颜知己》就是其中的代表性著作。

2. 海关出版物中的"特种系列"和"杂项系列"

海关出版物中，有"特种系列"（II. Special series）和"杂项系列"（III. Miscellaneous series）两类，一共95（44+51）种。其中有大量文化和社会方面的报告，具有非常重要的价值，值得更深入研究。下面出示几个例子，从标题即可看出其内容涉猎广泛。

①《海关医学报告》（*Medical Report*），特种系列 No. 2，1871—1911年，半年刊。

②《中国音乐》（*Chinese Music*），特种系列 No. 6，1884年出版。

③《气象观察与东部海域风暴》(Instruction for Making Meteorological, Observations, and Law of Storms in the Eastern Seas),特种系列 No. 7,1887 年出版。

④ 汉口和其他长江港口药材出口清单及药材估值税(List of Medicines exported from Hankow and Other Yangtze ports, and tariff of approximate values of Medicines, etc.),特种系列 No. 8,1888 和 1909 年两次出版。

⑤ 历次海关代表清政府参加世界博览会的中国展品目录册,杂项系列,共 11 份。

本丛书与第二代海关史研究

近十几年以来,我们发现了一种新的海关史研究潮流,这些研究的特色是关注海关洋员的社会生活史。我们把新一代以海关洋员为主的研究称为第二代海关史研究。从学术资料的角度来看,日记、回忆录代表了私人文书的范畴。在海关史研究中,人物历史的研究一定有助于在更大层面上展开海关人事史的研究。海关洋员汉学家的中国古典研究,一定能开拓文化史和比较文化史研究的新领域。海关出版物的特种系列和杂项系列,为这类文化史研究提供了丰富的资料。同时,对海关伦敦办事处各项职能的研究,有助于讨论海关的全球性活动与功能。从中国近代史角度来看,将全球史与地方史结合起来,是充分利用海关资料展开研究的新课题。

这套《海关洋员传记丛书》,涉及面非常广泛,不只历史,也涉及经济、外交、语言、文学、文化、汉学、日常生活研究等领域,我相信,它们可以把以前分开讨论的各个因素连在一起,构成一幅动态的近代中国历史画卷。

庆丕像

目　录

译序　　/1

引言　　/2

第一章
早年在伦敦——1866年被带去见赫德——哈利伯瑞——德累斯顿——1874年在香港　/3

第二章
1874—1878年，我在工作的第一个口岸汕头——小港生活概貌——在困难的条件下学习中文——我第二次见到大人物总税务司　/8

第三章
19世纪70年代早期中国南方的生活与习惯——香港的老格伦盖尔号汽船与鸦片——一位古怪的英国领事与其他当地名流——帕尔默船长，托马斯·马什·布朗和彭州海号——詹姆巴瑞俱乐部章程　/20

第四章

1878—1879 年，我在工作的第二个口岸九江——庐山及其奇妙的环境——长江洪水——志不相投的上司——《关于职员的秘密报告》——购买瓷器的开心事——茶叶贸易中的一些名流——立德与其他人——1879—1881 年调任芝罘——遇到中国的戈登——他对鹭宾·赫德的细微观察——婚姻——1881 年申请探亲，并被派遣到伦敦办事处　　/37

第五章

在伦敦办事处的生活——中国海军的战舰——中国水师提督在纽卡斯尔——伦敦的社会民主联盟视中国船员为威胁——令人不愉快的总署事件——1883—1885 年调任上海——一个资深税务司谈鹭宾·赫德的公正——1885—1887 年调任九江——"巨型船"以及其中一艘如何毁于火灾——一艘中国炮艇及其旧式指挥官——我们当地的"健身房"——总税务司的造访——他的"好恶"　　/47

第六章

1883—1885 年上海的"体育运动"——"健身房"与义勇总队的拳击场——拳击艺术中的当地冠军——上海赛艇俱乐部——轻骑队——1887—1889 年调任天津——成为税务司德璀琳的高级帮办　　/56

第七章

德璀琳与李鸿章——中日军队同时撤出朝鲜——湘军给外国运输带来麻烦——在天津的生活——基亚里尼的马戏团——俱乐部娱乐设施，冰上快艇运动，等等——我染上了天花，几乎死于安替比林过量——俱乐部的打斗——宓吉与《中国时报》——穆麟德男爵，前朝鲜王——罗丰禄与北洋舰队　　/64

目录

第八章

1889—1890 年在芝罘的生活——贾米森失踪——总税务司建议我休探亲假——再次被任命到伦敦办事处——挂念留在中国的孩子们——伦敦办事处职位苦不堪言的不确定性——调任上海担任"代理"副税务司——上海的邮政事务——雷乐石税务司出色的管理——上海样本室及其对税收的贡献——1897 年德国人占领胶州湾——我得到上海道台指示"把他们驱逐出去"——海关俱乐部与健身房——戏院中中断的剑术比赛　/82

第九章

我在上海学习日本剑术——"线人"工作——我的活动因调任杭州而打断——沿京杭大运河坐游船旅行——杭州外国人租界：疟疾渊薮——我妻子的重病——总税务司承担征收厘金的责任——保俶塔与西湖的美景——火药库爆炸——城市奇迹般地免于毁灭——短假期间造访北京——结果是调任九龙　/96

第十章

造访北京，得以调任九龙——普鲁士海因里希王子和王妃访问杭州——华中的慕稼谷主教——我们在杭州的伙伴"威绨·蒙克"和一只黑猫的悲哀结局——离开杭州——香港——拜访广州谭总督——我们如何解决了九龙英界拓展的边界问题——我妻子健康衰退，需要归航回国　/109

第十一章

1899—1900，在伦敦休短假——调任广州担任税务司，薪俸削减及其原因　/124

第十二章

1900年4月，我被任命为粤海关税务司——李鸿章与义和团危机——他任命我为两广海关监督税务司——我陪同他赴上海——他在上海受到的招待以及平静沉着的姿态——"你的总税务司还活着"——我恢复了在广州的职务　／127

第十三章

李鸿章逝后——在斯特德举办的朱利亚降神会上　／144

第十四章

义和团事件对我海关工作的影响——调任北海——英国领事对我提出控诉——总税务司对此不满——我患了口炎性腹泻，回到英国时，几近奄奄一息　／151

第十五章

在马特洛克镇斯梅德利水疗院的生活，口炎性腹泻部分好转——不顾医生的建议，执意回到中国——1904年6月，在北京拜访总税务司——被派往芜湖——口炎性腹泻复发，十分危险——1906年9月，以个人名义向总税务司求助，得以调任宜昌　／159

第十六章

1906年的宜昌岁月——在长江河床打高尔夫——游宜昌三峡——有趣的邮政工作——调任广州　／169

第十七章

再任粤海关税务司——总督周馥，以及对他和德璀琳的回忆——张人骏总

督和"二辰丸事件"——日本人的傲慢无礼与总税务司异乎寻常的缄默 /172

第十八章

广州轮船行会罢工——我作为原告在英国领事法庭的经历——周日贸易和瘟疫患者——1908年光绪皇帝和慈禧太后之死——在广州出席最后仪式——广州自治会和方言小报——花舫大灾难——参加广九铁路广州站奠基仪式 /189

第十九章

鹭宾·赫德爵士在他的伦敦寓所——向伟大的总税务司辞行——我被任命为上海造册处税务司——早期的退休金制度及后续——上海的革命者——一起铁路事件——上海国际童子军——鹭宾·赫德爵士之死——安格联先生（现在的弗朗西斯爵士）继任——鹭宾·赫德爵士的纪念塑像——（辛亥）革命的领导者——伍廷芳、唐绍仪和温宗尧——退位诏书——莫理循与那场革命——孙中山的失败——伍朝枢恳请承认中华民国——我调任厦门 /201

第二十章

人物特写之鹭宾·赫德爵士——"伟大的总税务司" /211

第二十一章

我接管厦门港——回忆裴式楷爵士——重访汕头——厦门的"宗族械斗"——冯·施佩上将来访——我们在花园聚会上招待埃姆登号——我反对以进步之名破坏偶像——爱理鄂爵士访问厦门——士兵和盐——尴尬的局面——日本舰队虎视眈眈——禁鸦片——我调至福州 /222

第二十二章

福州的生活——旧环境下的新官员——当地宣布独立——试图架空海关税务司——湘军威胁要制造骚乱——我的副税务司和英国领事——俱乐部晚宴及其后果——接受去伦敦办事处的提议——预感到灾难就要降临——到访并辞别香港，乘坐一艘德国邮轮回国　　/231

第二十三章

我于1914年7月接管伦敦办事处——战争爆发——中国中立导致的复杂局势——英籍海关雇员大批离开中国，参加到战争中——在伦敦办事处的工作——内班人员的制服及我们怎样为他们提供这些制服——对帝制与民国时期中国官员服饰的一些回忆——战争贸易部和中国邮政部的油墨　　/242

第二十四章

1917年，总税务司的财务责任扩展——递补海关中的英国员工——伦敦中英圈子里掀起"茶壶里的风暴"——我们在伦敦办事处挂上中华民国的五色旗——为在法国的中国劳工旅提供中国乐器——总税务司成为弗朗西斯·安格联爵士，获得大英帝国爵级司令勋章——他老练地清除中国海关内的日耳曼元素——英国在中国的宣传——战时的贸易难题——我们如何将灯塔运到中国——停战欢庆　　/254

第二十五章

大战中中国海关员工复员——唉，不是所有人都回来了！光荣榜及幸存者在战争中的贡献——新的海关养老金计划及其对新老雇员的意义——伦敦办事处参与筹划——国际法中的棘手案件——我清理了伦敦办事处的档案——回忆原办事处主管金登干——我在工作四十七年后退休　　/266

译序

庆丕，1853年生于英国伦敦，1874年来华，开始了在中国海关长达四十七年的职业生涯。在华期间，他先后在十多个口岸任职，从四等帮办干起，官至税务司。1920年，他在中国海关伦敦办事处任上退休，四年后出版了《庆丕回忆录：我与中国海关（1874—1921）》。这本回忆录虽然重点铺陈他在华工作生活的情况，但同时对海关内部运作、各地海关情况、他与赫德的关系有较多描述，对清末民初中国政治与社会情况也有不少涉及。因此，本书对于中国近代史以及海关史研究有一定的参考价值。

本书共二十五章。第一至十二章由朱卫斌翻译，第十三至二十五章由冯晖翻译。原文没有注释，现有注释全部为译者所加。翻译过程中得到了中山大学历史系范岱克（Paul Van Dyke）教授和法国友人弗洛里安·德夏内尔（Florian Deschanel）先生的帮助，特此致谢。当然，由于译者水平有限，谬误在所难免，敬请方家指正。

引言

　　不能说是有人要求我写出下列文字，但我的写作确实受到了强烈欲望的驱策。

　　今后是否有人会对中国海关总署及其创立者鹭宾·赫德爵士产生超出基本史实以外的兴趣，我不得而知。

　　"赶骆驼的人有赶骆驼的人的看法，而骆驼也有骆驼的看法！"——阿拉伯谚语

第一章

早年在伦敦——1866年被带去见赫德——哈利伯瑞——德累斯顿——1874年在香港

我出生在伦敦,是保罗·约翰·金(Paul John King)的第二个儿子。我父亲曾出任大法官法庭[①]高级主簿,其舅父是尼古拉斯·廷德尔爵士(Sir Nicholas Tindal),著名的英格兰首席法官。

我的学生生涯开始于南汉普斯特德(Hampstead)[②]的伯恩赛德(Burnside)学校。我在老伊顿公学和樱草花山坡地上的米德尔塞克斯(Middlesex)球场学打板球。正是在那里我遭遇了生平第一个"挫折",正如本回忆录将要展示的那样,这预示着我还有很多其他"挫折"。我才刚刚开始把自己想象成一个慢投球手(slow bowler),模仿一个很胖且在当地颇有名声的叫沃克(Walker)的人,这时由我家女佣传来的召唤使我陷入窘迫:"乔尔少爷"(我的昵称),"你妈妈喊你回家吃茶点!"

我初次接触拳击和剑术——后来在哈利伯瑞(Haileybury)中

[①] 英国大法官法庭,现为高等法院的一部分,由大法官主持。
[②] 位于伦敦西北部,曾为自治市。

学得以继续——也是从那个时候开始的。离开哈利伯瑞，我来到了德累斯顿（Dresden）①，这让我想起在那座美丽的城市与海因里希（Heinrich）教授及其可爱的家人度过的快乐的一年。他是一位善良而旧式的"邻家老爹"——这在近来的德国已经很少见了。我们以严格的德国方式生活着，我们的消遣活动也很一致——大型俱乐部宴会，随后则有为年轻人准备的舞蹈；以及冬季在大花园（Grosser Garten）②的湖面上溜冰，夏天则在湖的周围喝啤酒并欣赏乐队演奏。在这样的环境下，我依照乔伊·内岛（Joey Ladle）原理高效地学习德语，并且通过与一个自始至终在巴黎完成教育的土耳其青年互换课程的形式极大地增加了我的法语知识。他是一个活泼可爱、面容俊俏的青年，曾经在巴黎的两间学校勤奋学习。他拓宽了我的法语视野，让我更加了解这个世界，此处无须详述。但恐怕他并未从我的英语交换授课中得到多少助益。

1870年的普法战争迫使所有英格兰人回国，而我却游览了维也纳和布拉格，奥地利的蒂罗尔（Tyrol）③和萨克森瑞士（Saxon Switzerland）④，并穿着德国制造的套装回到了我在伦敦的家。随我一起回来的是对歌德和席勒的崇拜，对海涅和豪夫的迷恋，以及（日耳曼人）关于上帝与宇宙的一些确切观念，而英格兰的公学通常不会教这些内容。我一向嗜书如命，一生都在充分享受法语和德语的应用知识给一个英格兰男孩带来的"更宽广的视野"。

我再次闲待在家里。我们三兄弟谁也没有开始自食其力，我从事什么职业成了一个问题。我尝试加入商业公司，在民辛巷

---

① 今德国萨克森州的首府。
② 德累斯顿最大的城市公园。
③ 与意大利接壤的奥地利西部山区。
④ 德累斯顿东南部易北河谷周围的山脉景观，今为德国国家公园。

第一章

（Mincing Lane）非常快乐地奔忙了一年半，这主要归功于我作为一个轻量级拳击手在德国体育馆①确立的声誉——这有助于我在商业大卖场（Commercial Sales Rooms）销售体育用品。我顺便也在圣凯瑟琳码头学到了很多有关靛蓝染料和殖民地产品的知识，并偶尔受到信任帮公司做一些采购。

随后情况突然发生了逆转。（注意，与我在民辛巷的活动没有任何关系。）一天早上，三个神情严肃的男人走进我们的办公室，通知我们布兰克逊·布兰克公司（Blankety Blank & Co.）的商行正在清算之中，八名职员中只需要会计员留下。就这样我坦然地回了家，我身上也没有发生其他更多的事情。

在接下来的家庭危机中，我父亲记起了他与世界闻名的中国海关总税务司鹭宾·赫德爵士（那时还不是爵士，只是称为先生）的旧时友谊。对方的回复非常及时，大意是说：如果你的儿子能通过普通公务员考试，那他就可以获得一个四等帮办的职位，年薪是四百英镑的白银等价物（当时的价格）。

哦，上帝啊！四百英镑！我能通过考试吗？用于竞争性"考试"的学校知识本已忘得差不多了，但死记硬背几个月之后，还好，我成功了。我本来可能会不及格，但很幸运，有一份考卷测试常识和智力，还有一份考卷要用法文和德文答题。我在民辛巷并非一无所获，所以再加上经商的学问，海因里希教授过去有关摩西和《圣经》的观点，以及我可爱的土耳其朋友的巴黎经验等助阵，我"对于事情"知之甚多，正式在"教育和医疗上"获得"通过"——并获得了四等帮办的职位，这在中国海关属于 A 级。我

---

① 位于伦敦国王十字中心区，是英国第一座专业的体育馆。2015 年被改建为餐厅。

还得到了一张两百英镑的支票，作为旅费和置装费。

正如我前面提到的，我父亲与总税务司相识已有相当长的时间。1866年，我父亲到圣詹姆斯街的伯克利酒店拜会赫德先生的时候，我也随同在侧。我还记得他是如何从房间一个昏暗的角落走上前来，并以一种奇怪而害羞的方式与我们握手的。我对此印象深刻，但对于这次拜访想不起别的事情。

在获得职位的几个星期之后，我就登上了法兰西火轮公司（Messageries Maritimes）开往香港的班船。航行一路平静无事，只是在地中海发生了一件小事。在一个晴好的下午，当这艘甲级船机帆并用，以大约十四节的速度快速前行时，一个突然的震动让甲板上的人们手足无措，紧接着出现了令人相当紧张的场景。我们的白胡子船长飞奔上舰桥，整个轮船公司的人都奔上甲板。"快走"，"快走"，这是他们对挡道的倒霉旅客所用的"词语"。显然，我们在离亚历山大港大约二十五英里①的某处沙洲搁浅了。但幸运的是，乘客中有斐迪南·德·雷赛布（Ferdinand de Lesseps，他当时正由于主持开凿苏伊士运河声誉鹊起）这样的人，而且不止一个。

德·雷赛布先生建议我们的船长派遣大副乘坐救生艇去塞得港，并授权他带回足敷需要的蒸汽拖船。此时天色渐暗，风力也越来越强。整只船被大量绳索和线缆牵引着，随波摇晃。突然，我们开始移动了，几分钟后再次漂浮起来。德·雷赛布先生和我们的船长相对微笑。德·雷赛布夫人和她所有的小男孩与小女孩都"安静了"，整艘船再次变得正常起来。船上的英国人，在那一刻之前，彼此都有几分疏离感，此时都变得不再拘束，都认同在危机发生时

---

① 1英里约等于1.61千米。

第一章

他们宁愿是在他们自己的船上。在这个基础上彼此建立了很多友谊。我结识了怡和洋行（Jardine, Matheson & Co.）的负责人克锡（William Keswick）先生和他十分迷人的妻子，不过是在抵达香港之后，我才认识到"怡和大班"（Ewo Taipan）在那里有多大的地位。他们夫妇俩都对我非常友好。他们在东角（East Point）的可爱的房子和庭院立刻让人觉得眼前一亮。

我有一封介绍信——那时被称为汤券（tickets for soup）——给香港总督坚尼地爵士（Sir Arthur Kennedy）。我在政府大楼与他的女儿还有一个年轻的助理牧师玩槌球游戏，度过了一个很开心的下午，他们和我一样也刚从家里出来不久。

1874年的香港与现在的城市看起来很不一样。人们乘坐六桨快艇从钟楼下的台阶上岸。旧式俱乐部与香港酒店就在附近，即使没有现代的建筑那么时髦，两者也都算是很舒适的地方。在华南几乎恒久的高温中，深深的游廊与宽大的房间是重要的附属设施。布屏风扇华丽而缓慢地扇动，与电灯的光辉以及时常不能给人安静或凉风的机械风扇的旋转相比较，并不完全处于劣势。然而，人们不必做一个"恋旧者"，只是在远东目前忙忙碌碌的日常生活中，人们有时会深情地回顾新加坡旧时"有奖购物"的淡定和尊严，以及香港过去岁月安静而广阔的"内在"。山顶铁路依然只是一个梦想。我带着椅子，徒步登上了岩顶，并循原路返回。一些吃苦耐劳的拓荒者在山边搭建了平房。我注意到一间平房，房顶用很粗的深入土壤的缆索牢牢系住。这是为了防止过境台风将房顶强行掀掉。

第二章

1874—1878 年，我在工作的第一个口岸汕头——小港生活概貌——在困难的条件下学习中文——我第二次见到大人物总税务司

不管怎样，职责在召唤。我受命去汕头——一个沿海小港，从香港出发坐汽船大约需十八小时。

此次航行由德忌利士（Douglass Lapraik）公司广东号汽船负责。这是一艘坚固的小轮，由皮特曼船长（Captain Pitman）指挥，他是当时沿海航线最有名气的船长之一。我们于清晨抵达汕头，而我则非常幸运地得到了中国征税船宁丰号（Ling Fêng）科克尔船长（Captain Cocker）令人舒适的照顾。在那个场合他对我的好意成就了我们终身的友谊，这份友谊一直持续到他在中国海关服务多年之后去世。大家都对他的去世感到惋惜。宁丰号以作为总税务司的游艇而著称，它是一艘保养得宜的小船，船身干净美丽，纪律活泼，属于典型的英国战舰。

科克尔自己以前在海军任职，因而引来了其他的前海军军官。以我幼稚的眼光看来，林中尉（Lieutenant Ring）是其中特别出众的一位。他肌肉健硕，身上却有一道可怕的疤痕，这是在东京街头

第二章

的一次冒险活动中由一个嫉妒心强的日本武士造成的伤害。一个日本妇女用软纸堵住了裂开的伤口,直到几个小时之后领事馆的医生抵达,才救了他一命。

用完丰盛的早餐,科克尔船长带我上岸,把我介绍给我的长官,也就是当地海关税务司。我们在一个气派的客厅等了他一段时间,他终于到了——是一个典型的又高又瘦的美国佬。我那时还不知道,在这个陌生的世界,礼仪并不能造就绅士,所以对他接见时的无礼颇为"反感"。还有更加倒霉的事情。在乘坐税务司的快艇——一种华丽的六桨帆船——赴汕头海关的路上,我十分天真地问他是否懂中文,当时我满脑子都是这个疑问。他对这个问题显然感到不快,直到几个小时之后我才明白我失言的程度。他是早期海关税务司中对中文的了解仅限于威妥玛[1]序言内容的人之一。我并不知道这个情况,但当然他的看法是我这个"可恨的英国人"在故意戏耍他。上岸并抵达海关大楼之后,我被正式介绍给了其他职员:高级帮办,一个红头发的中年爱尔兰人,英军前海军少尉,也是总税务司的亲属;一个法国人,也是红头发,外加大红胡子;还有一个身材魁梧的贪图享受型的德国人。我得到了一间小得可怜的里屋,没有浴室,但由于我年轻并渴望工作,这样的事情算不了什么,没多久我就适应了当地的条件。在当时的海关部门,我这样的类型有点罕见——一个同时精通法语和德语的英格兰人,因此我很自然地既交了朋友也树了敌人。但共同辛苦流汗最能够解决问题,在炎炎夏夜的走廊上,微小的不快易于得到消解。我抵达当晚的活动是一个晚宴,就在美国汽船九州号(Kiushu)的甲板上。这是一

---

[1] 此处原书中的 Wade 应指威妥玛(Thomas Francis Wade, 1818—1895),他发明了威妥玛拼音以标注汉语。

艘样子最为普通的旧船，船长是德维尔（Deville），一位法裔美国人。事实证明他是一位非常亲切的东道主，而那位海军少尉驾驶船只在凌晨时分安全地把我们送回到床上。这是我第一次参加"詹姆巴瑞"（Jambarree），一种汕头刚兴起不久的特有的娱乐，下文还会谈到。

与现在一样，在汕头的人那时也经受了利益分割带来的困扰。外国人租界分布在港口的两岸，被不易通航的大约一英里的潮水隔开，社会壁垒也就这样形成了。住在某一边要比另一边更"奢华"一些。我们海关也被分化了。我们的头儿，海关税务司，住在"奢华"的一边，而他的四个助理却住在海关大楼，与中国人和商业环境为伍。

对于住在汕头这边的人来说，另一个社交障碍在于，已婚的人——多数是资历较深的人——都住在对面的礐石（Kahchio）。

我们隔三岔五地被邀请去那边参加相当隆重的晚餐聚会，接下来就是玩惠斯特纸牌。但通常情况下，住在汕头这边的单身汉在社交事务上得自谋出路。不可避免的结果就是，"詹姆巴瑞"的精神得到发扬。有时相当无聊，于是打牌——主要是扑克牌——就变得更加时兴，而与此同时，我周围所有有需求的人也开始享受中国人夜生活的一面。对于刚离家的白人青年而言，这是一个相当陌生的环境：令人困倦的、易口干舌燥的气候，几不可见的道德约束，再加上浓浓的国际同志情谊（因为在那些日子里，在这个海岸的所有白人团结一致，掩盖了他们的分离倾向）。中国人和外国人是两种大致的种族划分。总体来说，这两者之间没什么敌意。

当地商人多为广州人和外地人，而土著却是倔强的山民后裔，他们曾拒绝按照满族征服者的命令剃头。那时他们都戴有一个头

第二章

巾，以遮掩最终被迫屈服带来的屈辱。外国人社区里英国人占多数，还有一些德国人和斯堪的纳维亚人，几个法国人以及一两个美国人。我们这些后来者是相当幸运的，在早期无条约的时代，一个有先见之明的人在汕头住了下来。我在中国认识的这些人当中，托马斯·威尔斯·理查森（Thomas Wills Richardson）的名声与非凡个性是最为突出的。他是一个典型的墨卡托①类型（Mercator type）的英国商人，博览群书，视野宏阔。他注意到汕头已经完全具备了对外贸易的基础。

早期对华缔约国的领事——英国人和美国人——也是爱书之人。他们首要的、影响最深远的贡献就是在礐石建立了小俱乐部，其中精巧的图书室就有精挑细选的优秀作品。

就个人而言，我对他们深怀感激之情。在我居住汕头的五年期间，很多欢乐时光都是在他们的藏书中度过的，否则这些时光就可能无望地虚度了。

不久我就安下心来在办公室工作，我在伦敦的从商经验使得我能轻易上手这份工作。我对诸如船货单、发票、海关规则和条例等"可怕的禽鸟"（fearful fowl，对一个英格兰男学生而言这些非常可怕）了如指掌，此外，对于商业簿记也有相当的知识。所以，我不久就继任港口会计师和税务司秘书这样令人自豪的职位，其职责使我获得了一个小房间作为私人办公室，这样我在一个角落里放置我的中文书籍就不用担心受到干扰。老实说，学习中国官话——中国海关总署的所有内班帮办（Indoor Assistants）都必须得学——是在

---

① 应指16世纪尼德兰的地理学家、地图制图学家赫拉尔杜斯·墨卡托。他最负盛名的创举是根据新的投影法绘制了1569年的世界地图，该投影法被称为墨卡托投影。同时他博览群书，很多地理知识都来自他自己藏书颇丰的图书馆。

庆丕回忆录：我与中国海关（1874—1921）

汕头那段时间里一件相当困难的事情。该口岸的教师中没有北方人，如果不是翟理斯（H. A. Giles）教授——时任英国驻汕头副领事——善意地允许我去找领事馆文书（这位文书是福州本地人）帮忙，我应该得为学习四个音调以及朝廷官话的正确发音付出更艰苦的努力。直到今天，我仍然能回忆起努力练习用毛笔写字时的痛苦，以及在炎热的白天和夜晚，我坐着"制造"汉字时，汗水是如何在我的胳膊上恣意泛滥的。这些汉字是老师挑选出来的，并由他抄录在整齐地被分成半英寸①见方的小格子里。学生必须把描图纸覆盖在方格内的汉字上，然后描写这些字。对我来说，这件事之所以变得更加痛苦，是因为我得知在多数情况下，海关新人要么被送到北京学习汉语，免除每天坐班六小时的麻烦，要么就被送到某个讲官话的口岸，在那些地方，语言可以"通过毛孔"吸收。

我的当地老板不断地变换——那个美国人让位给了一个法国人，而这个法国人后来又让位给了一个来自贝尔法斯特（Belfast）②的爱尔兰人，而他在几个月之后，又把办公室让给了他们中最受尊敬的人，已故的汉南（Charles Hannen）先生。

他是一个能让自己同时受到年轻人与年长者喜爱的上司，而且他做了很多努力活跃我们办公室的内外生活。我与语言的斗争没有逃脱他的关注，他多次联系北京的上司，希望能在讲官话的口岸给"年轻的国王"③一个机会。但让人疲惫的五年时间过去了，仍然没有回音，直到1878年我的健康出了问题，事情才出现转机。我被派到九江——长江上的一座古城，后面我会提到。直到那时，我

---

① 1英寸等于2.54厘米。
② 今为北爱尔兰首府。
③ 庆丕的姓King也有"国王"的意思。

第二章

对总税务司"复杂"而古怪的个性仍没有多少个人体验。我抵达汕头时曾给他写过一封信,感谢他对我的任命,而我也及时得到了回信,满是该做什么以及该避免什么之类的忠告。最后他写道:"接受这个忠告,并不是因为它来自总税务司,而是因为它来自一个在中国度过了二十年之久的人。拒绝这个忠告,二十年后你会在日记中写道:'没有接受总税务司的忠告,我是多么愚蠢啊!'"

为了充分传达对伟大的总税务司心理状态的印象,这里有必要讲一个简短的题外话。19世纪60年代早期,我的舅父——已故的曼·斯图尔特上校(Colonel Man Stuart),外科学士,最低等级圣米迦勒及圣乔治勋章(C. M. G.)获得者——接受了在中国的工作,担任第一任总税务司李泰国先生(已故)的私人秘书。在李先生离职之后,我的舅父继续服务于他的继任者赫德先生,后者因为同样很有能力,最终成了中国海关的一名税务司。我的舅父是一位接受英国公职——包括文职和军职——传统培养的人,没过多久他就对新上司的武断作风十分不满。在海关内部,人们普遍认为赫德先生是一位"仁慈的独裁者"。他当然是一个独裁者,不过他的牺牲品却很少是他仁慈的对象。

所以赫德先生和我舅父的关系处于十分紧张的状态之中——对于初到中国的我来说很不幸。我与这位伟大上司的第一次个人接触是在1878年的汕头,当时他乘坐一艘税收艇巡视各口岸。我们都上了船,向他表达敬意。作为资历较浅者,我是最后一个被引见的。他向另一边的引见秘书询问了我的名字,和我握手,并回忆说,他认识我父亲以及我的其他一些亲戚。海浪相当汹涌,当我们正要翻过船舷时,他冷冷地问道:"你会游泳吗?"我当即回答说:"哦,是的,一辈子都会。"这是一个轻率的回答,但我并不知道鹭宾·赫德憎恨所有有运动倾向和技艺的人。他的怪癖达到这样的程度，以至于他禁止他在哈罗公学（Harrow）读书的儿子参加任何运动。因而我的开局相当不祥。据说在会见之后，这位大人物评论说"年轻的庆很像曼"，"曼"指的是我的舅父，他已故的秘书。

从他长期客居中国以及他与中国人的生活方方面面的亲密关系中，可以看出总税务司有意无意地倾向于使用一种中国式交往方式。一种办法就是使孩子感知到其父亲的过失。我的例子也绝不例外，对我来说很不幸的是，多年来，伟大的总税务司透过他与我舅父"杰克"曼（·斯图尔特）的不睦关系来看待我。

这个大人物的另一个特性是，他习惯于采取主动措施去对付那些他不喜欢而又确定不能报复他的人。对于他的英国雇员，他一直拥有生杀大权。只要他高兴，善待还是恶待，都没问题。

对于在海关工作的美国和欧洲其他国家的雇员来说，情况并非如此。各口岸警觉的领事们及在北京的那些戒备的全权代表们会确保他们的国民在晋升一事上获得应得的，有时甚至更多的权益。但英国的代表——同样是公使和领事——在有关干涉海关内部事务时，从一开始就施行"自我克制条例"。无论这在道德上多么无瑕，实际上仍时常导致英国雇员蒙受不白之冤。

在这里，我想做一点个人解释，因为我一点也不希望被人们认为是个不幸的人，是个心怀怨恨的人。我的情况远不是那样，但如果不被允许援引一些个人的体验作为例子，那么要想充分地论述这个主题几乎是不可能的。这就是我有时称自己为事件目击证人的理由，意图在于对一个"复杂体"进行精神分析，该"复杂体"的所有伟大品质都可悲地因其喜怒无常的缺陷而削弱了。鹭宾·赫德未必总记得爱默生无情的忠告："如果你不想被人知道你做过什么，

第二章

那就永远不要去做。"

尽管很多英国人不得不遭殃,但当其他国家的人看到鹭宾·赫德对他自己的人民缺乏恩惠时,却对他的"公正无私"印象深刻,这确实有点幽默。毋庸置疑,他的态度——对一些英国的牺牲者来说异常冷酷——实际上美化并巩固了英国人的领导地位!

在宽慰了我的良心并希望通过这个简短的解释说明我的意图之后,让我来继续梳理早期在汕头的岁月。我已经罗列了那里的优秀人士,他们因不寻常与美德而熠熠生辉。其他一些人从相反的意义来说,也同样引人注目。那里有德国商界领袖迪克斯(Diercks)先生。他在口岸的汕头一边与他的中国妻子以及众多子孙一起奋斗了二十多年。由于欧洲甜菜作物突然失收,汕头的食糖成为紧俏物资。我们的这位德国朋友在最有利的时机抓住了财富,金钱滚滚而来。那家伙有了财富后人就变了。他从一个以半中国方式生活的苦寒的隐士,变成了香港(日耳曼)式的商业王子。他造了一所精美的房子,对那个地方的人非常吝啬,虽然这些人在他以前的生存状态中并没有让他不快。

个人而言,我不是一个讨喜的人,正如我永远不会成为一个嗜酒者,也不会成为一个沉迷的赌徒。作为一个会讲德语并比他更了解他的祖国的英格兰人,我也不被迪克斯先生信任。

后续情况有点悲哀。他立志要"回家",在类似情形下,这也并非异常的表现。实际上,由于时光流逝,除了汕头,他别处无家。我想起了我们的告别谈话。"我要去巴黎,我会在那里吃各种大餐,我在汇丰银行有一万索维林金币(golden sovereigns)做后盾。"唉!人的幻觉是多么没有价值啊。在返回那个永不属于他的家的航程上,他死于心力衰竭。

那时的汕头生活有一个奇怪的特色，就是外国人社区清晰地分为年轻人和中年人两部分。我记得和善的理查森夫人——感谢她好心肠地为我们这些不可救赎的年轻人所做的一切——有一次曾悲哀地说："你们为什么叫他老理查森先生呢？他只有四十岁呀。"她是在美国出生的，不知道对于不喜欢公开流露情感的英国年轻人来说，"老理查森"是个相当亲切的称呼。正是因为所有这些，年轻人与中年人之间的鸿沟就非常明显了——其中一个原因，我想，是我们都不同程度地依赖我们的年长者。确实，我们我行我素，在没有他们参与的情况下也做了不少愚蠢而鲁莽的事情，并且尽管我们私下对他们的钦佩可能比我们愿意承认的要多，但任何一位脱离社群的年轻人最终都有变成贱民的危险。像这样的"贱民"并不少见，且并不完全是年轻人。

　　有一个特别的人突然从香港来了，我时常对他的过往感到好奇。有谣言说他发现英国的殖民统治不再适合他待下去，故渴望在一个内地口岸找到更自由的生活，在这样的口岸，十诫就像穿着制服的警察那样难觅踪影。

　　尽管如此，他还是来了，并把自己安顿在当地市镇的一所中国房子里。他兴趣广泛，非常健谈。某个晚上，他多喝了点杯中物，给我们朗诵了罗马天主教堂礼拜中的语录，声音和细节的逼真度说明他要么是一个离职的牧师，要么就是斯托尼赫斯特学院（Stonyhurst）的肄业生。不用说，他很快就把钱用完了。在邪恶的交往有可能败坏我们剩下来的良善道德举止之前，他就消失了。另一种类型是海上的，有一个人以缉捕中国走私者和海盗而闻名。这是一个瘦小黝黑的男人，他那艘插着中国旗帜的外国炮艇给广州的府库带来了很多钱财。当他来到我们这里时，他的任期已经快结束了，但

第二章

我记得他是一个中国少妇的拥有者（其他人并非不能分享，中国以外的其他地区有时也有这种情形），她是我在那之前和之后见过的最端庄美丽的妇人。

她是一个有性格也有胆气的女人，因为他喝醉时是一个危险的男人——被发现任何不忠可能意味着不是死亡就是毁容。

在那些日子里，中国人和外国人之间唯一的"社会"交往经由"妹仔"（Mui-Tsai）①阶层的妇女进行。我必须公正地回顾一下，中国的管家时常做足功夫，以使她临时的主人行为端正，尤其是在饮酒这样的事情上，或者是在有可能迷失方向、误入缺乏监管并有可能损坏健康的场所这类事情上。令人高兴的是，所有这一切都变了，永远消逝了。对于现在的白人男子而言，遍及中国的大量同族适婚女子使得他们没有借口去冒险与土著血统的人通婚；但在过去的黑暗岁月这是一种权宜之计——好吧，最好还是不要冒险发表意见。

我们在夏天和冬天——冬天在一年中有一个月，最多两个月——最主要的户外运动是板球，欢庆节日时英国炮艇也时常前来助兴。随后欢乐与友谊主宰一切，树荫下九十八华氏度②的气温也阻止不了漂亮的板球与海量啤酒的结合。这是一个开放之家，所有已婚的年长者都到场，他们的夫人也来旁观，极其荣耀地穿着中国人复制的最新巴黎时装。

夜深之后，人群继续狂欢。如果一个锡壶偶尔被吊上领事馆的旗杆，或者教堂的大钟必须得从港口的海床找回，不会有人提出疑问，也不会有人损失一分钱。

---

① 粤语中指卖身到富裕的家庭当佣人的穷家女子。
② 98 华氏度约等于 36.7 摄氏度。

庆丕回忆录：我与中国海关（1874—1921）

在短暂的寒冷月份，韩江的淤泥沼泽——港口的延长部分——挤满了野鸟、大雁、野鸭和短颈野鸭。这些熟悉的、难以捕捉的禽鸟是主要的猎物，不过鹬和鸰——金色的和灰色的——也在被捕捉者之列。我们自己人中间的一种习俗值得记述一下。我们约定不使用口径大于十二孔的枪。线筒中的大号铅弹可以解决较大的鸟，而野鸭与短颈野鸭最好用四号铅弹对付。当然，我们只有黑火药，没有"绞筒枪"。但是，猎获物还是很多，没有所谓的任意滥杀。我们也会在不远的乡下山丘适度射杀野鸡。宽敞的"纸舫"（之所以如此称呼它们，是因为它们装载的货物是汕头有名的粗纸，用来制作大多数宽敞的船屋）的舱位里面有野营床架与桌椅。中国的船员在一个老大（Lowdah）——非常拿破仑式的称谓——的带领下站在两边狭窄的木板通道上，用长篙撑船。他们始终快乐地一边聊天，一边煮饭，一边做事，一边唱歌。他们盼望着在甲板与船脊之间的两英尺[①]空隙中舒适地休息时，鸦片烟枪飘散的香气能帮助他们入眠并做一个美梦。优良的运动型猎犬很少见，爱犬的"心丝虫病"常常最终令主人心碎。我对一条棕色卷毛爱尔兰猎犬记忆深刻，我可以保证它同样活在它的主人、我终身的朋友"鲍勃"·希尔（"Bob" Hill）的记忆中。老"忠"（Trusty）是一条非凡的"全能"狗。它的体质中一定有一些塞特猎犬的成分，因为它可以惊起野鸡，当然如果场合需要的话，也可叼回野鸡。

但有这么多爱好运动的人，一只狗怎么够！我们当中的其他人只得满足于用人替代。因为发现并带回一只受伤的鸟，我们海关食堂快艇的艇长享誉了整个口岸。

[①] 1 英尺等于 30.48 厘米。

第二章

　　他和他的船员坚如钢铁。当风暴肆虐时，他们凭借纯粹的勇气与坚持，多次把我们安全地带回家。当霍乱击垮他时，真是让人难过。当我们站在他可怜的铅灰色的躯体边时，古老歌词"他的美德最为珍贵"回荡在我们所有人的心田。

　　我可以说句心里话，在中国各地长期的广泛经历中，我几乎没有碰到过获得适当对待的中国佣人不诚实的案例。相反，我的夫人和我，还有我们七个孩子中的五个，非常感谢中国佣人朋友始终不渝的忠诚。希望他们每个人都能发达（这是他们应得的），并享尽天年，钱财富足，子女孝顺。

第三章

19世纪70年代早期中国南方的生活与习惯——香港的老格伦盖尔号汽船与鸦片——一位古怪的英国领事与其他当地名流——帕尔默船长，托马斯·马什·布朗和彭州海号——詹姆巴瑞俱乐部章程

那时华南的生活都是一个模式。早餐就是茶或咖啡，加一个鸡蛋——每个人在阳台或自己的卧室里用餐。

午饭在餐厅吃，照例先饮用像鸡尾酒似的令人讨厌的冷饮。午餐是相当重要的一顿饭，其特色是"即杀即烹"的鸡肉。我们没有冰块。所有的肉类必须尽快烹饪并食用，并且只能从到访的汽船上脾气好的船长那里购得。

海关的工作时间是从十点到四点。躺在长藤椅上的人也可以在阳台上喝杯茶，这有助于增强晚间运动系统的机能。有时，当信用胜过理智时，"小瓶子"（用英语说就是小瓶的香槟）便被从俱乐部冰冷的深井中取出以代替茶水，一般是掷钱币来决定谁可享用。账单结算制度全面推行，但"月末"只是给少数人造成了困扰。

晚餐较迟——通常要到八点至八点半。白色亚麻布制服外套与帆布裤子——好打扮者则系红腰带——是最为常见的穿着。进餐时

第三章

一般饮用雪利酒、红葡萄酒、苏打水和瓶装啤酒,餐后会有威士忌酒和苏打水——有时,玩牌正在兴头上,则要喝到深夜。晚餐不免很大程度上是"金属味的"。罐头汤、罐头鱼、罐头肉、罐头蔬菜,还有圣诞节罐头梅子布丁。

新加坡一位当地诗人写过一首忧郁的小曲儿,题目叫《金属味的膳食》("Metallic Meals")。由此可见,在冷藏技术出现之前,东方所有地方的白人在饮食方面的负担[1]都在于此。那时候罐头香肠是最主要的备用品,与绿豌豆(也是罐装)一起食用。难怪白人在多年以鸡和罐头为主要食物之后,消化功能会衰退到这种程度,以至于如果在伦敦给从东方回来的人提供这样的饮食,就无异于是在一头公牛面前摆弄红布。

"午饭"——那时没有人说午宴——在中午十二点进行也是一个主要的制度,而且在周日经常持续到下午很晚的时间。

接着——尤其是在周日——就到乡下散步和骑马。在礜石这一边,已经风化的花岗岩山丘提供了崎岖不平却令人愉快的步行体验,同时还可欣赏周边乡村美妙的风景。而在汕头这一边则有很漂亮的沙滩,还有很多偏僻的羊肠小道通向乡村,并最终通向潮州府地区的山丘。

但是,夏季过周末最好的地方是双岛(Double Island)[2],它位于港口的入口处,更确切地说是位于汕头所在水域的支流。

社交生活的中心是妈屿休闲俱乐部(Masu Retreat Club)[3],这

---

[1] "白人的负担"(White Man's Burden)为英国诗人吉卜林(Kipling)1899年发表的诗作的名称,后被解读为白人有教化落后地区人民的责任。这也成为英殖民主义合理化的基础,是欧洲中心主义、文化帝国主义的体现。
[2] 双岛即妈屿、鹿屿两岛,位于汕头出海口。
[3] 英国人根据汕头当地方言将妈屿译为Masu。

是一栋在海滨浴场上方山肩上的宽敞木屋。房间里面并没有什么特别的陈设。行军床到处都是——或在木屋里面，或在宽敞的阳台上。鱼是主要食物，端上桌子的品种繁多，都是从海里刚捞上来的。一种特别美味的佳肴是石斑鱼，其做法只有中国的厨师知道。我们有人试图用钓线在岩礁中钓鱼——这种娱乐多半没有实际结果。饮品放在深井中保冷，它们在两餐之间或在吃饭时很受欢迎。

那时，妈屿是汕头领航员①之家——从某种角度看，这是一个独一无二的群体。领航员团体人数有限，并非常固执地捍卫其假想的权利，排斥外来者。他们由不同国籍的六位年老的领航员组成。最杰出的——因为其受到优质的教育——是一个叫弗勒旺（Frewen）的港口领航员。他自称是一个素食者，尽管有人说，紧急情况下，他会吃"几乎任何东西"，而这样的情况他时常遇到。但不管出于什么原因，他身体的耐受力惊人——他能在烈日暴晒下行走数英里，估摸着能短时间内击倒一个普通白人。

有一段时间，他与妈屿上的领航员团体对着干，屡次步行到岸边偏僻的地点，以便在进港的船只抵达领航员巡航的区域之前把它们截停。

作为一个自由思想者，一个完全的戒酒者和素食者，他与汕头的主流思维可谓格格不入。而我时常纳闷，真实的他到底是什么样子。

表面上看，他有点冷漠，不易接近，并且很显然，他不喜欢社区里的任何人。我那时年轻，但此后时常好奇，他在那些偏僻的山丘上日夜徘徊，是否发现了什么值得思考的东西。其他五个人也都

---

① 这种领航员又称"引水人"，指的是在港口、峡湾等水域内，登上船舶引导其进出的专业人员。

很怪。有个人——桀骜不驯，样子粗野，可能来自德国北部——号称只以"荷兰杜松子酒"为生。但他是一个行动快捷的领航员，他熟悉邻近地区的每一个洋流，他引导航船异常迅猛，如果他是一个现代的出租车司机，以这种方式驾驶，就会被送进监狱。

在美好的往昔，即从 1861 年开港到 19 世纪 70 年代初，承担海岸贸易的主要是"大型帆船"，也就是敏捷轻便的英国、德国和斯堪的纳维亚的三桅帆船，每艘承载能力大约为六百吨。

它们从芝罘和牛庄①运来大量的豌豆和菜豆，然后满载汕头的粗糖运回去。这是一个让有关各方都感到满意并有收获的交易。

中国的租船人喜欢拥有一艘由他全权负责的船只，并在航线两端都有几乎无限制的"停泊期限"，船长是不会不同意在港口长时间停泊的。这些帆船很多是家庭船只，妇女和女童也在船上，在有需要的情况下，她们也能掌舵。

船具商也喜欢这些船只带给他们的贸易，有很多关于私下讨价还价的故事，各种船帆常常以次充好，从汉堡来的每月二十五泰勒（Thaler）② 收入的船长，从来不会拒绝这种交易。

在 19 世纪 60 年代，挂外国旗帜的帆船队是汕头沿海的常客，但其数量逐年消减，后来整个贸易转由便宜的汽船接替，而英国太古洋行（Butterfield and Swire）就是借此做出了他们对沿海贸易的第一次尝试。

但汽船也不全都是便宜的。由著名的马丁船长（Captain Martin）驾驶的明轮船格伦盖尔号（Glengyle），将永久地留在曾经踏上过它华丽甲板的人的记忆之中。对我们在汕头的所有人而言，

---

① 分别位于今山东省烟台市和辽宁省海城市。
② 泰勒，德国 15—19 世纪的银币。

那是个悲伤的日子，它未能在预计抵达的早晨时间出现。那时还没有通用的国际呼救信号，但它的救生艇于傍晚时分出现，诉说了那个悲伤的故事。

由于临时接替马丁船长执行在上海和汕头之间往返的航行任务的人导航出错，这艘好船在光天化日之下撞上了三烟囱断崖（Three Chimney Bluff），不久之后就沉入深水中。那位不幸的临时船长把自己锁进特等舱，随船一起消失了。也有相当多的当地乘客伤亡。

深受所有认识他的人喜爱的轮机长劳（Law）先生，是一位可爱的苏格兰老人，他被一位中国司炉救了。司炉抓着他的长胡子把他拽进了一艘救生艇——除了他的美德，他还因为他的长胡子而闻名。这是他作为受到大众认可的"轮机长"应得的敬意，不过也说明了这样一个事实：深海上的中国水手并不像他们沿岸和内河的同行那样，对救起溺水者有偏见。

格伦盖尔是一艘有历史由来的船。在香港往昔的鸦片岁月，它在印度邮轮（Indian Mail）起航的第二天离开加尔各答，比后者提前一天左右抵达香港外海，在鲤鱼门水道（Lye-Moon Pass）附近潜藏。它的大副——伪装成一个中国人——独自登岸，向拥有它的商行传递邮轮的消息。当印度邮轮抵港，信件以常规方式送发之时，格伦盖尔也进港并正式注册。同时，了解最新消息的那些"幸福的有钱人"（Beati possidentes）就能够预见，而且是"聪明地预见"市场行情，从而赚得巨额利益。格伦盖尔是一艘建造得十分漂亮的船，"像游艇一样的"线条使得它在那时能以很快的速度航行——当然，它从不携带重货。但电讯设备的安装让它的小把戏无法再得逞，使它降到了普通沿岸船只的水平。对其沉没所产生的遗憾更多是出于伤感,而不是出于实际,因为它运营成本高昂,就体积而言是一艘运输船。不过其锚链和舱面设备是一道非常亮丽的风景,难怪它的沉没几乎击碎了马丁船长的心。愿沉睡中国海底的它安息!

很高兴我们有资深的领事:富礼赐(R. J. Forrest)及其有魅力的夫人;学识渊博却总是喜欢逗乐的"汤米·瓦特斯"(Tommy Watters);最后一位但却相当重要的人,是那位已故的杰出的威廉·格雷戈里(William Gregory)。

我第一次被引见给他是在英国领事馆的花园中。据说,他通常的装束是可爱的旧式台湾风格的睡衣,但显然他正准备接待中国官员来访,所以慌忙穿上了这种场合的制服。

我记得他看起来是多么古怪,睡衣和制服奇怪地结合在一起。他是一个矮胖的"水桶状"的人,不喜欢紧身衣裳,所以,他未系紧的长袍替代了睡衣,在系着黑皮带的腰间垂下,皮带只是胡乱地将抖动不已的白色帆布裤子维持在腰间。

但他是一个很亲切的东道主。他对我露出了善意的微笑,他总是以这样的方式问候年轻人。他说话时声音中有一种迷人的假音,还有一些奇怪的习惯和用语。但他是一个博览群书的人,会提防被反驳的可能,针对轻率的说法,他会用他有趣的尖叫声说,"噢,现在让我想想。严格来说,这样说会不会更准确",等等。很爱"抬杠"的"老理查森"往往立即找掩护:"该死的格雷戈里,只要你开口那样说,我就知道我错了。"

在中国,由于拥有治外法权,领事也可以扮演区域法院法官的角色。我在格雷戈里领事的法庭里当过陪审员——与另一个英国青年一起。案子是一个常见的"混合"案件,中国原告和英国被告。因此,所有的证据必须以两种语言采集。

一开始就遇到了难题。法庭的官方中文是中国官话,但中国原告完全不熟悉,而英国被告除了可能懂一点不适合在法庭上使用的脏话外,完全不懂中文。

格雷戈里的中文也与他这个人一样怪异,除了他自己,只有一个人听得懂,那就是他的中文教师,一位杰出的不得志的中国老"乡绅",总是坐在他身边。所以在这种场合,法庭说的是一种只有他自己和他的亲信,也就是那位老"乡绅"才懂的中文。证人用汕头话说一些东西——但为了能被法官听懂,必须得经过好几个程序。首先为了英国被告的便利译成英语;然后,从英语译成普通的中国官话,那位不得志的"乡绅"足以领会;最后,为了让法官听懂,译成那位官员使用的中文古体方言,也即被他认为是中文语音唯一准确的、纯粹的形式。他诙谐机智的助手普莱费尔(Playfair)总认为"格雷戈里的中文"是一个"混合物",是试图从《威廉姆斯中文字典》(*Williams' Chinese Dictionary*)中借助各种令人恼火的解释给一个字发音的结果。

尽管如此,结果仍旧是在一个炎热的下午,与原先的证词非常不同的内容传入了法官的耳朵里。法庭自然也就做出了申斥,于是整个过程不得不再来一遍,然而结果每况愈下。

这种情况下,知了就变得非常令人讨厌。它们在花园内发出没完没了的吱吱声,干扰着"法庭"。法官只好派出领馆的船夫拿着长竹竿逼使知了从法庭周边撤离。由于所有这些干扰因素,不用说,我们的这个案子没有得到多少进展,而法庭最终也宣布休庭,结束了当天的庭审,茶也因此需要多喝几杯。有一次,陪审员们在受到法官的邀请后勇敢地提出了一个建议。我记得那是一个很好的建议,普莱费尔在工作台下面的座位上,偷偷地喝了彩。但法官并

第三章

没有听进耳朵里。格雷戈里听了一会儿，然后说："嗯，哈，我不同意你的建议。"很幸运，一个特别有活力的知了的声音遮盖了我们的混乱，把法官的恼怒引向了另外一个话题。

有很多趣事是关于老格雷戈里的。对于所有有生意需要打理的人来说，他是令人绝望的，但对于仅仅把他视为朋友的那些人来说，他是很受人喜欢的。他适时地退了休，在大英博物馆的阅览室里度过了很长一段开心而满足的时光。

富礼赐领事完全是另外一种类型的人。青年时代，他曾经独自骑行进入广州城外的"太平军"营地，并因此扭转了一个危及外国人生命的局势。他来到汕头后，长期服务与气候开始对他产生不利影响。他的手臂经常神经质地颤抖，但他一直是一位极其沉着的射击手，很少让野鸽逃出生天——这可是很难的考验。

他是一个随和的人，不过他最头疼的一件事就是可能有某位舰队司令或总督从香港过来拜访他。那样的话他必须戴着三角帽并穿着镶了黄铜的衣服上船。

冥顽不化的年轻人决定有意利用一下这个特性，快到3月底时他们开始散播英国舰队司令即将到访的谣言。这给富礼赐带来了不小的焦虑——他从未在把所有访客交付给一个比俱乐部酒吧更热烈的地方之前离开过俱乐部。每天早晨，他走到阳台，焦虑地察看海关的旗杆，看是否有三个黑色锥体——表示外面有战舰——悬挂在其南部的横桅上。一天清晨，那个重大的标志果然出现了。这位领事在俱乐部讨论那并非一艘英国军舰的可能性时，大声叹气。密谋者们则反驳。他们指出，那只可能是一艘挂着白色军旗的军舰，绝无可能是其他。

仍然没有看到旗帜，只有三个黑球。可能发生了什么事情呢？

有人提出，那艘船可能在外面某个地方搁浅了，那样的话，它可能正期待英国领事亲自前来解救。就在他准备离开俱乐部，采取非常措施时，带有军舰三角旗的英国旗帜升起来了。这下没希望了，这一定是舰队司令。这个可怜的人命令他的小艇驶出，沿着防波堤满帆前进。这时候，参与此项密谋的富礼赐夫人的一张便条送到了他的手里。"你这个亲爱的老鹅，难道你不知道今天是4月1日吗？"富礼赐回了家，宽恕了这个恶作剧，也因这终究不是舰队司令而高兴地松了口气。

后来在俱乐部酒吧，大家一致决定掩盖这个谎言，领事也参加了。

在我那个时候，最杰出的美国领事是温盖特（Wingate），另一位的名字则不必在此提及。

前者是一位学者，笃信宗教。俱乐部图书室藏书精良，他贡献尤巨。后者是一个典型的政治任命。他以一个晚宴后娱乐大众的形象活在我的记忆之中。他假扮丹尼尔·韦伯斯特（Daniel Webster）[①] 表演的致辞——也是在晚宴之后——属于不能让女士们知晓的那类故事。

除了"所剩无几的大好人"故事的男主角，19世纪70年代在汕头的美国传教士相对较少。但是有一个杰出的人物，菲尔德（Field）小姐——一位灵魂与肉体都很伟岸的女士，其文学名声经久不衰——必须在这里好好记上一笔。格雷戈里领事对她顶礼膜拜，我们所有人都期待并揣测他求婚的时间、地点和方式。几次月光野餐似乎预示着前景大好，但结果什么也没发生，真是可惜！她

[①] 丹尼尔·韦伯斯特（1782—1852），美国政治家、法学家和律师，曾三次担任美国国务卿，并长期担任美国参议员。

第三章

可能只是欣赏这位年长的学者，也帮他收拾仪表。在英国传教士中，苏格兰人吉布森（Gibson）博士非常杰出。那时候他还只是一个新手，但不久他就以中文学者与热心的工作者而驰名。但可惜的是，他的信条不能变通且狭隘，但那时包括教会电影院在内的"宽广的视野"是不被接受的。

很多人在没有其他谈资时，往往拿"冷漠的传教士"作为茶余饭后的消遣对象，而且谈话双方都对此缺乏同情与理解。就我个人而言，我"高教会派的"（high-church）教养在某种程度上受到德累斯顿虔诚的海因里希博士的理性主义的影响，但这两者都没有让我过多地倾向于强烈谴责各色人等——包括我生活于其中的中国人的绝大多数，而那时这种倾向在新教传教士圈子里是很流行的。生活在这个地区中国乡村中的法国神父们是多么不同啊——他们独身并独自生活。对他们来说，死亡真的是一种收获——用天堂交换他们日常生活于普通人之中的肮脏的环境！

汕头的外国人社区很少与当地有身份的中国人发生关系，而事实上，那里有身份的中国人也不多。户部（Hoppo）[①]，也即粤海关监督，在汕头有一个低级别的代表；而道台，也称道尹，则住在相当远的内地潮州府府城。汕头在中国官员中名声不佳。那里的民众按宗族划分，难以容忍中央的控制。抢劫横行，货船若被劫持只能靠向当地抢劫者支付赎金才能免灾。

最后，北京政府采取了行动，住在广州的总督派了一位方将军（General Fang）去平定该地区。不久方"大功告成"。他对该地区的情况非常熟悉，而且有充足的非当地军力供其指挥，所以能够把

[①] 粤海关设立时由户部管辖，西人则把粤海关监督称为"户部"。

激烈方法付诸实施。他的计划简单而有效,他显然完全领会了这样一句中国格言:"千里之行,始于足下。"

他从最近的村庄开始,趁夜色包围之,屠杀其所有居民,再如法炮制对付下一个,直到民众被"平服"。教训是惨痛的,却是有用的,不久皇帝的号令再一次开始在当地推行。我对那个瘦小男人印象深刻:长着一双雪貂一样残忍的眼睛,还有一副"砍掉他的头"的表情。

人们听过很多有关海盗的故事,包括海上的和陆地上的。中国海域,尤其是环绕香港、广州和澳门地区的水域,作为海盗的狩猎场而臭名昭著。除了总税务司领导之下的海关职员,"户部"与两广总督都有外国式样的炮艇,并有外国的船长与指挥官帮助他们镇压。其中最著名的是彭州海号(Pêng-chow-hoi),船长帕尔默(Captain Palmer)是一个标准的英国老式水手。一天晚上他来到汕头,我们都被邀请上了船。这完全就是一艘战舰,中间的甲板布满了现代式样的轻型武器,中国船员都熟练掌握了使用方法。已故的托马斯·马什·布朗(Thomas Marsh Brown)那次也在船上,当时所有的中国走私者与海盗都非常惧怕他。他身材纤瘦,有一双鹰眼,表情酷似一只捕食鸟。他确实是非常熟练地掌握了广州方言,尤其是羊城本地人频繁使用的用来点缀他们谈话的脏话,在当时这对一个非中国人来说是非同寻常的。

他较深的肤色无疑也是一个有利因素。他在广州习惯于装扮成中国人到访鸦片烟馆,尤其会去那些走私者和海盗光顾的店面,他们多数的事情都在这些地方筹划,因而他能够规划自己的应对措施。

他也勇于行动——在乘坐炮艇追逐重装海盗船之后,他会乘一

第三章

艘轻便快艇在浅水区实施追捕,有点像老凯帕尔上将(Admiral Keppel)① 1857 年在广州的风格。有一次,他的背部严重受伤——他说是因为舵手缺乏勇气。布朗登船后习惯的做法是把船头对着敌方,这有两个原因——第一,这会让船体目标变小,第二,这可以摧毁袭击者的士气。通常当外国船只愈来愈近,他们的火力会变弱,最后一个举动便是弃船逃跑,丢下他们所有的掠夺品。托马斯·马什·布朗后来加入了中华帝国海关,没过多久就退休了,在加利福尼亚州的一个果园里安度余生。当他抵达那里时,当地的华人蜂拥而至,并向他保证,不管有没有报酬,他的土地永远不会缺劳动力。他的声望如此之大,在广东人心里他威信如此之高,以至于他们在加州的同乡以不拿报酬向他表示敬意为荣。

很不幸,长寿与安逸都不是他的命运。由于精神和身体均已衰弱,托马斯·马什·布朗并没有活多久去享受他的劳动成果。对于后继者而言同样不幸的是,据我所知,他在广州三角洲②的冒险生活并没有留下记录,而这本来有可能激励产生出一位康拉德(Conrad)或史蒂文森(Stevenson)。

但是,我在汕头的任职也接近尾声。在 1878 年岁末一个很热的下午,我登上了太古公司的一艘新的沿海班轮,途经厦门和上海,去往我在长江上的新口岸九江。离开汕头我是非常高兴的——尽管在那里所结下的友谊一直美好而实在地持续到今天。

对于香港和厦门,我也有令人愉快的美好回忆可以披露,尤其是在后一个地方——这些回忆有关我的海关同事和伦尼医生(Dr.

---

① 亨利·凯帕尔(Henry Keppel, 1809—1904),英国海军将领,第二次鸦片战争时参与攻陷广州。
② 应指珠江三角洲。

Rennie)、万巴德医生（Dr. Patrick Manson）。

有一次我从汕头过来拜访，我的眼睛生了病，发炎很厉害。眼病在当地被严重误诊，但万巴德医生很快就诊断出我的病痛的直接原因。在借助放大镜仔细检查之后，他把那只有麻烦的眼睛撑开，伦尼医生则用一根骆驼毛扫掠眼睛。结果扫出了一粒粘在虹膜上的铁屑！

自那以后，我一直珍藏着对他们的记忆。多年以后在伦敦，我又一次受到了万巴德医生的恩惠。他为了一个老朋友降尊纡贵，放弃了每次出诊收五个金币的做法，让我安然度过了下颌脓疮引起的并发症，因而再一次救了我。

他真的是一个伟大的人，也是一个伟大的医生。与大多数医生一样，他并不总是实践他所宣讲的内容。我记得有一次，在滔滔不绝地宣讲了空腹饮用冰镇饮料的危害之后，他几乎一口气喝光了一大杯（杯子都是大号的）冰冻啤酒，而这就发生在坐下吃午餐之前。他对我们所有人微笑着说：“你们年轻人不可以那样做。”但他可以，这一方面归因于其强健的阿伯丁人（Aberdonian）血统；另一方面，对于可能从黎明开始就在驱赶血丝虫的人来说，他有这样的酒瘾是足以获得宽谅的。

但并非所有人都能像他那样而不受伤害。在我离开汕头之后的岁月里我记得一件事。当时我正在上海珀丽特店铺（Polite's establishment）刮胡子，突然从对面的镜子中看到了一张脸。他走近并靠向我，开腔说：“哎呀，这不是庆嘛，”接着又说，"哎，你从来不像我们其他人那样喝许多酒。"他是德维尔，古旧的九州号"贩奴船船长"。但令人奇怪的是，德维尔改变甚多，而且也去日无多了。他的话语充满了无奈的遗憾，但也带有一点对过去勇猛行为的自豪，这些再加上他变了形的外貌，都给我留下了深刻印象，并让我"百思不得其解"。在放下汕头的话题之前，必须提及在已经逝去的岁月里，汕头社会中的一个特色。

那就是詹姆巴瑞俱乐部。一个偶然的机会，为了给老年人和年轻人提供指南，我制作了其原始章程的副本。它的作者汉南先生，最近以九十高龄辞世。

当然，他从来不是俱乐部的"活跃"成员，但很能理解年轻一代无伤大雅的奇异行为，而这是他的本性使然。

我觉得，他温和的讽刺更能让我们认识到我们行为举止的无知，远比传教士醉心的"拽走"女士和一般指责对我们的影响来得大。在原始章程中，对执事人员的姓名都做了轻微的遮掩。虽然我愿意记录的人大多尚在人世，但毕竟过了这么长时间，也许我在这份忠实的记录中，可以透露一下他们的真实身份。主席大山（R. H. Mountain）的真名是小山（R. H. Hill），他是上海汇丰银行的前董事。秘书是孔特·达尔努（Comte d'Arnoux），他正在返国途中，因为"就像公司的车间一样，自己也要得到适当的修整"——那时他是我们海关食堂的成员，但后来在法国-土耳其金融机构中任职。我记得他是"一个优秀的骑手和一个忠诚的朋友"。他高卢人的热情从未出过问题。在参加中式宴会时，他能够让主人"烂醉如泥"，或无助地被抬回家。

"鹰眼"肖特（Shott），即已故的斯科特医生（Dr. E. I. Scott），他是医务官，与哥哥一起在汕头经营医疗事业。他是一位和善的、聪明的爱尔兰人。退休后，他毫不费力地在英格兰的布莱顿市（Brighton）西郊开了一家小诊所。非常令人惋惜的是，他几年前在

Grand Amalgamated Jambarree Co. (un) Limited.

DIRECTOR
R. H. MOUNTAIN, Esq.
SECRETARY
GOLIATH P. SAUL, Esq.

PROSPECTUS.

The object of this company is to supply the public with pure and unadulterated Jambarree, in greater quantity, and at their own doors. Hitherto the supply has been limited, and confined to those living in the immediate neighbourhood of the factory. For the future, care will be taken that all shall be enabled to enjoy the luxury of the far-famed Jambarree, no matter at what distance their residence may be situated.

For the present, and during the repairs of the company's premises, the business will be carried on at the residence of the Director who has kindly placed his house, furniture, crockery, glass and garden railings at the disposal of the company.

One of the Committee of the Direction has just returned from visiting a neighbouring port where he has secured several valuable additions to the company's plant. Amongst others, a new specimen of the "Cod-liver-Oil" plant.

Later, Monsieur NOUDAR is *repairing* to Paris, as well for the purpose of having some of his own and the company's Jambarree machinery put in thorough repair, much needed, after the strain upon it consequent on the extraordinary demand for the supply of our surveying ships and the navy generally, as to acquaint himself with the latest improvements in Jambarree—such as are likely to be seen on the occasion of the Exhibition to be held in that city.

For further particulars, apply on the premises, between 11 P.M. and 2 A.M. After that at H. B. M. Gaol.

ANALYSIS OF JAMBARREE
BY
Professor Eagle I. Shott.

I have analysed a sample of Jambarree furnished me on the night of the ———instant and found it to contain

75 parts	....	Alcohol
24 "	....	Vox Humana
1 "	....	Water
100		

EAGLE I. SHOTT,
Professor

第三章

OPINIONS OF THE PRESS.

"We consider Jambarree to be a certain cure for deafness. The singing in the ears in the morning is a sign the dose is excessive; it should then be discontinued."

"*LANCET.*"

TESTIMONIALS.

To the Director   *Mo, 7184*

JAMBARRFE Co. (UK) LIMITED,

DEAR SIR,

I beg to state that whereas my wife and I have suffered for a considerable time from a disease the chief indications of which were a drooping of the eyelids, attacking us nightly at about 11 o'clock, and a general lassitude and indisposition to move about—on trying one dose of your Jambarree mixture, the eyelids were at once raised, and remained so during the whole night—the hair of the head, even, gathered enough vigour to stand on end—whilst, in place of the indisposition to move, we both rushed out at our back door, and up the hill to the Doctor's house. We found one dose quite enough.

It may not be altogether irrelevant to mention that we are leaving the neighbourhood—but, before doing so think it right to record our opinions as above.

I am, Dear Sir,

Your's wakefully,

R. J. WOODS,
Consul

To the Director   *No. 8960*

JAMBARREE Co. (UK) LIMITED,

SIR,

Having suffered for some time from nervous fears, fancies and hallucinations; amongst others that I had seen the devil, I was induced to try your Jambaaree;—after one dose taken on the night of Saint Andrew's day, last, these fancies, &c., were dispelled, and in their place came the calm, composing and settled conviction that I had both seen and heard him (the Deville). You are at liberty to make what use you like of this.

I am, Sir,

Your's sincerely,

J. R. GOODBOY,
The Jeweller

35

那里过世了。他的遗孀是一个富有魅力的女人，仍然在世，将长久地以一位和蔼的女士的形象活在我们的汕头记忆中（如果不是活在心里的话）。她付出过很大努力"柔化我们的习惯"。现在回首往事，回顾四十五年前，依然活着的东西——至少在记忆中——是在"醇酒、美女与歌声"的那些日子里，年轻人的友谊和年长者的善意宽容。

第四章

1878—1879 年，我在工作的第二个口岸九江——庐山及其奇妙的环境——长江洪水——志不相投的上司——《关于职员的秘密报告》——购买瓷器的开心事——茶叶贸易中的一些名流——立德与其他人——1879—1881 年调任芝罘——遇到中国的戈登——他对鹭宾·赫德的细微观察——婚姻——1881 年申请探亲，并被派遣到伦敦办事处

  我在上海做了短暂停留——这是我第一次到访东方的商业中心，之后我登上了一艘开往九江的内河汽轮。无论我被派往哪里，理由都是"总署紧急需要"——这是总税务司掩盖其正式任命的委婉语。

  时为 1878 年 12 月。那时还没有芜湖口岸，所以沿途唯一的口岸是镇江。长江下游并不特别美丽，人们对于狼山交道口（Lang Shan crossing）的风景不会感到很兴奋。但在庐山高处的乡村，"每一处景色都让人愉悦"。九江城刚好坐落于庐山脚下，拥有山川、河流和平原的全景视野。我注定只会在那里待大概八个月的时间，但对我来说，其间却发生了很多事情。在汕头时，我升了三次职，

这是一个最好的"记录",因为总署成立之初创设的普通员工提职制度已经停顿很久了。我的新上司是一个美国人——才能出众却太喜好权力。后一个品行最终毁了他。他自己还很年轻,级别仅是"助理税务司",但他很少体恤他的职员,也从未得到他们的尊敬和爱戴。他的一个理念是自我肯定,为此他敌视下属,并极力贬低他们。不管怎样,这都是一种讨人厌的德性,但在有着像鹭宾·赫德这样即使可能会忽略一份好报告,也"从不忘记一份坏报告"的上司的海关里,这就是一种实实在在的危险。我是第一个受害者,因为我是高级帮办,离这位上司最近。海关内比我年轻的人开始得到更多重用,直到多年之后这位"暗箭伤人的伪君子"才现形。当时,当地税务司每六个月就会向北京发送《关于职员的秘密报告》,对于很多年轻人正处在萌芽期的声誉而言,这是一种可怕的毁灭方式。当然,鹭宾·赫德只会在他愿意的情况下,依据这样的报告采取行动。

然而,还是有一些补偿。我的同餐伙伴——一位出身高贵的可爱的法国人——是一个非常富有同情心的朋友。我们一起在马背上勘测过那座城市及其周边环境。在众多的独特风景中,我们尤其喜欢瓷器店和练兵场,旧时"勇士"在如画的风景中练习"骑兵"和"步兵"箭术。周六至周一到庐山上不太远的海关别墅远足,是一个重要的消遣。秀丽的风景,凉爽的夜晚,清澈见底的天然浴池,是那些快乐日子里显著的亮点。夏季的夜晚,在九江江岸的等待是一个可怕的体验。整个社区的人——俱乐部里有十四人左右——气喘吁吁地躺在网球草坪的长椅上,等待来自上海的"上水轮船"抵达,以获得它给我们带来的邮件与食品。当引擎微弱的轰鸣声第一次沿着九江河岸远远地传来时,我们即刻恢复了对外部世界的敏感。而在等待期间,外部世界离我们似乎非常遥远。来九江的旅行者并不多,而我还记得一个可爱的人,一个服务于切尔西的维奇①(Veitch of Chelsea)的植物收藏家。在到庐山的一次旅程中我与他同行。这是一个"有眼无珠"的事例,而我则是那个不朽故事中的无珠的主角。没有一片草叶或草本植物可以逃脱我同伴鹰眼的扫视。他的专业是蕨类植物,他发现了很多稀有种类(其中有一种是以前没有发现过的)。此外,他还是一位有吸引力的同伴。当他坐轮船离开时,我脑子里竟一片空白。为什么英国的男孩没有接受过认识和热爱自然的训练?在哈利伯瑞中学,我们的植物知识少得可怜,只限于周日在扣子眼中展示来自赫特福德希思(Hertford Heath)的"茶香月季"!

  1879年的夏季因长江的洪水留下了印记。水位超过了九江河岸,不久我们不得不在跳板上或在舢板上进行视察。不过这也有意想不到的收获,整个平原被淹数英尺深,从而为帆船和划艇提供了一个宽阔的安全水域。驾驶着从泰晤士河边进口的平底船在河滩上满帆疾驰,或者在被洪水淹没的荒地上亲驾独木舟,都是很美妙的。直到今天我还记得当太阳从岩顶逐渐隐入波状山麓小丘的深色树叶时庐山的光影。

  1879年9月底的一个大好日子,"总署急务"再次使得我必须调职。这次去芝罘,位于上海以北大约五百英里的滨海口岸。总体来说,我不觉得遗憾。九江本身很有趣,而我对中国瓷器——来自附近著名的景德镇——的喜爱可以追溯到我在九江主要大街商店里的采购。在这些店里,我也顺带着学了不少中文口语。这是因为,

---

  ① 指维奇公司(Veitch Nurseries),亦称维奇苗圃,由维奇家族于19世纪30年代建立,是当时欧洲最大的家族经营苗圃,会雇人在全世界范围内采集种子,栽培出售。

人们一定不会走进去就说——"嗨，我要那个"，接着立即按卖方开出的价格付钱，然后快速离开。噢，亲爱的，不是那样！在文雅的中国式讨价还价中，我们不会那样做。我们会闲逛着进入商店，向柜台后的人打招呼，然后聊天。什么问题都可以谈，但后面柜台里的那个小花瓶的价格除外。而那个东西，他明白我们也明白，就是"我们最终要买"的物件。

几天以后，我们再次装作顺路的样子进入商店，这次我们讨论"贡瓷"、官窑及其种种优点。我们还主动提供自己的信息。我们是多么拮据啊，但我们又是多么喜欢他的瓷器啊。一会儿之后，我们给出了我们的"第一次"报价。他以一种惊讶的不悦拒绝了，并喃喃自语，好像是很小声的"Pu kou pen"（不够本），意思是说，我们因不懂行情而给出的少得可怜的金额将无法补偿他收购它时所必需的成本。他对我们的贫穷更多的是感到遗憾——但他自己也是如此——不过他最后也有了松动的迹象。我们就此打住，假装认为店主降价太"shao-pu-mai"（少不买），也就是拒绝了他想要继续取悦我们的意图，径自走出去，愁眉不展地缓缓回家。第二天，我们才真心实意地谈生意，花瓶就归我们了——尽管毫无疑问是以一个中国顾客可能觉得大吃一惊的价格成交的。

不过，想想我们学到的中文"口语"和当地礼仪！我们从威妥玛《语言自迩集》中的词语开始，但不久就超出了那本优秀而乏味的教科书的范围。当时这本书还是硬纸板装订的版本，希利尔（Hillier）出版社还未赋予它生命与灵魂。

19世纪70年代晚期的九江仍然是一个茶港，每年都有外国品茶者造访。其中有个人叫立德（Archibald Little）——那时在长江上游他还不太有名。他在生意方面从来都不是很成功，但在宜昌完

第四章

成了一件费力的工作，从而"发现了自我"。他注意到，只要汽船安装了合适的发动机并构造良好，就能越过上游河段的"湍流"。"对他的赞美来自高贵的竖琴而不仅仅是我。"但我们可以感谢上帝，让他从做一个"买卖人"转向从事探险和写作这样的高层次职业。他死在各种人都可以得到大英帝国爵级司令勋章（K. B. E.）的时代之前，但人们对英国政府没有对他表示认可感到惊讶，而这是他的命运。他的妻子也非常无私地支持他，而且在反缠足运动中对人类做出了卓越贡献。也许，与另一位伟大的探险家一样，"他的功绩太伟大，以至于不能被承认"。我很纳闷！但他们的名字与他们的工作成果将留在人们的记忆中。

韦德（H. T. Wade）是当之无愧的上海板球运动之父，当时也是九江的一名茶商。就对世界的整体看法而言，他是一个悲观主义者，但当茶叶提价半个便士，他却像任何乐观主义者一样满怀希望。在整个夏天的晚上，他通常会抱怨生活，尤其是茶叶。而第二天早上，他仍然相当肯定他碰巧遇到了上等"品牌"。

九江小圈子中另一位非常友好的成员是亚历山大·坎贝尔（Alexander Campbell）——一个健壮的苏格兰人，后来在上海成了非常成功的"大班"。帕特里克·麦格雷戈·格兰特（Patrick McGregor Grant）——安德森公司（Anderson & Co.）的茶商——作为上海之外的"大帅哥"，也给了我们必要的氛围。他的领带与从商店购买的衣服总是最时髦的。总之，与他们在俱乐部的"台球桌"上来一局，也并非一场无趣的赛局。

调职转任途中沿江而下的旅行需要再一次造访上海——那个

庆丕回忆录：我与中国海关（1874—1921）

"罪恶的渊薮"，有人曾经这样称呼它。"给狗安一个坏名声"①。在这种情况下，坏名声是继续留下来了，但上海挺了过来。洋泾浜（Yang King Pang）早就被修葺一新，两边建起了豪华的房屋，让人肃然起敬，但在那时却并非这样。"德文郡酒店"（Devonshire House）——最古老职业之总部，依然是一个公共机构。当地人光顾得并不多，但对于刚结束航行的海员来说，它总是很有吸引力。当提及它时，很多老船长都默默地咧嘴而笑，但那个故事自然属于"不对女士讲的"三十九个故事的那种性质。然而，这里有一个可以公开的故事。一个夏日午后，法兰西火轮公司的一个知名代理人来到河边，看到一个法国水手的岸上"休假"显然过得不怎么样，很明显他在寻找着某种东西。那位水手蹒跚地走向他，在回答他善意的询问时，把健壮的手掌搭在他的肩上，央求着说："先生，先生，您能告诉我妓——院——在哪里吗？"

那位代理人有些惊讶且不高兴地转过身去，但水手毫不害羞地继续央求道："对不起，对不起，先生，"停了一会儿继续说道，"您设身处地为我想想，在船上待了三个月，没有……"他的央求并非徒劳。回应是耸肩外加一个歉意的微笑。"这确实不是我的义务，但是，"朝着那个受期望的地方点一下头，"如果您从那儿走的话……"这就是一个真实的法国人体面地摆脱困境的方法。

经过四十八小时相当艰难的海上旅程，我们在芝罘上岸——这个地方有时被称为中国的布莱顿。提出这种说法的人可能对英格兰南部海岸的市镇一无所知。芝罘面向西边，只有天主教徒一直有意把他们的建筑朝向南面。我记得法国老神父的格言——"房屋朝

---

① Give a dog a bad name，即流言可畏的意思。

第四章

南，其他方向都不行！"——当我像现在这样坐在太平洋对岸的加利福尼亚时，时常想起这句话。在这里我们也面向西边，海边的住宅以及游泳的人因而遭受不便。

正是1880年在芝罘，我遇到了中国的戈登①。他刚刚到天津拜访了李鸿章，正在返家的途中。芝罘的税务司是他在太平天国时期的一个老朋友，戈登在他那里小住了几天，等待轮船。某个晚上，我们大家在宴会上相遇，在一起坐了很长时间，然后听这位拥有如此多传奇历险的英雄最精彩的独白。他大谈阿比西尼亚的约翰国王（King John），以及在这位国王手中九死一生的经历。一则关于李（鸿章）的评论也留存于我的记忆之中。他用一种奇怪的、梦幻的、怀旧的声音说："与我第一次见他相比，现在的李变化非常大。过去，如果他不依从我，我就会拿走他船上的桅杆，直到他屈服。但是，"他继续说道，听起来有点遗憾的样子，"现在你不能对李那样做了。"在接下来我自己与这位伟大的总督的接触中，这个评论时常出现在我脑海里。事实上，在李职业生涯的任何阶段，无论是在语言上还是在行动上，很少有人愿意与他针锋相对。尽管有过龃龉，戈登显然仍对这位老人有好感，并钦佩其毋庸置疑的勇气。他向我们透露了他最近见到李时给李的忠告。"吃人的怪物"就是俄国。戈登有关中国军队如何最有效地在陆上抵御敌人的观点尽人皆知，但他（给李）的有关应对海上攻击的忠告，据我所知，尚未被记录在案。该忠告极具个性，而且还有点冷幽默。"我告诉李，在大沽除掉敌人舰队的最好办法是雇用一个美国人在夜里坐划艇出海，在每艘船下放置一桶火药。"——他顺便还说："明天我就能找

---

① 即查尔斯·乔治·戈登（Charles George Gordon，1833—1885），英国军人。在殖民时代异常活跃，被称为中国的戈登和喀土穆的戈登。

到半打的人做这项工作！"——"你应该和他们签订合同，"也就是这些假设的美国佬，"把敌人的舰队送入海底，而他们确实会做得令人满意。"

这确实是一条简洁而有效的解决之道！李并未采纳，他也不愿意采纳戈登更为激进的建议：作为中国唯一真正起作用的军事力量的头领，他应该率领一支军队进入北京，接管最高权力。据说李回答说："好是很好，但你知道，我从没有背叛过朝廷，"他又补充说，"而且，这不会成功，而我也会搞得脑袋搬家的。"

当戈登用谈论约翰国王时的那种梦幻声音描述这一幕时，这一场景活灵活现地出现在人们面前。那天晚上，在税务司家里的客人中有一个和我年纪相仿的年轻美国海军军官。我们向山丘下的码头走去，他几乎流着泪说："庆，戈登是我敬重的英雄之一，可你是否注意到……？"我当然注意到了，但由于戈登也是我敬重的英雄之一，我们认为，我们俩都弄错了。第二天上午，戈登下了楼，进入办公室，有一封信被递交给了他。他看了看，然后递给了我。我瞥了一眼，看见了熟悉的总税务司信纸、浅黄色方块信封等，以及他的明确无误的笔迹。戈登向我要了一个信封，缓慢地把这未开封的信放进去，封好了口，写好姓名和地址，寄给总税务司。看到我惊愕的样子，他说："我总是这样处理鹭宾的信，原封不动地寄回。鹭宾是有点厚颜无耻的。"那时，他的行为于我而言，是相当令人费解的。但根据后来的了解，我觉得他毫无疑问非常憎恨总税务司的第一封电报。在那封电报中，主要是询问在什么条件下，戈登才愿意返回中国。他的回答是："谈到条件，戈登并不关心。"这在一定程度上解释了他后面的行为，即他认为在完全限于他与李之间的问题上，应与所有外国的中间人保持距离。持这种看法的不止他一

第四章

人。日意格（Giquel）、琅威理提督（Admiral Lang），还有后来的丁恩爵士（Sir Richard Dane），都愿意选择直接服务中国，而不愿通过中国海关！

那个时候，有一个德国军事教官服务于芝罘道台。他已经把三百人训练成高水平的战士。他遇见了戈登，并告诉他说，他想训练更多的人，直到中国至少有一支核心的现代化军队，还抱怨说，他的雇主总是把他限制在这同样的三百人中。戈登相当同情地说："哎呀，你是那种在中国伤了心的人啊。但毫无疑问，道台觉得过大的军队对他以及对中国来说，都是一个危险。"显然，这是他劝告李夺取权力和统治权的反映。

我非常高兴能见到戈登将军本人，并听他谈话。毫无疑问，他的性格太倔强了，难以适应他所生活的物质时代。塞西尔·罗兹（Cecil Rhodes）也许说得对："戈登，你的那些计划不会有用。因为它们不能生钱。"但这句话仅仅因为我们内心冷酷才是对的！

我注定在芝罘只会待上一段很短的时间，当我第一个七年服务期满的时候，我申请回家探亲。总税务司回复说把我调任到伦敦办事处，并按照惯例发来一个短通知，要我"立刻"去那里报到。与此同时，我订了婚，在她母亲，即芝罘已故的韦廉臣夫人（Mrs. Alexander Williamson）的庇护下，我的未婚妻移居到上海。稍后不久，我与她们会合。我们在华中已故的慕稼谷主教[①]的见证下，在上海大教堂结了婚。我们的蜜月是在回国的半岛及东方航运公司的

[①] 作者仅写作"莫尔主教"（Bishop Moule），未写出全名，但按照此处及第十章提及的具体生平推断，此人应为英国来华传教士慕稼谷（George Evans Moule）。慕稼谷有兄弟八人，他的弟弟慕雅德（Arthur Evans Moule）以及他们各自的孩子，也都是来华传教士。他们最小的弟弟汉德利·莫尔（Handley Moule）是神学家、作家和诗人。他们一家也因与小说家托马斯·哈代（Thomas Hardy）熟识而出名。

漂亮轮船希瓦号（Khiva）上度过的。就这样，我在中国第一阶段的生活愉快地暂告结束。我们不久也回到了伦敦，维多利亚时代末期的氛围依然笼罩着那里。

我父亲的老朋友，最低等级圣米迦勒及圣乔治勋章获得者金登干先生，那时是中华帝国海关总税务司署伦敦办事处（这是它的全称）税务司。办事处位于威斯敏斯特的斯托里之门（Storey's Gate）八号，这里是很有趣的小住宅区，很久以前为了改善空间而被推平了，从而改变了并仍然在改变着老威斯敏斯特风景如画的大街。那些住宅坐落在一家法院的两旁，至少都有一百个年头了。临街的门前有专供厢式轿车使用的上马石，石块之上还有漂亮的旧式灯框。我们的房子就在法院的圣詹姆斯公园（St. James's Park）一端。它有三扇拱形窗，俯视着鸟笼道（Birdcage Walk）。虽然卫生条件非常糟糕——整修了两次才得到改善，但"司座"（这是金登干先生官方头衔"无任所税务司"［Non-Resident Secretary］的简称，是真正意义上的赫德式类型的总署术语）和他的职员，三位助手，办公室管理员与妻子及勤杂工，都对那个地方抱有很深的感情。

"税务司办公室"是一个至圣的处所，装满了神圣的秘密和绝密的交易，涉及他与他在北京的伟大上司之间有关世界范围内的利益的和意义重大的很多议题。金登干先生在"无任所税务司"这个职位上干了三十五年，从1874年直到1907年他令人痛惜的辞世为止。在很多方面他都出类拔萃，却鲜为人知。我有幸在他手下干了两届，并最终"坐了他的位子"——我希望不要全无价值——超过六年，从1914年到1920年我届龄退休为止。

第五章

在伦敦办事处的生活——中国海军的战舰——中国水师提督在纽卡斯尔——伦敦的社会民主联盟视中国船员为威胁——令人不愉快的总署事件——1883—1885 年调任上海——一个资深税务司谈鹭宾·赫德的公正——1885—1887 年调任九江——"巨型船"以及其中一艘如何毁于火灾——一艘中国炮艇及其旧式指挥官——我们当地的"健身房"——总税务司的造访——他的"好恶"

　　我在伦敦办事处的第一期服务是两年时间，期满后我获得了我并不想要的一年休假。在伦敦办事处的两年时间充满了乐趣，并有助于我了解总税务司各种活动的另一面，对这些活动，我与海关总署的大多数职员一样，完全不了解。怪不得每个新被任命去伦敦办事处的人都被要求在总税务司的一份手写命令上签字，大意是说，伦敦办事处的所有交易，"小到花一便士，大到购买军舰"，都是绝对机密。打破这个规则，惩罚是相当可怕的：解雇并丧失所有的"奖金"福利。

　　这就逐渐使得办事处的事务进入了一个有趣的阶段。在我抵达之后不久，金登干先生就积极与泰恩河畔纽卡斯尔市（Newcastleon-Tyne）的威廉·阿姆斯特朗爵士公司（Sir William Armstrong & Co.）的商行接洽，运送"蚊子船"小舰队（抵达中国时即被这样命名了），以及两艘新型的快速巡洋舰前往中国。这实际上是中国渴望拥有一支国家舰队的开始。这些由已故的乔治·伦德尔（George Rendel）设计的炮艇，是船身宽、吃水浅的小船。它们在船首装有一门阿姆斯特朗式大炮，实际上只是水上的炮架，目的是从远距离攻击较大的船只。两艘巡洋舰——"超勇"和"扬威"——在那时的确是很先进的。在所有交易所的问题得到解决之后，它们起航前往中国。英国船长与工程师随船，但船由特别从中国为此项任务派过来的水手操纵，最后安全地抵达了它们在华北的目的港——芝罘和天津。

如前文所述，这些船是由阿姆斯特朗商行订约并建造的，但由于发生了罢工与其他延宕，船员——大约三百名中国水兵，由命途不幸的威海卫有名的水师提督丁汝昌指挥——抵达之后好几个月，这些船还不能交货。怎么安置这些人，马上就成了一个问题。这个问题得到了部分解决，就是把他们事实上"禁足"在载他们过来的中国招商局的汽轮（挂中国旗）上，该汽轮停泊于合约商提供的泰恩河畔工厂的私人锚地上。限制他们的自由非常有必要，因为泰恩河畔的那些"家伙"，在劳工领袖的煽动下，起初非常有敌意，他们认为这些中国人是"码头工人"，是更多后续"中国劳工"的先驱。在已故的海因德曼（H. M. Hyndman）先生的领导下，伦敦新成立的社会民主联盟（Social Democratic Federation）的行为使这个虚幻的说法有了更多市场。联盟的聚会场所那时就在威斯敏斯特议会厅上层的房间，就在大本钟和议会大厦对面。威斯敏斯特贴满了"海报"，揭露劳工雇主最新的花招，宣称由纽卡斯尔输入的中国人对英国工人是一个严重威胁。他们举行了集会,也启动了常规的宣传。在金登干先生的指示下,我焦急地拜访了海因德曼先生,告诉他我被派来向他解释中国水手在纽卡斯尔出现的真正目的,以便他在主持海报所宣称的第二天晚上的"抗议"集会时可以掌握事实。海因德曼那时是一位非常"狂热的"煽动者,他一点也不接受我的解释。对他来说,这件事情是深藏的见不得光的阴谋,而他将要把它揭露出来。我做了一些反驳,然后告诉他我会参加他的会议,如果他不告知听众真相,那我就告诉他们。他告诉我我爱怎样就怎样。看到他不想听到任何东西去削弱他最新的"独家新闻"的威力,我用法语向他告了别。第二天晚上,我准时出席了会议。但令我惊奇的是,尽管中国人议题登在海报之上,会议却一点也没提到它。会议从一开始就脱离了控制,海因德曼显然是"你想怎么干就怎么干"的倡导者。紧挨着我的是一位机械工,我向他吐露了我的"任务"。他大笑着说:"你再等等。"不久一位壮硕而笨拙的带有德国口音的男人"获得了发言权",从一件事讲到另一件事,最后讲到土地的国有化。我的机械工朋友评论道:"没关系。这是他的癖好。今晚你将不会听到关于中国人的事情了。"结果就是如此,但结束却是戏剧性的。一个沙哑的声音喊道:"这些椅子是怎么回事?"(我们坐在奥地利弯木藤椅上。)"它们是哪里造的?"插话者举起椅子在头上摇晃了几下,几乎不顾及他周边的人。他继续用一种霸道的而非客气的语言揭露了远比中国更靠近家门的危险。我记得我们立即七嘴八舌起来,直到会议结束,就像报纸上说的,"乱七八糟"。我想海因德曼对事情所起的变化是感到相当满意的,后来就没再听说那件事。与此同时,在纽卡斯尔,测试也在进行之中。少量的身着整洁制服的中国水兵被"放出",出现在纽卡斯尔的街上。他们根本没有受到任何敌视，反而受到所有男人、妇女和小孩子的热烈欢迎，很多人一路随行着。他们初次亮相即获得了巨大成功——丁汝昌穿着独特的中式长袍，高挑的身形早已成了镇子上令人眼熟的特色，而且他在高价商品店中大量购置货品——诸如装饰钟和音乐盒，这使他非常受欢迎。因而在"市中心"的社会较低层，每个中国水兵都被称为提督。他们被请进蓬门陋室，并在随后的饮茶与散步中得到了更多的尊重。种族偏见，如果曾经存在过的话，在彼此接近之前就消失了。而彼此接近又产生了正常的结果。如果偏见是后来产生的一个特征，那它本质是什么呢？在过去的日子里，西班牙无敌舰队的水手们不也给诺福克郡（Norfolk）海岸或不列颠群岛其他地方留下了类似印象吗？

丁提督尤其受到河边"家伙们"的小孩子们的喜爱。他们追着他跑，要握手，很让他头痛。"Pu kan ching"（不干净），他低语着，一边把肮脏的小手拨在一旁，一边和蔼地微笑着。

我在伦敦办事处是相当愉快的，除了一次，我在海关里的快乐与自豪遭受了不体面的"重挫"。总税务司热衷于密码电报，他自己开发出了一种"三字母密码"。东方电报公司的一位高层曾告诉我，这是他所知道的最糟的密码。它让操作者感到绝望，但对其发明者来说不会呈现任何困难。他与金登干先生两人——由于长期的使用和习惯——几乎不用"解码"就能读懂一条电文。只有密码形式的电文才会在办事处的公共档案中记录在案。解码后的电文则被记录在一本书里，而这本书由这位头儿保留在他的私人档案里。但所有进出的密码电报每周都要经过邮局确认，为此，三字母密码的长段电文需要在一种特别的公文表格上抄录。它们由初级助理抄出复本，然后由高级助理"核实无误"，签上姓名首字母。有一天很

第五章

不幸，在与原文仔细核对之后，我在一份长电文的复本上签上了我姓名的首字母 P. H. K.。过了几个月，我们收到总税务司寄来的一封快件，里面指出了该复本一个"明显的"错误。我被告知，如果再在一份不准确的文件里签上姓名首字母确认核实无误的话，那该名字将被置于花名册的底部，诸如此类，还有其他一些可怕的威胁。经翻查记录，显然，原始件与复本完全一样，因而金登干先生写道："抄写电文的某某先生与核实电文的庆丕先生都不应受到责备。"当中的一个错误字母事实上在原始电文里面就有了，而该电文是金登干先生自己在某个深夜写的。我因而被证明是无辜的，并自然地以为那封带有威胁性的快件至少应被撤下。但什么也没发生，它仍然保存在伦敦办事处档案里，留待将来的心理分析师去做判断！

我任职两年没有获得提升，期满后离开了伦敦办事处。在紧随其后的并非出自本意的探亲假期中，我们的第二个孩子出世了。由于我们经济拮据，事情都不太令人愉快。此后，我被调任到广州，但在抵达香港时（1883 年 11 月），发现调令是去上海的。我们出行随身只带了"夏天的行装"，但突然遇到了深冬这样一种非常不同的气候。在保暖服装上自然花费了一笔令人心碎的开支，但我们在圣安德鲁舞会（St. Andrew's Ball）之夜抵达了上海，而舞会本身是让人感到温暖的。当然，关于计划的改变，预先告知可能会让我省下那些开支，也会是合理的。但出于这样那样的原因，海关却没有给出预告。

几年后，当海关职员给其上司准备讲稿的时候，一位高级税务司，也是一位美国人，评论道："我希望里面不要出现有关公正的内容，因为如果出现的话，我就不会签署它。"

庆丕回忆录：我与中国海关（1874—1921）

在上海办事处工作期间——1883—1885 年——我碰到了几件有趣的"特别任务"。我从普通的岗位上离开了大约三个月时间，去调查导致了税收重大损失的所谓"转口"欺诈行为。详述其细节会令人感到乏味。凭借篡改的中文文件回溯核查交易记录既费时又繁复。但我们的努力取得了成功，犯法者——包括海关内外的，因为有广泛的勾结——最终受罚，落得人财两空。

对我个人的回报就是江海关税务司要求我不能调走，因为在这里我"正在一个特别的方向上做着很有用的工作"。结果却是我立即被调到九江，职位比我六年前担任过的还要低！这样，我们再次沿着长江逆流"蹒跚而行"。从 1885 年 9 月到 1887 年 2 月，我们一直待在九江，整天就是一些"家庭事务"。我们在那里过了一个严冬，又是霜又是雪，湖面覆盖了可承重的冰块。可惜，那个社区没有滑冰鞋，上海也没有。华中地区深冬的气候是不为人所喜的——吹冰冷的东风，外加多雨；但气温很少长时间降到足够给人滑冰的机会。九江沿长江一线的江堤之上有很多曼妙的大树，它们的枝叶都压满了冻雪，给外国人也给中国人展示了一道迷人的风景。但对于一家大型外国商行的镀锌铁皮大货栈而言，冻雪的负荷太大，以至于屋顶垮了下来，幸好没有造成多大损失。从这次灾祸里引出了一件很有趣的事情。当地的代理商被其在上海的"大班"叫去问责，指责他没有清扫屋顶的积雪。"帕廷顿夫人与她的扫帚不能奏效"[①]，但当事情搞清楚之后，"商业常识"为他挽回了局面。

---

① "帕廷顿夫人与她的扫帚"意思是"企图阻挡不可抗拒潮流的人"。出自英国的一个典故，说的是帕廷顿夫人在锡德茅斯（Sidmouth）海边的房子涌入了大量海水，她企图用扫帚把汹涌的大西洋海水扫出去，结果当然是徒劳。

第五章

　　但这件事与大火烧毁一艘巨型船相比,就显得既不那么戏剧性,也没有那么吸引眼球了。这些巨型船通常是被拆解了部分构件的旧班轮——我记得有一艘曾经是法兰西火轮公司最好的船,船尾依然保留了旧式风格的公用大厅,充满昔日法兰西装饰品位的怀旧之风。这次被烧毁的是一艘英国造的非常舒适的巨型船。它满载货物,从船头到船尾都覆盖着木质甲板。不明原因的大火突发于午夜时分。我们都在税务司官邸参加舞会,但不久每个人都在口岸所拥有的那一本"手册"的指导下,卖力地行动了起来。我想这是海关的职责,所以,我们的职员自然要行动起来。我们喷了几个小时的水,但效果不大。这时候有人建议,唯一办法是把这艘旧船沉入水中。但怎样做呢?当整艘船处于火光之中时,没有人敢冒险上船,所以我自告奋勇弄来了一艘中国"巡逻艇",并尝试了一下这个工作。

　　应该解释一下,巡逻艇是一种通常由长长的环形叶片驱动的船,但在顺风时由可使用的桅杆与帆来操纵。除了十几个配备火绳枪的船员之外,它还载有舰首炮与近距白炮序列的前装炮。把船长从其艉敞舱舒适的住处弄醒花了一些时间,但是当完全醒来之后,他就把船员骂了个够。我们及时开航,接近着火的船。然后我向他解释我们需要他干什么。他有一门加农炮,他能够装填弹药吗?弹药会飞得太远而伤及后面的人吗?他认为他能够击中那艘外国船只并让它沉没吗?他说,这些他都能完全做到。但他补充说"K' ung pa, yao pu kou"(恐怕药不够)——担心没有足够的弹药——这当然是委婉地告诉我,这样做行不通。我认同弹药是达致成功的先决条件,但告诉他,他与他的船必须"依然"随同我行动。他来看了看,最后返回了他深爱的小河中的锚地,毫无疑问是向他的上司报告他的诸多"英勇"事迹——当然这是第二天的事情了。

在那些日子里，我们的区界内是和平的。没有军阀来乡下劫掠。带有蓝色条纹风帆和不知威力几何的大炮的巡逻艇一出现，就足以让我们附近河上的盗贼闻风而退。稻米充足而廉价。实际上偷盗之事可能会"Pu hao k'an"（不好干）——换句话说，对于那些吃得饱的人而言，转向犯罪是最坏的形式。

受我在上海的经验的鼓励，我发动海关职员一起创办九江"健身房"。我们在一个旧茶叶货栈或仓库之类的地方碰面，事情顺利运作了好几年。访客之夜总是有大量的能人异士坐当地河流中的汽轮而来，而职员之间很多的小争小吵都通过戴上手套的较量来解决，结果是握手言欢。确实，出汗是一个伟大的解决办法。但很遗憾，它对我来说结果并没有那么好。总税务司巡视各口岸，顺便在九江停留一天。据传闻，他那时脾气不佳，抵达那天就告诉税务司，任何公务均以书面呈现，不需口头报告。随后他在税务司官邸午餐，只有征税科（或办公室）人员受到了邀请。非常明显，正如美国人的说法，那个大人物"不高兴"，但他尽力做到对他的女主人，也就是税务司的妻子非常殷勤，这是一个非常健美端庄的女人。当我们被请进会客室时，她坐在沙发上，而他坐在她脚边的一个垫子上。我记得他有一句关于坦率（谄媚）或好听的意见的评论令人作呕。可惜！她的思想配不上她姣好的面容，而且那样的评论与其他同类的表达都没有引起他的听众的热烈反应。

然而，他"从别处获得了补偿"。他转向我说道："我听说你是这里的健身房教师。请问，你是在哪里学会这些东西的？"我必须承认，我有点慌乱，并思考着，如果能让他对我这点小小的努力说一些得体的话，那该多好啊！然而，我回答说："在德累斯顿，先生，我第一次碰见里奥（Liot）的地方。"（里奥是他的私人秘书，正坐在对面。）他冷冷地说："我不知道你和里奥以前见过。"然后他转过脸去，让我作为一个体育人士自感良心不安。

他究竟喜欢什么样的属下，在总署里一直是一个问题。各种有抱负的青年试图用各种方法得到他的青睐。他偏好漂亮脸蛋是众所周知的，而这也不总是可靠。有一次，一位受误导的青年送给他一位漂亮女演员的照片作为生日贺礼。他的回答让人受不了："谢谢你的照片，可我宁愿要一篇由你自己手写的原创中文作文。但是，每只狗都只会跟着自己的嗅觉行事。"

这是很不客气的，这位不快乐的青年失望地把这封信拿给我看。我安慰了一下他，并说："我真希望他也像那样写给我。"果然，依自己嗅觉而行的狗比任何其他同龄的狗得到了更快更显著的提升。没人真的知道如何才能赢得鹭宾·赫德的好感。他的好恶使人想起了著名的布里丹之驴①（Blondin Donkey）。对于预期的事情，结果往往出人意料。"怎么会这样。"他最杰出的德籍税务司有一次举起双手叩问上天，大声叫了起来，"怎么会这样，即便在总税务司看起来想要取悦别人的时候，他也总是做一些让对方不高兴的事，这是为什么呢？"没有人知道——将来也不会有人知道！

但我有点跑题了，必须重提一下上海的事情。

---

① 14世纪法国哲学家布里丹提出的思想实验，指一头理性的驴会在两堆同等重量的干草前因不知选择吃哪一堆而饿死。

第六章

1883—1885年上海的"体育运动"——"健身房"与义勇总队的拳击场——拳击艺术中的当地冠军——上海赛艇俱乐部——轻骑队——1887—1889年调任天津——成为税务司德璀琳的高级帮办

在我前面提到的那个时期,也即1883—1885年,上海健身房坐落在大教堂院落(Cathedral Compound)的上海义勇总队(Main Guard of the Shanghai Volunteers)①里面。这是一个又长又窄的建筑,当初建造的目的是在大教堂重建期间容纳信众。屋顶的光线非常适合做健身,我们有一长排"吊环"和两个吊杠,以及那些常见的"装备",如球杆、举重器械和一般的"健身"设备。但这里没有拳击台,我认为我可以为引进拳击而要求给予嘉奖。

我一直坚持这样一个看法,即拳手的真正素质在绳索围绕的拳击台上能得到最好体现。可以说,拳击聚焦于攻击、防守、滑动、闪躲,还有最后也是非常重要的"脚上功夫"——这被堪称权威的内德·唐纳利(Ned Donnelly)认为是第一重要的事情,他在让新

---

① 英美等国以保护侨民为名在租界组织上海义勇队,后称万国商团。

第六章

手戴上拳击手套之前,常常先教"步伐"。我在上海的时候,最科学严谨的拳手是曾经获得过昆斯伯里杯(Queensbury Cup)中量级和重量级冠军的浩里岱(C. J. Holliday),他已经去世。"查理·浩里岱",人们总是这样称呼他,这也成为那个时期上海生活中的主要风景线之一。除了担任曼彻斯特一家重要商行在当地的负责人之外,他还是义勇队司令官,也是戏迷剧社的生命与灵魂。虽然称不上是一个演员,但他掌握非常广泛的技艺知识,并且是一个非常出色的,甚至有点专断的舞台管理者。在那个年代,在前台剧目中讨论的社会难题与"在幕后"讨论的同样的问题绝对是两码事。还是言归正传,说说上海的"健身房"。查理·浩里岱更像是一位能靠点数获胜的人,而不是斗士。在这一点上,他迥异于他的弟弟塞西尔(Cecil)——一位极其果断的职业拳手——但他和他弟弟对健身房都没有多大兴趣。我们的常客有卡拉韦(J. C. Callaway)、克里斯·莫勒(Chris Moller)、"黛西"·杰克逊("Daisy" Jackson)、诺埃尔(E. W. Noel)、米夏埃尔森(Michaelsen)、瑞克斯(A. J. Reeks),还有其他大约十个不太知名的人。但由于俱乐部之夜欢迎每一个人进来打拳,所以我们也并不缺乏当地好手。船运公司的人——尤其是苏格兰的工程师们——都是这门艺术的爱好者。当某人走上拳击台,没有人知道可能会发生什么。有一天晚上,我记得一个样子看起来很凶的人上台了。他的方形下巴与紧凑的嘴角表明,尽管他穿着白领衬衫也依然是一位斗士。当他剥去了衣服,他的肌肉却是让所有人都感到惊艳的奇观。他不是别人,正是罗塞塔号(Rosetta)的戈登,在船队里以拳击闻名,号称半岛及东方航运公司的"猛击者"。我不得不接受他的挑战——事实上,后来才知道,我是他来访的目标。现在,虽然我还没有完全"在国外接受过挥动手臂的训练",但在国王十字区那个德国体育馆里,一位不知名的伦敦职业拳手曾经教过我"注意我的步伐",并教我如何躲开一位重量级拳手的"右拳"。所以,我围绕十八英尺的拳击台跳来跳去,对它的每一英寸我都非常熟悉,直到戈登开始疲劳,众多观众开始发笑,而我非常幸运地躲过了一个"击倒"。如果不是我在家里已经习惯同国际足球名将戴维·吉布森(Davey Gibson)及著名裁判杰克·安格尔(Jack Angle)这样可怕的对手打拳的话,我一定无法躲过这样的击倒。和现在一样,"闪躲"在那时是我的专长。尽管现在安格尔和我已经放弃了拳击手套,改用击剑,但我们发现"让身体缺席"(absence du corps)才是最好的躲闪,这是多么的正确啊。在提到的那场对决中,当大好时机来临时,我算准了"猛击者"的冲刺,用一个左直拳应对。按照拳场的话语来说,他给自己的鼻子来了一个重击。作为一个血气旺盛的人,他流了很多血,在衷心握手之后,这件事便结束了。我再没见过戈登,直到有一天,我所住的泽西岛(island of Jersey)圣奥宾镇(St. Aubin)的忒耳弥努斯酒店(Terminus Hotel)的"店主"告诉我,戈登船长住在楼下,想见见我。他赏识地微笑着,补充说他也是一个资深的运动爱好者:"戈登船长说,多年以前他曾在上海与你打拳。"确实,仔细算来,已经过去了三十五年。很快,我就和半岛及东方航运公司的"猛击者"握了手,而他的第一个问题是:"你的那个左直拳还那么厉害吗?"他已经从海上生活退休了,但并没有离开海洋。他拥有一艘漂亮的游艇,这艘游艇刚刚获得了极大的声誉:某个晚上它挣脱了锚链,走上了一条前往法国海岸的路线。船上没有一个人,它却穿过了那些可怕的介于其间的岩礁,说来奇怪,游艇竟然没有损伤。飞逝的岁月对戈登来说几乎没有什么影响。他的肌

第六章

肉与从前一样坚硬,而且他在1914—1918年的危机中做了很多战地服务。在海峡岛屿的拳击运动中,他是一个主要灵魂人物,每个冬天都在当地青年中推广这门高尚的艺术。

拳击场发生了不少小状况。有件事本可能会导致很坏的结果,但幸运的是最终没有。这更多归因于我们那时正在使用的新式拳击手套,而不是其他别的什么东西。这些手套没有套手指的部分。人们把手滑入手套,手指在中间一个小条带上收拢。其结果就是紧握的拳头置于其中,外面包着通常的填充物。诺埃尔——一个比我重得多的男人——某个晚上戴上了这种手套,而我很不幸地在他一只眼睛的上方打了一个相当重的"交叉反击拳",结果留下了一个很难看的伤口。我们赶忙把他送到轻骑队(Light Horse)的荣誉外科医生米勒斯(Dr. Milles)那里,他立即给他止血,并给这个受伤的男人做了包扎。那时这个医生还不认识我本人,他对诺埃尔说:"我想,庆这个人一定是个很野蛮的家伙。"诺埃尔很是愉快,第二天就大谈这个故事。此后不久在一次猎纸①活动上,米勒斯碰见了我,并一起相伴骑马回家。分别的时候他说:"顺便问一下,我好像还不知道你的名字。"我说:"噢,对了,你知道的——'那个野蛮的家伙庆'。"这是一个戏剧性的场面。但我很高兴有这个机会让他认识原本的我,而他后来也成了偶尔光顾义勇总队的客人。

随着时间的推移,我们培养了一些非常棒的拳击手。卡拉韦——一个文雅而强壮的家伙——是我最成功的学生。他有着非常优秀的天资与禀赋,十分适合这个项目。在我的记忆里,他是众人

---

① 英国上层社会的猎狐(Fox-hunt)运动,进入上海后变成"跑纸"或"猎纸"(Paper-hunt)运动。在猎纸活动开始的前一天,有人把沾有动物气味的纸沿路抛弃,第二天参赛者骑马,在猎犬的指引下前进,以能沿着原路最先抵达者为胜。

中唯一一位我不能随意对待的人。当时有不少赛事，其中有一个冠军赛会，卡拉韦与我都表现优异。结果冠军是克里斯·莫勒——我的另外一个学生。他是本地非常有名望的尼尔斯（Nils）的儿子，尼尔斯是一个健壮的斯堪的纳维亚老海员。在"小家伙"被宣布为冠军之后，老尼尔斯抱住了我的脖子，感谢我"把克里斯教养成一个男人"。那个夜晚是一个激情狂野之夜，老义勇总队里面的人群情汹涌，处于极度狂欢之中。战斗精神无处不在，外面的观众也以一系列即兴的战斗"证明了这一点"。但一切圆满落幕，而就算那位虔诚的教长听说过这件事，他也相当爱运动，不会说什么。

特德·法布里斯（Ted Fabris）是我们主要的体操运动员。他是一个体态健美的男人，也是一个在飞旋的吊环和吊杠上的出色表演者。他还是优秀的骑手，也是最优雅的舞蹈家之一。实际上，他是威灵顿式（Wellington sort）的花花公子。他的衣服非常合身，正如一位仰慕他的夫人评价的那样，他看起来好像"被倒入衣服之内"。健身房在赛艇俱乐部也有一艘四桨艇，我们有很多成员属于那个俱乐部。我记得一次"使人精疲力尽的"经历，当时我与法布里斯、芒斯特·舒尔茨（Munster Schultz）、穆泽（Meuser）——无疑是那里最强壮的三个男人——划着头桨。我们顺着潮水沿江而下，而返回时逆流而上，结果导致我们出现大面积的皮外伤。

划艇差一点就见证了我的死亡。某个下午，我驾起一叶单人双桨赛艇，"好玩地"快速划了出去，并享受着桨声的静谧。这时我的小艇突然头部下沉，把我抛入了水中。我不敢靠岸，因为在黄浦江松软的泥土中靠岸，就意味着会陷在那里。幸运的是，德国八人赛艇出现在眼前。像一名体操运动员一样，我很快就顺着它的船头上了船，并且没有弄翻其他人。然后，我们把小艇扶正过来，把它

第六章

拖拽回家。这时才发现，小艇的帆布面已经溃烂了，并突然折断。如果没有德国八人赛艇出现的话，我可能就是软泥中的又一个失踪者，直到河警捞出一个"可恶的、湿漉漉的、令人讨厌的尸体，该死的！"我一直喜欢双桨而不是单桨。已故的汇丰银行的熙礼尔（Guy Hillier）过去时常与我一起玩双桨赛艇。他那时是银行的初级职员，但很快以攻读中文而转向商业出名。这在当时确实罕见。

作为一个伦敦的老苏格兰人，我加入上海义勇队的时间不长。通过调换，我"选择"去了轻骑队。其指挥官是凯瑟克（J. J. Keswick），即"王子饭店"（J. M. 公司）在当地的负责人，他受到怡和洋行的、曾经当过英国骑兵的特鲁珀·霍夫（Trooper Hough）的大力支持，尤其是在检阅的时候。部队里多数人骑他们自己的小马，但我太穷，无法那样做。因此，在骑乘的场合，我就骑一匹出租马车行的老马——一头相当体面的牲口，但耳朵有裂口，这是通常用来标记此类马匹的办法。凯瑟克对我的乘用马感到苦恼。他对嘲讽非常敏感，而他偶尔也会遇到嘲讽，就像他的昵称"切斯特菲尔德"① 所显示的那样。他想象着上海连环画报里海拉尔（Hayllar）漫画所描绘的上海轻骑队练剑时遇到的可怕结果。然而，我恭敬地提出，我无法看出我所骑的马的种类有改善的可能，除非他让我骑乘怡和马场的马，这件事因而就这样放下了。我们都配了一柄长而笨重的直剑和一支装在背带枪套里的卡宾枪。我们的制服是某种皇家骑兵团样式（蓝色的），配有华丽的晚礼服以备节日场合。一切都很漂亮，其中轻骑队舞会是上海社交季的主要亮点。

从这里开始，我得捡起上一章中提到的题外线索。重复一下：

---

① 原文为 Chesterfield，有"软领长大衣、睡椅"等含义。

我觉得总税务司到访九江对我来说不是好事，后来事实也证明如此。1886年12月16日，我们的第四个儿子出世，组成了一个拥有四男一女共五个孩子的年轻大家庭，儿女与我们共命运。不久之后，北京发来一份电报，把我调任天津。这是一个沉重的打击，因为我们过着一种清贫而平静的生活，如果能维持平静，我们就已感激不尽。然而，我是一个有家室的帮办。"有家室的帮办们。"总税务司的通函对这些误入歧途的人来说，充满了警告甚至是威胁。可要是没有了他们，事情会怎么样呢？可以把今日很多幸福的中国家庭与昔日"非正式妻子"体制下的白人男子的逐渐堕落比较一下。心理分析那时不像现在这样被人理解。在鹭宾·赫德所处理的家室问题中，很多当时看似晦涩难解的事情现在都已非常清楚。但事情并没有因此变得更好。

但是，我们已经接到了去天津的指令，就必须前往。首先，我们所有像样的家具，包括我妻子非常珍爱的钢琴，只得舍弃了。在那些日子里，有家室的帮办们调任的时候，是从空房子搬进空房子，也没有任何运费补贴。九江的已婚人士宿舍是空的，我们抵达的时候既没有清扫，也没有修整过。而我们发觉天津的宿舍也完全是同样的状况。我记得，我们对一位特别善良的朋友是多么感激，他是太古公司的代理商，以我们购买的价格接收了那架钢琴。

我已经提到了总税务司千变万化的"性格"中的伪善成分。我很愿意在此加以叙述。他写信给我的新上司说："我把庆派遣给你，他是署里面最出色的人之一。"显然，就我的情况而言，价值就是奖赏。我再次被调任，薪水也没提升。与此同时，越过不幸的我的低级职员，好人、坏人以及平庸的人，其名单却继续延长。然而，改变一旦完成，尽管这使我们在几年之内变得更加拮据，但也并非

第六章

没有补偿。

我是高级帮办，由于我的上司对中国政治比对办公室事务更有兴趣，不久我就被授予全权处理日常事务。他对我的信任带有他个人与其工作的明显特征。"你应该是一个副税务司，但你不是。然而，我把你视为副税务司。所以，只要你的决定与总税务司的通函以及常识保持一致，我就不会干涉你。"这是我对德璀琳（Gustav Detring）的最初介绍，天津社区应该为他树立雕像，却没有这样做。尽管如此，就其作为而言，他是现代天津的缔造者之一，而且在那个时候，他是唯一有足够信念与远见，并为那时看起来相当遥远且含混的不可预测事件做准备的人。当时天津刚开始变得兴旺。寻求特许权的访客频繁而不断地到访慈禧太后的亲信、总督李鸿章阁下的衙门。德璀琳是李鸿章在所有涉外事务和许多国内事务上的得力助手。他的精力是无限的——尽管在很多方面他是一个典型的德国人，但他有世界视野，并不总是"德意志至上"。后来情况有些不同，但在我写到的那个时间，他在天津毫无疑问是一个领军人物。此外，他总是有勇气提出他的观点，并把他自己的钱投放到当地建设之上，宛如市政基金一样多。跑马场、维多利亚公园、戈登堂，还有英国人定居地的拓展，很大程度上都得益于他技巧性地把中国人的意见与外国人的计划协调起来。他与一个非常有魅力并十分美丽的维也纳女人结了婚。她与被她戏谑地称为"小狮狮们"的一群漂亮女儿一起，在天津社会拥有她自己的地位与声望。

第七章

德璀琳与李鸿章——中日军队同时撤出朝鲜——湘军给外国运输带来麻烦——在天津的生活——基亚里尼的马戏团——俱乐部娱乐设施，冰上快艇运动，等等——我染上了天花，几乎死于安替比林过量——俱乐部的打斗——宓吉与《中国时报》——穆麟德男爵，前朝鲜王——罗丰禄与北洋舰队

但是，德璀琳与我在公务上总是相处得非常融洽。不久他发现，我是那种可以信赖的人，可以使用他的权力而不会试图侵夺权力。每天我把办公室发生的所有事情简要地告诉他，他从来没有听进去，因为他的头脑里总是充满各种计划，而其中几乎没有海关的部分。但他从来不批评我，无论是当面还是在背后，这对我日常与职员和公众的往来有很大帮助。

对德璀琳的早年岁月，我一无所知。但据说在他驻守镇江的时候，发生了一起街头暴乱。河边的"无赖"（wu-lai，也就是恶棍），侵入了海关大楼与帮办们的宿舍。那是一个冬日的下午，德璀琳只是用一种漫不经心的方式把拨火棍放进了火里。很快，情况急转直下，暴徒们要往楼上冲，却被一个手拿烧得通红的拨火棍的

第七章

大力士挡住去路。他们自然转而逃遁，但在下楼的过程中，通红的拨火棍损坏了不少衣物。一个行动派就此显露出来了，而且还是一个战略家。

还有另一种热辣辣的拨火棍，同样强力有效，为那些带给他麻烦的人——中国人，还有外国人——预备着。

一个公开的秘密是，由于总督李鸿章对德璀琳的庇护，总税务司的专断权受限，为此他很不满。只要李鸿章还管辖着天津，"紧急公务"问题永远不能把德璀琳从天津税务司的位置上给拉下来。总税务司和德璀琳都在"争抢机会"，但机会从未到来，他们一直争吵直到"死亡宣告了偿还时间"。但同时，德璀琳不用担心受其名义上的上司干预，继续按自己的计划行事。他与总督两个人都热衷于玩弄政治。很多在衙门里开的"通宵"会议，这位天津税务司都被召去参加。

议题也不纯粹是政治性的。李鸿章目光敏锐，总能抓住最大的获利机会，正如特许经营者不久可能会发现的那样；而德璀琳没有任何"金钱意识"，性格中有很多堂·吉诃德的成分。这个组合不同寻常地具有魅力。

以皇家海军琅威理上校（后来为水师提督）为指挥官的北洋舰队的创设，以及对日益强大的日本海军的习惯性恐惧，导致中国采用了旅顺口，也即亚瑟港（Port Arthur）作为军港。该港经历了复杂的变迁。中国人做了挖掘工作，法国人建造了干船坞，德国的大炮则装在了要塞上。

工程花费了巨额的资金。在挖掘期间我随同一个小型代表团到过那里。李鸿章派了一万多士兵前去挖掘船坞池。但由于它将建成一个军港，所以在那个区域内不允许有女人出现。我记得一个肥硕的爱尔兰外科医生给我讲过一个故事，他是那个地方唯一的外国卫生保健代表，但这个故事不能在这里写下来。在类似情境与条件下，一些结果难以避免，东西方皆是如此。仅有的另一个外国人是一位苏格兰工程师。他被请过来是因为法国人一直抱怨英国出产的某个大型水泵，但我们的苏格兰朋友让它"转起来了"，而且在法国人卖掉了水泵并离开那个半岛很久后还在"运转着"。顺便说一句，那个"小型代表团"，任务完成得很糟糕。其目的是让中日军队同时撤出朝鲜。中国人撤离的港口是马山浦（Masanpo）。我的职责纯粹是顾问性的，这多亏了德璀琳。被派出去完成这个任务的是利运号（Lee Yuen）汽轮及另一艘中国拥有的外国型号的船，还有一些英国军官。我们坐利运号带走了大概八百名中国士兵，外加军官与其他辎重，包括一些非常桀骜不驯的小型马匹。

我们是下午离开的，一切都很顺利，直到第二天早上，而当时我即刻就注意到了那个众所周知的麻烦正显露其征兆。随船的"兵勇"都是湖南人——中国最能打仗的干才。我试着联系他们的指挥官，但官兵都睡得很沉，做着想入非非的梦。

整个甲板上层都挤满了人，船长与我只好避进了海图室，那里权充他的船室。我们在甲板的一侧拉起一根绳子，作为通往船室的通道，以便船长可以上到舰桥上。在这个六英尺的空间里，我躺在一条长藤椅上，等着"事态的发展"。不久，一位有着华丽头饰的健硕湖南兵勇——其辫子的厚度表明他在恋爱和战争中都是一个英雄——走向了那根绳子，用手朝自己的脖子劈了一下，那表示他想撕裂另一个人的喉咙。我朝他微笑，并问他近来怎么样，他是否更喜欢做一名水兵而不是陆兵。在充满怀疑的盯视之后，他似乎渐渐明白我在说中文，尤其是当我有意选择一些俚语的时候。我发现，

第七章

古典中文在一群乌合之众中很少被使用。

他的不满是针对这艘旧船的。食物很糟糕,也"pu-kou"(不够)。我们要驶往旅顺港,而我们的船又慢又旧。他们认为我们的船长应该受到指责,还认为必须对船上的全部洋鬼子也就是外国鬼来个一网打尽,尽管我可能也是被"同样描述在内的"。

可以说,这时候我们是在"作为朋友一起商量"。当然,船长赞成把这批人丢下船去,但我指出,即使有像他和轮机长这样无畏的战士,也不能指望获得很大成功。这样大家同意由我一个人来应对这个局面。与此同时,其他的兵勇威胁说要在公海上杀人,但只是不时地说说而已。在外海时气氛还明显较轻松,事情也被平息了下来,直到我们抵达旅顺港口水道之外。有人突然要求不进入旅顺港,而是在离他们军营不远的一个地点上岸。如果要求被拒绝,他们马上就要大开杀戒。

我说,如果我这样告诉总督,不知有何益处:他们是世界上最好的军队,却因为疲惫虚弱而不能行军几英里返回军营。这将不仅仅丢他们个人的脸,而且还丢他们那个省份的脸。此外我还说,总督将会很生气,而我们——我用这个词把我和他们联结起来——为什么要冒这个险呢?

因而事情总算没有出纰漏。但另一艘船就没这么省事了。"军队"接管并吃光了船上的一切,把船上的黄铜都剥了下来,但外国军官有我们没有的"武器",他们可以驾驶船只,并受到上层轻甲板的安全保护而泰然自若,没有必要向任何人开枪。

我们在天津驻留期间,基亚里尼的马戏团(Chiarini's Circus)造访了这个码头。他携带而来的是通常的团队——狮子和老虎,小丑和杂耍艺人,"高级马术女郎",还有那些只会跳圈的次要的时髦人物。我们张开双臂热情地接待了他们。入场费统一为一美元,晚饭后整个天津的人都聚到了那里。我记得我们时常得从厨师那里借入场费——他是我们家里唯一的资本家。

有一天,德璀琳告诉我,总督将在马戏场举办一场"盛大"的演出,各级官员都得出席,而足够高级与时尚的外国人都将受邀作为宾客参加。在演出就要于当晚举行的那天早上,德璀琳要我提前下到帐篷里,代表他在那里现身。当然,他是这场演出的真正促成者。帐篷周围聚集了庞大的人群,大小官员鱼贯而入,排队迎接他们的上司。在他们之后还来了不少戴帽子的军人。

我应该解释一下,帝国的官帽是非常华丽的,但哪怕是戴一会儿也觉得有点沉重。但这是所有官方场合的必需礼仪。这样就有了一个聪明的习惯,也是中国人常识中很典型的,即把帽子放在配套的硬纸盒里,由仆人保管,到时再戴上。现在的情况是,官员们都在帐篷内,而持帽者却在外面等着。由于总督抵达的时间越来越近,这些人挤向入口处,以便把帽子递给它的主人。基亚里尼是个心理暴虐的人,事实上,他真的用铁棍来管理他的团。他不知道那个帽子的重要性,以为那只是没票的人想混进来的一个伎俩,并果断地封堵了入口处。他是一个高大且面目凶狠的人,手里拿着一根又大又沉的扁担。我把事情向他做了解释,最后不得不以总督的名义命令他要么站在一边,要么承担后果。

与此同时,这个消息在外面传开了,持帽者不仅赢得了围观人群的同情,还赢得了总督侍卫的支持。

这些侍卫都来自安徽省——李鸿章的出生地,被称为总督的"虎贲军"。没有时间可以浪费了,所以我告诉基亚里尼,我们的命就取决于他是否保持安静。我走到帐篷入口处前面由愤怒的人围成的半圆之中。现场的气氛短暂地沉默了一会儿。而当我走得更近一些,"虎贲军"开始显出一脸怒气。有个人把剑拔出了一半,人群开始叫嚷"Sha, Sha"——杀,杀。在中国,如果能诱导暴徒笑一会儿,那情况就可以得到控制。因此我走向那个拿着剑的好战的人,用天津俚语不是对他而是面向公众说:"这是一个非常危险的家伙,他要杀我。"人群开始哄笑,有人说:"哦,那是庆老爷。"他提到了我的中文名字。我紧接着说:"是的,我来这里关照你们。"这句俏皮话又引发了更多的笑声,持帽者的队列于是鱼贯而入。

就是在天津这个地方,我和妻子得到了一个实际的教训。我们愚蠢而徒劳地试图躲避命运,这让我们终生难忘。天津周围的大平原遭遇了洪水,给穷人带来了很多灾难,他们被迫离开家园,托庇于尚未被水浸淹的小块高地。给他们提供食物的问题非常紧急,同时救济团体也在外国人居留地组织起来了。我与其他人一样急于推进此事。正要这样做的时候,我们亲爱的朋友与医学顾问,已故的欧文医生(Dr. Irwin),听说此事却极力反对。天花在水灾难民中非常流行,欧文恳请我记住我有一个妻子和五个年幼的孩子。我非常违反本性地让步了,就没有去。后来的事情如何呢?在天津得了这种病的只有两名外国人,一个是我,还有一个年轻的俄国人。我们两个都本应该去但没有去,命运却找上了我们两个。我的病倒不是很严重,这多亏了我妻子精心用水疗法对我进行护理——唯一的意外是一两剂安替比林带来的灾难性后果。这是一种新的退热药,现在对这种药的使用会比我生病那时更为谨慎。我的体温从103华氏度①跌落到正常值以下，我觉得我完全崩溃了，并感觉到一块冰正敷在我的后脑勺上。热水袋遍布在我虚弱的躯体上，逐渐把我从死神手中挽救了回来。但这是一次侥幸的脱险，没少让欧文担惊受怕。他是一个非常热忱的人，长相英俊，骑术勇武，受到所有认识他的人的喜爱。

自那以后我们不再与命运抗争，而命运却没有停止折磨我们，这在后面将会看到。

在中国北方地震相当罕见，但记录显示一旦地震来临，受灾会相当严重。我们经历了一次。当时是下班后，我正与包罗（Cecil Bowra）喝茶，他是最近加入我们的新人——一个非常英俊但有点神经过敏的青年。突然传来一声尖厉的巨响，包罗说他怀疑是不是"葛礼小子"（Currie-boy，现在是葛礼税务司先生）又一次把他自己炸上了天。"葛礼小子"是一个热心的电气技师，做实验时经常遇到"难题"。在同一瞬间，房子沉重地摇晃了三次。我不是第一次经历这种事，所以包罗和我紧接着做了"最对的事"，事实上也是唯一的事。我们站在房间的门廊里，静待事情的发展，幸好并无下文。但这对于那时正在建造中的新海关大楼宏伟的石砌部分来说却是极危险的。它正面第一层立了六根柱子，但顶部还未盖好，没有支撑地立在那里。不过，它们是由被称为"基奥普斯"（Cheops）的已故的约翰·钱伯斯（John Chambers）建造的，他是土木工程师学会会员，那时在中国仅有几个人有资格获得这个称号，他就是其中之一。这些柱子卓越地经受住了如此重大的考验。但钱伯斯本人也无法确知"晃动"究竟是什么时候开始的。在我们

---

① 约39.4摄氏度。

第七章

的花园里，有两个给孩子们玩的低矮的秋千。它们开始慢慢地摇晃，尽管并没有人在那儿，而地面也像潮汐水道上的浅水一样起伏。地震对房子造成的损害非常大，尤其是在靠近要塞和历史名胜附近的领航员的居住地大沽，但没有造成人员伤亡。

再花点时间回到天花这件事上来。这里有一个事实，可以提供给接种牛痘者和反对接种牛痘者。在这个病潜伏期间，我是有抗体的。但在脓疱出现之前，没有人猜到它的真正性质。五个孩子像往常一样跟着我——事实上比往常跟得还要多一些——利用父亲整天待在家里的机会。最大的已经六岁，最小的十六个月。出于这样那样的原因，其中三个接种了牛痘，两个没有。我和妻子也都多年没接种了。我生病期间，她都在护理我，而她却没染上，五个孩子也没有一个染上。原因何在，我留给别人去思考。对我而言，命运，纯粹而简单的命运，就是足够的原因。

我们学着去喜爱天津。我们最大的男孩在一个年长的荷兰牧师那儿上学，他是我们的邻居。我和妻子很喜欢骑"外滩小马"。这些马通常是废弃的"赛马"，由中国人饲养，偶尔租给英国军舰上的水兵，每个冬天他们都被派去在外滩的英国领事馆对面执行保护任务，被冻得瑟瑟发抖。有一次，一个朋友疑惑地问我："你这家伙太奢侈了！我看到你和你老婆经常骑不同的马出门。"我们保守了秘密，对那些议论放任自流，而继续"在外滩上有一个大型马场"。

我们在中国人中间是很受欢迎的，无论何时需要，"养马人"都会及时给我们提供乘用马，一天收一美元。一个大家庭——尤其家里大多是男孩——靠微薄的收入供养，总是吸引中国人最善良的本性，那时还没有受到后来未必有何好处的学说的祸害。"自由与平等"，中华帝国的民主，至少让两者共生。

遗憾的是，军阀及其军队来了，破坏了这一切。

然而，无论是福是祸，天津在任何时候都不是我们的。但待在那里时，我们享受着冬季漫长时光里的溜冰、跳舞、冰上快艇运动和"pai-tzu"（白吃）的野餐。

那儿有一个很棒的俱乐部。不久，已故的马莱绪（William McLeish），一个年长的来自英国达利奇（Dulwich）的教师，还有我，在那里启动了"健身"和拳击运动，一开始就很成功。我们用带篮柄的木剑尽情地出击并击败对方，与往常一样，这在船员中引起了很多关注和支持。他们多数是善良的运动者，但也有例外。一天晚上，我出乎意料地遇到了一个体型健硕的美国船长，他要我戴上拳套和他来一场。我记得他说过，他拥有一个特殊的重击技术，希望展示一下。我已经洗了澡，也穿好了衣服，健身房的灯也关了。我正与我的邻居——电报局的波尔森（Poulsen）站在俱乐部酒吧里，我时常与他一起走路回家。但我并没有觉得有什么不妥，我戴上了拳套迎战这个美国船长。在目光与他相遇的一瞬间，我发现这个人别有用心。

他在吧台与桌子之间狭窄的空间里突然向我冲来，并向我打出了凶狠的一拳。我避开了，这次我做好了准备，并以一个左直拳和右直拳迎战他的下一个扑击，让他在椅子和桌子间摔了个仰八叉。他受到很大震动，但没有受伤。

在回答我的询问时，他说他没有问题。我和波尔森把他交给了俱乐部酒吧的侍应。我对那个人所知甚少，但后来有人告诉我，他曾在上海阿斯特宾馆酒吧（Astor House Bar）里向朋友许诺，下一次北上时，他会向我展示如何打拳。他还是对天津已故的詹姆斯·斯图尔特（James Stewart）进行卑劣攻击的"英雄"。他同样以展

第七章

示如何打拳为借口，把这个毫无戒备之心的人打得喘不过气来。所以，灭了他的威风我是相当高兴的。过去的日子里，拳击台上也有"出其不意击中对手"（bottes secrètes）的奇妙情况出现，这些击打如果符合描述，毫无疑问是"对的"，但很多时候并不总是如此。因此，这就是高贵的自我防卫艺术的价值！

从此我再也没有见到这位对手，而且我现在无论如何也想不起他的名字。愿他安息吧。但当然，这个故事到处传播。多年以后，当我说俱乐部中粗野的比赛总是应该被阻止时，一个瑞士籍的会员想在他的朋友身上展示他作为一个摔跤选手的技巧。一个很有活力的海关新手问道："先生，那有一天晚上您在天津俱乐部打败那个船长又怎么说？"或许我给他的感觉就像路标，指路而自身却不前往。

但要我去芝罘的调令已下，不久我们就打点行装出发，留下了很多朋友和很多愉快的回忆。

1887—1889年的天津有不少戏剧人才，哈维·贝林哈姆（Harvey Bellingham）是铁路先驱之一，也是一位多才多艺的男演员。他对任何角色——无论沉郁的还是快乐的——都驾轻就熟，而且他有一种罕见的天赋，能向别人展示他是如何耍这种把戏的。每年圣诞节都会上演一台非常成熟的舞台剧——顺带着还有一场滑稽表演，所有的妙语和自嘲都就地取材。那些滑稽表演是"健身房"特别出演的。我们的领军人物博伊斯-卡普（J. Boyce-Kup）在飞旋的吊环上奉献了一场让人惊叹的表演。"科隆比纳"（Columbine）[①]，正如包罗与哈里·肖（Harry Shaw）所描述的，凭

[①] 科隆比纳是意大利传统戏剧中的女角色，丑角哈勒奎（Harlequin）的情人，以机灵俏皮的女仆的形象出现。

借她们的优雅与美丽赢得了所有人的心。"小丑"、"老丑"还有"差人",都角色齐全,由《中国时报》(*Chinese Times*)的卡曾斯(R. A. Cousins)、悉尼·斯普纳(Sidney Spooner)、阿瑟·阿什(Arthur Ash)非常完美地扮演。某一次,"科隆比纳"被舞台经理阿尔弗雷德·史密斯(Alfred Smith)束腰太紧,以至于她体内的组织受压,她疼痛难忍,需要使用各种"药液"才能继续撑下去,因此她那部分的表演无法完成。这使得丑角哈勒奎的角色更加凸显,我也清晰地记起我差点折断颈脖的情境。当时我必须来一个飞跃穿环的动作,两个健壮的水手会在另一边,在我坠落时接住我。幸运的是,我利用起跳前的时间溜出去,提醒他们我就要跳了。

那边竟然没有人!这样跳跃只得取消,我的葬礼推迟了。

化装舞会每个季节都有,我尤其记得两个年轻的俄罗斯女郎的华丽外表——别洛戈洛维(Belogolovy)姐妹——她们穿着瑰丽的莫斯科服饰。

已故的宓吉(Alexander Michie)在那时的天津拥有很高的地位。他是一个商人,但永远有书卷气。他在《中国时报》找到了表现才华的方式——他是这家报纸的第一个编辑,我认为也是最后一个编辑。他也是天津辩论协会的会长。在英中圈子里,他代表大金融集团。

《中国时报》的专栏给他灵巧的才智与无法模仿的风格提供了见证。而他的大作,《一个英国人在中国》(*An Englishman in China*),将会作为一部经典之作而永存。我们都爱他,我们当中那些能写作的人也渴望在他的指导下写出好作品。我妻子的笔名是伊斯芮尔(Ithuriel),她的大多数作品都是书评,不过她最成功的"第一本书",1892年由本特利(Bentley)出版社出版的《辛德瑞拉表

第七章

姐》(*Cousin Cinderella*)的灵感来源却是我们在天津的朋友圈。在我的行当里,政治占有重要位置。由于李鸿章总督支持这家报纸,且他的政策无疑是他那个时代中国最合理的政策,因此人们觉得写作是为了给良善事业制定规则。我的一篇关于中国对朝鲜的宗主权的论文就是这样写的。在这篇论文里,我向所有人解释说,那个不幸的国家的朋友是科德林(Codlin)(中国),而非矮脚(Short)(日本)。①

当时与宓吉保持长期紧密友谊的是另一位知名的天津居民,已故的约翰·邓恩(John Dunn)。正如人们一直称呼他为"神秘的"邓恩那样,他习惯于把他最无足挂齿的行为与极度神秘挂钩。"今晚过来与我们一起用餐吧。"他的回答总是这样的:"好的,很荣幸,如果衙门没有给我指派任务的话。"(即被李鸿章指派任务。)可怜的家伙,他真正被指派任务只有一次,而那差点要了他的命。他带着使命面见教皇,提出在中国的中国天主教徒受到外国保护的问题,那几乎没有什么结果。但在前往途中,他为了登上那艘会把他带往南方的在沙洲的汽船,而在天津外海冰面上经历了危险旅程,在此过程中他展现的非凡勇气表明,他脆弱的身体里面有一颗勇敢的心脏。

他是一个饱学并富有教养的人,也是保守的罗马天主教徒。他的外貌——鹰钩鼻子和有点深邃的眼睛,与他十分热衷的神秘男子的造型也非常相配。

宓吉曾被选为天津辩论协会第一任会长。我还记得他的就职演说——一篇入情入理的杰作,以富有说服力和学术性的英语加以表

---

① "科德林"和"矮脚"是狄更斯的小说《老古玩店》中的人物。

达。就我记忆所及，我们从未接触到关于"奇迹的可信性"的辩论——这是一个几年前震动上海辩论协会的主题。在那次辩论中，会吏长慕雅德①持正方，对手是反方亚历克斯·贾米森医生（Dr. Alex Jamieson）率领的当地的怀疑论者。

那位会吏长一直在"寻求"那场辩论，因为他刚刚在大教堂的布道坛上完成了一系列的布道，他试图"证明"那些形成于犹地亚（Judea）时代的"奇迹般的作品"。

他是一位旧派的学者型牧师。但是，由于所涉及事物的性质，其必然结果就是，他的证明只是对他自己坚定信仰的乏味的坚持。我不记得是谁"精心安排了"他与贾米森医生的公开辩论，但辩论确实搞得不错，吸引了上海最有文化的一大批听众，无论他们是为奴的还是自主的。②

这两人都很有名，但还是有基本的区别。虔诚的会吏长对于所有认识他和很多不认识他的人而言，其优缺点是显而易见的，而那位医生的优缺点只有他的圈内人才知晓。

贾米森最初打算谋求英王陛下在中国的领事馆的职位，但很快放弃了这一想法，转而从医。出于这样那样的原因，他似乎从来没有与他在中国的同行投缘过，而在我所谈到的那个时间（1884—1885），无论在职业上还是在社交上，他与上海他那个行当里的主要人物都没有多少来往。他为人所熟知的就是他的不可知论，而且，有很多迹象显示，他还持有大幅超前于他的时代的其他看法。

那位会吏长背诵了通常的观点，尤其是这样一个重大的看法：

---

① 原文为 Archdeacon Moule，作者未写出全名，根据生平推断，此人应为 1882—1894 年在上海传教的慕雅德。

② 语出《圣经·以弗所书》6:8："因为晓得各人所行的善事，不论为奴的、是自主的，都必按所行的，得主的赏赐。"

第七章

基督的神迹一定是真实的,因为每个时代的人都愿意为基督教的真理而赴死。他贯穿始终的态度就像是一个教士在布道坛上灌输已被认可的信条那样,而贾米森以一种低沉的、认真的声音开始他的演讲,并向他的听众保证说,是相信真理终将获胜的无比真诚的愿望才使得他出现在他们面前。

在声音和外貌上,贾米森医生非常像已故的、以心理研究著称的迈尔斯(F. W. Myers)先生。他与迈尔斯先生一样,用娓娓动听的方式要求对所有现象进行验证,即使那些现象与基督教真理不太一致。他对异性也同样具有吸引力,而且总体说来,他的"军械库"里藏有那位虔诚的会吏长所不知道的武器。如果不是布吕歇尔(Blücher)以圣约翰学院一个很有活力的年轻美国牧师的身份出现的话,恐怕那场辩论就会让米甸①的军队占尽全场优势。布吕歇尔以美国人诙谐的风格简要复述了贾米森医生的观点,我记得他用了一个非常有效的短语,并把它用在了每次反驳上:"好了,女士们先生们,我们将把那个观点与其他观点一起,束之高阁。"

他确实取得了很大的成功,而我不记得贾米森是否说了很多话回应他。时间已经很晚了,辩论最终会偃旗息鼓,就像此类会议通常呈现的那样。随之却出现了一个悲哀的结果。坐得离我很近的一个很不错的年轻人非常狂热,在辩论期间尽管徒劳却多次努力想要引起演讲者的注意。我们让他保持安静,直到他似乎能够再一次自控。

但那天晚上,他渐渐显出强烈的宗教狂热,我们不得不对他加以约束。我们用船把他送回家,但是幸运还是不幸,让贾米森和会

---

① 《圣经》典故,比喻敌对势力。

吏长的灵魂来判定吧,他从船上跳了下去,从此再也没了踪影。塞西尔·罗兹就"博比"·怀特("Bobby" White)与贾米森突袭事件发表的评论再次得到证实:"这只能表明人们在对他人说话时应该多么谨慎。"那个可怜的家伙可能处于神志半清醒状态。而且,正如乔治·R. 西姆斯(George R. Sims)曾经就此类案例所说的那样:"某些东西使得他崩溃。"到底是慕雅德呢,还是贾米森,或者只是命运使然?

在上海的学术社团中,有一个皇家亚洲文会北中国支会。它讨论的内容通常更注重教育性,而非娱乐性。但有一次是例外。一个很有学问的美国传教士做了一场关于佛教的冰火地狱的讲座,他还配合使用了幻灯片。讲座进行得很好,也很严肃认真,直到一个衣不蔽体的殉道者的图片出现。无疑,这是在一个炽热的地狱之中。不幸的是,操作者颠倒了幻灯片,图片显示出来的效果就是上下颠倒了。听众开始窃笑,眼睛相当近视的演讲者瞄了一眼幕布然后说:"哦,我明白了,它们的底部被放到上面了。"我怀疑亚洲文会的听众以前甚至之后是否这样开心地笑过。

就是1887—1888年在天津期间,我第一次遇见了穆麟德(P. G. von Möllendorff)。那时他以"前朝鲜王"(ex-King of Korea)而闻名。

当时他处于放逐赋闲期,时运不济——以相当不稳定的收入来源供养妻子和三个孩子。作为一个德国人,他起先在中国海关任职,但后来离开海关,接受了为朝鲜国王组建类似机构的工作。

汉城①当时是一个危险的居住地。密谋与反密谋是家常便饭,

---

① 今译首尔。

第七章

没有任何一个身份显赫的人能确定躲过暗杀之刀。穆麟德在王宫的宴会上死里逃生，不久以后接受了李鸿章的提议，来到天津，静待那边事态的发展。李鸿章给了他一座房子和一份不多的收入，同时朝鲜海关也落入了伟大的总税务司之手。穆麟德也再一次落入了他的手里。尽管非常不情愿，但形势所迫不得不为，他接受了北京开出的重新雇用的屈辱性条件。

这是真正的赫德风格。他恢复了这位皇家朝鲜海关的前掌门人在江海关的初级帮办职务，紧接着，在迫使他当众充分接受这个教训以后，赫德又采取了同样有特色的行动，将其提拔到一个更适合的岗位上。德璀琳与穆麟德之间的对比太显著了。正如一个法国记者曾经描述的那样，德璀琳有着"资产阶级的伟大头脑"。而穆麟德与德璀琳完全不同，他是那些法兰克骑士的后裔，他们以武力逼使勃鲁夏人（Borussi）变成普鲁士人与基督徒。然而，他们的野心是完全一样的。两人的目标都是领导权，但他们都无法得到。那位来自北爱尔兰的无处不在的人[①]在领导能力上超过了这两个人！

就是在天津的那两年，即1887—1889年，我第一次见到了罗丰禄，他当时是海军（北洋舰队）幕僚，在李鸿章总督领导之下。

其时海关大楼正在重建，李总督在海军部衙门里安排了一些房间，供德璀琳临时使用。我们因此和海军参谋部的所有官员比邻而处，罗丰禄是他们的头儿。罗丰禄的房间与我的房间隔得很近，我经常看见他。作为斯宾塞（Herbert Spencer）哲学的积极学习者和仰慕者，同时也是对中国的事物有高度修养的人，罗丰禄一直是一个有趣的人物，在他的活动领域内发挥着巨大的影响力。

---

① 意指出生于北爱尔兰城市波塔当的鹭宾·赫德。

但是，在同大学士李鸿章这样引人注目的人物打交道的时候，随从们必须时刻防范缺乏热情和过于热情这样的问题。李鸿章容忍西方的学问和观念，但仅限于这样的程度，即它们不与他对自己领域内一切事物的绝对权威相冲突。

法国人日意格是位于罗星塔锚地的福州船政与海军基地的创始者，为中国海军建造了第一艘外国款式的战舰。而中国资深的海军官员大多数是福建省人士，福州是其省会。不久，非常自然的结果是，在北洋或北方舰队中，相当大一部分的中国员工，尤其是在军官阶层，是由福州船政机构训练的人员组成的。

在舰队中，这些人以"福建会"（Fukien-hui）闻名，与其他类似的"会"，也即来自广东、山东和安徽的同乡会有矛盾。

中国不同省籍间的嫉妒与美国州际之间的竞争一样明显。李鸿章来自一个不滨海的省份安徽，为了掌控整个水兵，他深知以一组水兵制衡另一组水兵的价值。因此罗丰禄在处理他那儿的工作时，没少处于进退两难之中。

他与琅威理提督及其下属舰队的外方人员均有紧密关系，而我也敢说，他不止一次有机会认识到《人与国》（Man v. the State）中最新一条大师语录的中肯之处："人的行为方式阻碍了深思熟虑。"

在琅提督退休以后，舰队的战斗效能逐渐退步，在鸭绿江战役对阵拥有劣等战舰的日本人时被证明不堪一击。

罗丰禄成了一名外交人员，在义和团运动期间，他是中国驻伦敦公使。我还记得几年之后他说的一些话："《泰晤士报》称呼我是一个愤世嫉俗的骗子——或者那一类的东西——因为我说出了真相，或我认为的真相，即北京没有发生针对外国使馆的屠杀。"他又补充说:"当我所说的内容被证实的时候,却没有人道歉。我猜想,他们都太忙了。"

可怜的罗丰禄结局悲凉。一段时间以来,他受到嘴唇上生长的恶性肿瘤的威胁。尽管他拥有西学知识,或者说就是因为自己的西学知识,他坚定地谢绝了施行手术的建议。与很多上层社会的中国人一样,他无惧死亡,并以异想天开的方式解释说,这可能是因为他不是基督徒,对天堂的快乐或其他地方的责罚一无所知。

尽管如此,他仍是国家的忠实仆人,公务在身,以一个男人应该有的样子死去了。

第八章

1889—1890年在芝罘的生活——贾米森失踪——总税务司建议我休探亲假——再次被任命到伦敦办事处——挂念留在中国的孩子们——伦敦办事处职位苦不堪言的不确定性——调任上海担任"代理"副税务司——上海的邮政事务——雷乐石税务司出色的管理——上海样本室及其对税收的贡献——1897年德国人占领胶州湾——我得到上海道台指示"把他们驱逐出去"——海关俱乐部与健身房——戏院中中断的剑术比赛

1889年春,我们离开天津前往芝罘。之前德璀琳向总税务司提名我,作为驻朝鲜公务人员的合适人选。那时,朝鲜海关的职员大多数是由"借调的"中国海关雇员组成,他们除了正常的收入之外,还有一笔可观的朝鲜补贴。因而,对于高级服务部门的低阶人员来说,这是个备受青睐的任命。不用说,德璀琳和我被拒绝了,那个工作职位给了一个服务资历比我晚好几年的人。我被派到芝罘,填补因他的任命而产生的职位空缺。

芝罘被称为中国的布莱顿,但与布莱顿这个海滨浴场胜地没有多少共同之处。我的新税务司来自北爱尔兰,他是鹭宾·赫德的堂

第八章

兄,却是一个性格非常不同的人。在他那个时代,他是一位大农场主,也是一个优秀的骑手,一个肌肉非常健壮的男人。总税务司对他轮流使用威压和拔擢的手段,直到他发现自己成了中华帝国海关一个完全成熟的税务司,我敢说这让他自己都大为惊讶。他与我相处融洽,并非常愿意把很多事交给我处理,我们之间没有任何摩擦点。遗憾的是,他对其他人而言却不是这样。除了拥有暴烈而难以控制的脾气,他天生对中国人没有好感,而这些中国人却是他的衣食父母并和他朝夕相处。用中国人的观点看,他被归入"厉害"一类,用英文说就是"危险的",因而是可怕的、不讨喜的。他在其他口岸也有苛待中国人的不良记录。但命运弄人,他的罪恶累积的效应没有落到他的头上,而是落到了另一个人的头上,而且是一个无辜者。1889年的秋季,他获得了三个月的休假。我自然期待,他与其他所有人也同样期待,在他临时离开期间,我将管理这个口岸。但北京委派了琼州税务司科林·贾米森(Colin Jamieson)填补这个空缺。对我来说,这是一个苦果,在服务了十六年之后发现,我显然不能得到信任去掌管像芝罘这样小的口岸,哪怕是短短的三个月时间。但我没有做好准备,应对接踵而来的悲剧。

科林·贾米森抵达后按时履责。对我而言,他完全是一个陌生人,但作为前首席秘书(ex-Chief Secretary),他在署里非常有名。他也出生于北爱尔兰,是上海的贾米森医生的弟弟。在外貌上他是一个又高又瘦的中年男人,与他知名的哥哥一样,举止矜持。在他抵达的那天以及随后的两天里,我和他一起在办公室,但自那以后我再也没有见过他。

10月31日下午,他在俱乐部里打台球,不久后又开始沿着东部海岸散步。第二天上午,他没有出现在办公室。我向人打听他的下落，并得到了一个令人错愕的回答：那天晚上他没有睡在税务司官邸里。我感到惊讶，但仍希望他安然无恙。然而，他并没有如我们所期望的那样出现。不久我们组织了搜索队在整个社区寻找。那时海关的道台是后来很有名的盛宣怀——李鸿章最信任的弟子之一。他与我明里暗里都紧密合作，但没能发现这个失踪者的任何线索。我打电报给总税务司告知了这件事，并接到了暂时负责这个口岸的命令。随后发来的一封函件指示我搜索所有的水井。当然，水井也搜索过了，很多其他的事情也尝试过了，但这个谜依然未解。

与此同时，贾米森医生从上海赶来了，随后发生了一件奇怪的事情。起先他对"谋杀他兄弟的凶手"反应非常激烈，并希望为逮捕他们悬赏巨款（对中国人而言的巨款），这让英国领事感到非常尴尬。在东方国家确实不建议太随意地给血腥钱，以免发生一系列不测事态。贾米森带来的为数不多的物品被打上了封条，其中有他的急件箱。我们注意到，他的哥哥在检查了这个箱子的内部物品之后，态度发生了变化。关于谋杀一说，他不再坚持了，最后返回了上海，留下这个待解的谜团。但在失踪后的第十九天，结局终于揭晓。一个不知道从哪里冒出来的消息说，已故税务司的遗体在海滩上一个叫福布斯平房（Forbes Bungalow）的地方被发现了，离外国人居留地大约两英里远。可怜的贾米森的遗体果然躺在所指称的地点。他衣着完整，却严重腐烂。头与脖子上的皮肤脱落，缠绕在脖子上，就像查理一世的凡戴克式衣领（Vandyke collar）[①]一样。救援队来了后我们试图移动他的身体时，我注意到他镶着金牙的可怕样子。他的头滚到了我的脚边，金牙纷纷脱落。我们设法弄来一张

[①] 带锯齿边的宽衣领。

床单裹住他,就这样送往医院,好在医院不是很远。两个医生立即开始忙碌起来,但由于腐烂太过厉害,他们在判定其死因上也力不从心。

这个场景让我想起爱伦·坡笔下瓦尔德马(Valdemar)先生①的可怕故事。正如他们所看到的,尸体已经腐烂溶解,但可以确定的是,头盖骨上没有显示出任何受击打的痕迹——在我看来,这个事实传递了这样一个印象,即无论曾经发生了什么,这个不幸的人不是被击打后扔进水里的,而这个推测那时是更被认可的。如果他遭到了中国人的袭击与谋杀,那几乎可以确定的是,他第一时间就会受到毛竹"扁担"锐利边沿对头部的击打,并跌倒在地,头盖骨就算不破裂也会遭受挫伤。在英国领事馆进行的审理中,陪审团宣告的裁决是:"被发现遇溺,没有证据显示死者是如何掉进了水里。"

葬礼由海关道台盛宣怀操办,他极为关注这位新同僚的不幸死亡。尸体由中国士兵和官员护送前往墓地,当着为数众多的中国人和外国人的面下葬,这在毓璜顶(Temple Hill)那片安静而独特的小型墓地上是前所未有的。

关于这个不幸的人失踪与死亡的原因和方式,当时有很多说法。最容易让人相信的说法有点天方夜谭:他被当地人误以为是他的前任而被谋杀了。对我而言,这似乎是一个不太可能的假设。首先,这两人体貌特征相当不同,可以排除会把其中一人错认为另一人,当然,除非我们采纳非常牵强的假定:对所谓的凶手而言,这两个人他们都不认识。两个人一个是矮个子,宽肩膀,身材健壮;

---

① 见爱伦·坡科幻小说《瓦尔德马先生病例之真相》(*The Facts in the Case of M. Valdemar*)。

另一个则是高个子，体型非常纤瘦。假定那时当地有人对前税务司非常憎恨，企图取他性命，对他的个人相貌却不熟悉，这可能吗？如果他们熟悉，那他们为什么要故意去杀死一个完全不同的人呢？如果推测动机涉及个人复仇和仇恨，这样的行动完全说不通。

另一个推测并非完全没有可信度，即暴行是食盐走私犯干的。我们不久前实施了一次非常成功的突袭，查处了芝罘山上一个无人居住的外国人房子地下室里的食盐走私藏匿点，有人威胁要对海关职员进行报复。如果食盐走私犯涉入其中的话，我想我应该是他们的目标，而不是税务司，因为人所共知是谁策划并给他们带来了挫败。所以，借用前面提到的那位美国传教士的话："我们应该把那个观点与其他观点一起，束之高阁。"

与此同时，盛宣怀与我继续秘密调查，并在解开谜团上取得了一些进展。这时候，先前的税务司在三个月休假期满后返回岗位，却带来了难以克服的复杂状况。正如前文所描述的，他是一个性格狂暴专断的人。他的第一个行动是在他的花园里竖起一个用马口铁做的靶子，大体上塑成一个人形，每天都用他的六发左轮手枪把它打成筛子。事实上，对于那些没有被事先告知"打靶练习"正在进行中的非正式访客而言，他是相当危险的。更有甚者，他总是把"枪"扛在肩上，单手握枪的方式几乎与近来的"电影"名人比尔·哈特（Bill Hart）一样娴熟。本来，在我们的调查中至关重要的是不张扬，台面下耐心地做着工作，同时让整件事情慢慢平息。现在显然这是不可能的。

我的探亲假到了。我提出申请并得到了批准。我和妻子的压力一直很大——我们大儿子的夭折让我们更加痛苦，他在病了一天后于1890年1月16日去世了。幸运的是，孩子的外祖父，已经仙去的韦廉臣牧师、法学博士，那时正好住在上海。我们得以安排其他孩子留在芝罘——我们预计离开中国不会超过一年——由我们和孩子们亲爱的老朋友唐宁小姐（Miss Downing）照料，韦廉臣监护。唐宁小姐住在毓璜顶一套非常漂亮的房子里。

科林·贾米森事件给我们在芝罘的最后停留蒙上了阴影，但在这件可怕的事情发生之前，我们的生活一直是很愉快的。我们有一栋漂亮的房子，也有意气相投的朋友。让我记忆深刻的有德国领事梁凯（Lange），英国领事馆的布里斯托（Bristowe）夫妇，烟台和记洋行（Cornabé & Co.）的埃克福德（Eckford）以及他拥有美妙声音的妻子，还有珀西·莱弗斯（Percy Lavers）、克拉克（H. J. Clark）等很多人。当然，我们设立了一个"健身房"。无论我走到哪里，这样做对于我而言都是习惯性的。它同样也是一个很成功的"健身房"，占用了我家的一间大房子，还向花园里扩展出不少。我们练习拳击和击剑，并在单杠上做力量特技。对于夏季的访客来说，芝罘是一个绝妙的地方。我想起了在我们的健身房里与那两个著名女运动员一起度过的快乐时光，她们是来自山东牛庄的布什（Bush）姐妹，都以漂亮著称。现在回想起来的都是快乐的事情。时间抚平了其他的悲伤。

然而总税务司依然让人无法捉摸。对于我们儿子的去世，他写有一行同情的话语，但他的最后一封信在很大程度上抵消了这种同情。在那封信里，他说我最好休假，因为他在一两年内不可能再把我放在管理职位上，还模糊地暗示要把我再派到伦敦。有太多的东西让人心烦，却没有任何确定的承诺，我们只好把孩子留下来，因为无论对于他们还是我们而言，这在当时都是最好的选择。我们没有存款，也不可能有存款，但某种形式的休息却是必要的，我把它视为生命保险。就这样，我们启程回家，取道日本、旧金山，经过盐湖城、皇家峡谷、丹佛、芝加哥，还途经尼亚加拉，到纽约。我们在纽约耽搁了三个星期——为了等一艘轮船，我们所持的赴英国的船票不用额外缴费就可使用客舱住宿。额外缴费需要一百美金，但我们决定把这笔钱花在这个帝国城（Empire City）① 的住宿和观光上，而不是把它交给那个贪婪的汽轮公司。

　　回到伦敦，我们住进了布卢姆斯伯里区（Bloomsbury）的安静住所。时间过得飞快，转眼我们就得为返回中国的旅程收拾行装了。我们已经到了出发的前夕，一周以后就该离开。这时伦敦办事处收到了一封电报，再一次任命我驻那里。第二天我回到那里开始工作。那封派遣通知函把我的任命描述为"暂时的"，因而我无法做出安排，让人把孩子送回到我们身边。他们的外祖父在芝罘不幸去世加剧了困境。一年过去了，而我的暂时状态依然继续着。第三年，我把最大的儿子弄回家。不久以后，我收到赴中国的调令，但调令应金登干先生的要求被暂时搁置。中日战争正在进行，伦敦办事处的头儿手里满是其他事，不希望有新成员加入他的办事处。战争结束后我再次被调派中国，但在办事处上司的要求下再一次被留任。我记得那一次，我已经整理好了行装，并向办事处告了别，这时候简短的"庆，留任"的电报就到了。我们（第三次）的远航用品只得废弃，对于在中国的几个孩子而言，我们再一次陷入了不确定性——我们的大女儿1893年在芝罘学校死于伤寒症后的猩红热，这使我们更加悲痛。总税务司的"铁面"，事实上已经深深地进入了我们的灵魂之中。而我们也感到惊奇，正如很多其他人在此

---

　　① 美国纽约市的别称。

第八章

之前和之后曾感受到的,这样一个大人物也能如此小气。对于一个至少总是全身心投入工作的人来说,一个"仁慈的独裁者"想要减轻他的负担是多么容易啊。用一句话来总结我在伦敦的逗留,那就是终于过去了。但后面我还将回来。

我在伦敦办事处的第二次工作期限从1891年2月延长到1896年6月,共有三次调令——只有最后一次是有效的。它一如既往非常简短:"庆,上海,立即赴任。"在之前的七年(1889年3月到1896年2月),我没有得到任何提拔,这种情况直到我赴上海的几个星期前才有所改变。办事处的工作漫长且持续。我只能回忆起一个短暂的假期(准确来说是1895年的十五天),还有三十五天的病假,这就是我整个任期的"缺勤"总数。

抵达上海后我被任命为江海关代理副税务司。我的新税务司是雷乐石(Louis Rocher)——他是一个法国人,也是海关人员中最杰出的人物之一,他协助提高了总税务司的声望,也给署方贡献良多。但正如已故的约翰·钱伯斯(上海新海关大楼的建造者)就鹭宾·赫德的个性曾经俏皮地表示的那样:"我们的上帝是一个富有嫉妒心的上帝。"雷乐石也时常发现情况确实如此。造册处税务司兼负邮政总办职责的葛显礼(H. Kopsch)也这样认为。

那时中国邮政尚处于起步阶段,由总税务司管理。他与维多利亚女王一样增加了自己的头衔,现在被称为"海关和邮政总税务司"。口岸里的邮政工作由当地海关税务司负责,他们也被冠以"邮政局长"的头衔,这种授予荣誉的方式奖励他们承担着双重任务却没有额外报酬。受苦的海关会计人员不得不兼管邮政账户,追踪邮票并超时工作,一切都是为了这件事情的荣誉与荣耀,而折射到口岸真正工人身上的荣誉似乎微乎其微。自然,上海迅速成为大型邮政中心。雷乐石只得临时拼凑一切。第一个邮政局设在新海关大楼院中几个经过美化的棚式建筑里。他对北京的紧急交涉通常得到的是莫名的沉默——对于他这样一个满怀希望和积极主动个性的人来说这是非常令人恼火的。但他继续工作，并把他的那一份职责履行得非常成功。但不管怎样，这件事耗尽了他的心力。如果是一个不认真尽责的人，就会让自己尽量少付出，也许会因此活得更久。

雷乐石从海关提前退了休，活得并不长。他与我一直是好朋友，但有一天我们几乎吵了起来——不是我们两人的错。1897年2月20日，我收到了来自北京的一封电报：

> 提拔为副税务司。祝贺。赫德。

这是一个"生日提拔"。总税务司出生于1835年2月20日，而这样的周年纪念提拔那时并非罕有，因而很自然地被幸运的接受者所关注。当然，我立即发回电报表示衷心感谢，并送上生日祝福。电报是星期六深夜收到的，我还没来得及告诉雷乐石这件事，但很自然地认为他应该已经得到了电报通知。星期一早上我们碰面的时候，我对他的沉默不能理解，停顿片刻，就把总税务司的电报内容告诉了他。然后我才意外得知他毫不知情，没有收到任何关于我升职的正式消息。他说："如果能把升职书亲手交给你，那对我来说将是非常愉快的事。很遗憾，总税务司剥夺了我的机会。"他还很苦涩地补充说："但我猜想，他是打算让你我知道，此事与我可能说过的关于你的任何事情都没有关系"。

提拔一个下属而没有通知他的直接上级，至少可以说，明显违

第八章

背了官场礼节。但雷乐石的评论向我揭示了它的"真实内情":新一轮的分而治之,侧重于离间!法国人的思想中普遍存在英国人会背信弃义的观念,而我看得出来,雷乐石怀疑我的忠诚,并倾向于认为我一直在他背后"独自一人"策划。这个晋升对我而言意义重大,但他的表现很让我感到扫兴。不过我想,他从我的脸上已经看出来我的委屈与他的委屈一样真实,他的怀疑是没有事实根据的。还有,如果北京那个老谋深算的年迈绅士想要离间我们,他也很难想出更好的方法!

但正如事情发生的那样,雷乐石与我非常愉快地一起继续共事。他想出了一个非常妙的主意,在江海关大楼设置样本室——那里会展示所有重要的进出口货物的样本与文字描述,为相关的人提供启迪。在能干的验货员乔治·默里(George Murray)的帮助下,我促成这一新方案进入运作程序。不久之后,它就成为内班与外班工作的得力助手。当然,货物样本一直都保存于验货员在各个棚屋和码头的办公室中,但它们并不完整,一般人也不易接近。可以说,设置样本室就是要集中所有可用的信息,而且每天往里面添加。很快,它在价值评估和随后的课税上的明显作用就显露出来了。我手边已没有准确的数字,但是,它们达数千银两之多,足以证明样本室的存在有其合理性,如果需要证明的话。我们也因而能够与江海关的统计处(Returns Department)一起,设立审查室(Scrutiny Desk),在那里,每笔进出口货物申请的一定比例的计税都得到小心地检查和复查。在繁忙的商务中,即使所有海关都在使用缜密的查税系统,但其中疏漏出错的数量也是惊人的。设立审查室的想法来自威廉·怀特利(William Whiteley)引进的有点类似的系统,该系统在他宏大的事业中起了很大作用。

庆丕回忆录：我与中国海关（1874—1921）

雷乐石对海关的了解可谓从头至尾，而且他还是一个有主见和想象力的人。因而，与他共事，并作为他的副手执行迫切需要的改革，真是一种享受。我们打击了欺瞒性的转口货物，并通过丰厚的报酬以及绝对的保密，不久就搜集到我们所需要的信息。这里我是指特殊信息，即某某再出口申请，声称包括某些经评估要收高额税费的外国进口货物，实际上是包括了一文不值的垃圾。举一个例子就足够了。

外国的黄铜纽扣带来了巨额进口税，而我们也注意到黄铜纽扣转口到日本的数字不断增长。外国货物到外国港口有权获得现金退税。与运往中国港口的外国货物不同，对运往外国港口的外国货物随后进行再次核查并不可行。因而，一旦具欺骗性的运输船离开了港口，就没有人能够质疑其真实性。这样，贸易就做得非常愉快。我记得我写过一篇讽刺文章以自娱自乐，内中提到上海不仅是一个自由港，而且甚至偶尔发生进口税返还多过原征税额的事情。当然事实并非完全如此，不过税收的损失确实巨大。对一个跑关（即靠通过海关转移他人货物谋生的人）的外国商行的定罪，海关道台，也即雷乐石的中国同僚，做了一件非常有勇气的事。他将那家商行尚未偿付的退税全部充公，要他们在领事法庭寻求赔偿。不用说，他们没有起诉，而是大张旗鼓地歇业，仅仅换了另一个名字就重新开业。但教训仍然是有用的，也是罪有应得的，毫无疑问还让很多涉案同犯不敢冒险。"特务"（secret service）的问题从未被真正面对过。鹭宾·赫德不喜欢罚没，似乎不信任罚没官员的判断力和告密者的诚信。他的爱尔兰血统很可能与此有关，但不管怎样，他对上海搞出的新动向似乎从未有过赞同之意。我们偶尔也会得罪一些重要的人，我的一些业绩被德国的小贸易商用来向他们驻北京的公

第八章

使提出抗议。大的德国商家总是和我站在一起,因为同胞进行的贸易对他们造成了损耗,核查这类贸易非常符合他们的利益。一如所宣称的那样,他们发现这些同胞通过代表中国客户对海关搞欺诈来寻求利益补偿,因此自己的工作报酬远低于法定佣金。如果这小部分人能被排除在市场之外,很明显较大的商家会得益。

用于证明进口货品税收价值的虚假发票也导致了税收的重大损失。德语及用德文写成的发票对验单台(Duty Memo Desk)和验货人员来说尤其是难啃的硬骨头。我在伦敦的一家德国佣金行受到的训练使得对他人来说很模糊的东西,对我来说却非常清晰,而我总是愿意与进口商逐字逐句仔细检查文件,这并不总是让他感到满意。一天,德国总领事因为一个特定案例过来见我。他非常坦率,我也很坦率。在看了该商行这个特定案例与其他一些案例的整个记录之后,他温和地笑了,并说他认为自己以后都不会有干预倾向了。他是一个训练有素的律师,也是一个高素质的人,而我很高兴有机会把海关的行动向他解释清楚。当然,我知道他的职位的难处,如果柏林的外交部直接收到太多关于他疏于维护德国利益的指责的话,那么领事的声誉会受到威胁。

1897年冬天,德国舰队在胶州湾泊锚,在那里进行了一定规模的登陆,驱逐了中国军队,并占据了他们的兵营。这件事发生的时候,我正临时负责江海关,因为雷乐石在"内陆"打猎。他是一个杰出的射手,非常喜欢打猎。当然,当地也出现了很多紧张事件,但由于那时中国和德国处于和平状态,所以之后我无法如海关道要求我做的那样,找到一个"把他们驱逐出去"的办法!"幕后势力"不久搞了一个临时协议,最终以被占领土地长期租借给德国人等条件而结束。尽管就侵略者而言,此次占领没有流血,但由于天气寒冷，再加上没有足够的熏蒸消毒，他们匆忙使用的中国军营卫生状况不好，他们付出了重大的死亡与疾病的代价。

鹭宾·赫德从来不是一个不向不可避免之事弯腰的人。当中国人认识到已经发生的事情至少在当时是难以补救的时候，他去提出建议就比较容易，中国人也较易屈服接受！

作为副税务司，我的职责使我难有闲暇，但我们至少还是设法恢复了旧式"健身房"的一些项目。19 世纪 80 年代的义勇总队已经被改造，但我们在亚洲文会好意租给我们的一个小房间起步，组织了一定数量的拳击和击剑活动。我们还联合上海义勇队在兰心大戏院（Lyceum Theatre）举办了一场盛大的剑术比赛。梅洛斯（Mellows）督察员和我穿上合适的服装，用旧式意大利风格贡献了一场"长剑对短剑"格斗，受到大量新潮的观众的好评。19 世纪 90 年代早期在伦敦，我与公认的旧式击剑的大师、已故的国王骑兵卫队（K. D. G.）的阿尔弗雷德·赫顿（Alfred Hutton）上尉交往频密。他是运用过去时代武器的专家，我与他多次一起切磋古代剑术。因此，我能够为我们的上海表演秀提供必要的"地方特色"。督察员梅洛斯以前隶属皇家海军，有着过人的身体素质，他用行动证明了他是一个灵活的学生。但当晚，还有另类"助兴的表演"。"通用报警装置"突然响了起来，观众与演员只得赶忙离开。颇具威胁性的"独轮车骚乱"发生了，不久，满街都是荷枪实弹的警察和义勇队。我已经退出了现役，但还是急忙赶往海关大楼与邮政局，去看看那里的情况究竟如何。幸亏我赶过去了，因为我发现邮政官正在把要往外寄的信件从运货车转移到舢板上，以避免汽轮码头上骚乱者可能带来的危险。我称赞他有预见性，但判定水路比陆路危险性更大，因为汽轮在河边一侧没有逐级降低的舷梯，也没有

第八章

设备可以把沉甸甸的邮件吊入船内。于是,我们一起前往位于法国人街区的中国商人码头,用正常的方法不受干扰地把邮品安全地装上了船。骚乱者无疑有备而来,他们知道在外国人地盘范围的街道和码头上搞冒险活动不可能成功,尤其是有如此之多的"洋兵"在周围活动。但坦白说,当我在凌晨上床就寝时,我感到很庆幸,因为恰好有大宗桶装油要在早上转运,而油船已经在码头周围集结。灾难性的火灾是极易引发的。但幸运的是,在中国,尤其是在民众习惯使用外国火器之前,展示一下武力一般就足以挡住任何危险,而不会到不得不使用武器的境地。

第九章

我在上海学习日本剑术——"线人"工作——我的活动因调任杭州而打断——沿京杭大运河坐游船旅行——杭州外国人租界：疟疾渊薮——我妻子的重病——总税务司承担征收厘金的责任——保俶塔与西湖的美景——火药库爆炸——城市奇迹般地免于毁灭——短假期间造访北京——结果是调任九龙

  承蒙日本总领事的好意，我这次得以在他的督察（Inspector of Police）——一名杰出的剑客——的指导下学习日本剑术。我在江西路租了一间房子放置我的书籍，因为我们所住的老城央的两间房——现在那里是汇中饭店（Palace Hotel）——几乎没有转身的空间。而这间房不久就成了英日击剑中心。

  我永远不会忘记我第一次被引荐给那位督察的情景。我想他的名字叫森（Mori）。他既不会说英文也不会说中文，但一位日本朋友友善地担任翻译。森的举止是武士礼节的典范，而他随后的剑术也让人大开眼界。我们向对方深深地三鞠躬，彼此取蹲坐姿势，双手握着一柄长长的日本"练习"竹剑。然后我们站起来，面对面站着。接着他教我如何握剑，当我很自然地采取"中部防卫"

(middle guard)时,他停了下来,又向我鞠了一躬。我非常困惑,但翻译解释说:"他想说,他觉得你是一个剑术家。"我只能向他低低地鞠了一躬。接着他又说了一段简短的话,翻译继续说:"森先生说他只在一种情况下给你上课。如果你把你所知道的所有外国剑术教给他,他也会同样地把他所知道的日本剑术教给你。"我热情地接受了,课程得以继续。

虽然个子不高,但他的身体强而有力,还有日本运动员像猫一样的敏捷。我们很快就相处得很好。而我也迅速领略到"开梨者"和"内脏搬家"的重击之美。前者是劈头,用来劈开日式头盔上的梨形顶饰——因而有这个名字,进而把脑袋劈为两半并插入肩部。这是让人相当满意的一击,但与以最好的尼伯龙(Nibelung)[①]方式把躯干几乎劈成两半的"内脏搬家"重击相比,算不了什么。与之相伴随的是一声令人毛骨悚然的叫喊,意在复制剑从身体里拔出来时内脏被扯出的声音!"这还算剑术。"我的老天啊!在此之后,花剑显得太乏味了,而重剑在日本人看来有其缺陷,它不是一个劈刺的武器。这样,这个矮个子男人选择了学具有法国风格的意大利长剑,并很快掌握了这三种武器中最有用的部分。日本剑术立即流行起来,我的小房间经常挤满了该门艺术的倡导者——既有外国风格也有日本风格。小室(Komuro)先生是一家大型汽轮公司在当地的负责人。在有关日本该项艺术的礼节上,我感谢他给了我很多提示。表面上看,他是一个中年的日本商业成功人士,戴着金边眼镜,高肩膀,举止非常文雅。有一天他在说出了他很久没有练习之后,穿上一套竹子盔甲,说他不介意和我进行一个短时较量。我们

---

① 传说中的德国的矮人种。

进入戒备状态，下一刻那个沉静的商人消失无踪，日本武士站在我面前。我们来来去去地跳跃着，并应对可能会令小约翰与厨师（Little John and the Cook）①引以为豪的击打，而最终我们同意以平局结束战斗，就像他们曾经所做的那样。但对我来说，这件事的意义非同寻常。它似乎刹那间揭示了日本人与中国人的本质区别。两者都是东方人，在与洋人打交道时表面上也没有什么不同。但是刺激其中一方，你能看到凶悍的一面；而另一方，即使被深深地触动了，他们也总是表现得像一个哲学家。"小心日本。"已故的诺思克利夫勋爵（Lord Northcliffe）说道。但他本来可以再补上一句，尤其是为了他的美国朋友的利益："也不要惹恼它。"

我们暂时还是回到日本人所练习的这门实际艺术。它有几点优于外国剑术，但在很多方面相当乏味，缺少科学性。古老的法国箴言"处于战斗状态时反而静悄无声"在日本剑术中并不存在。相反，格斗者只要一进入戒备状态，就沉湎于刺激性的呼号与刺耳的"叫喊"之中。较量甚至会在"混战"中结束，剑被丢弃了，胜利将归于用武力扯下对手头盔的人。这真是不可思议的肉搏！但与欧洲规则相比，它许可剑手用两只手持剑，给步伐提供了更多更自然的空间。我们对剑术团体中的"主席先生"的讽刺画非常熟悉，他总是被描绘成一个穿着紧身的双排纽扣长礼服，还显得脊柱有轻微弯曲的人。这里面的真相比击剑手们愿意承认的更多，而且遗憾的是，"左撇子"和"右撇子"不能合并为双手都灵巧的表演者。然而日本的剑手，与他的外国战友不同，有完美、平衡的身体。右臂，右小腿和大腿，还有脚，并不比左边的大。很少有外国击剑手

---

① 英国侠盗罗宾汉传说中的一场比试。罗宾汉的得力助手小约翰和州长的厨师打了一架，不分胜负，前者鼓励厨师加入罗宾汉的队伍。

第九章

能呈现类似的效果,除非他们刚好也是拳击手,否则身体的左边会相对较弱。但在其他事情上,外国的剑术与运动的愉悦更相契。因为"让人感到恐惧的叫喊声",日式练习剑(由四片整齐配装并紧密捆扎在一起的竹片组成)的碎裂声,加诸同样由竹子做成的防护盔甲(尽管头盔是铁质的),喧闹声十分吓人。我记得有一场精彩的格斗正在进行的时候,门突然遭到重击,接着上海公共租界巡捕房的霍华德(Howard)巡捕闯进了我的房间,陪同他的还有两个健壮的下属,那时十之八九是从格拉斯哥(Glasgow)警队招募来的。霍华德是我的老朋友,并不了解谁在使用这个房子,在发觉江海关副税务司完全以另一种角色出现时,他还是吃惊不小。他解释说,我们的中国邻居受到了噪声的惊吓,以为有人被谋杀了。我敢说从下面的街道听起来确实如此。这位巡捕是本地知名的体育爱好者,我们邀请他露一手,但他宁愿只担任裁判。噪声固然在任何地方都遭人讨厌,在比赛进行中尤其不合适(见证了阵营偏见在棒球比赛中糟糕的表露,以及开始在板球比赛中出现的高声议论),但在日本的剑击中,喧闹被限定于实际的争斗者之间,而且有特定的目的和用意。我从著名的电影演员早川雪洲(Sessue Hayakawa)——他自己就是一个知名的剑手——那里得知:日本剑手之间的互相叫阵,除了自古以来的习惯认可之外,无疑还有鼓劲的作用。随着森先生对长剑运用得越来越娴熟,我们时常沉湎于混合格斗,也就是说,他用日本刀作长剑来对付我,而我用重剑对付他,在我从他的手或身体上得到一分之前,我需要冒着被"开梨者"杀死的危险。这种混合格斗在我们之间变得越来越多。他总体上已经能泰然自若地对付我——重剑除外,那是他最不喜欢的武器。在日本的剑击中,"得分"并不重要,而且双手武器的进攻性也远远好过其防御性。事实上，真实的格斗的结果常常是毁灭性的互相击中而导致的两败俱伤，我们的击剑练习也充斥着同样的缺陷。研究外国书籍的早川雪洲，在我提到莫里哀的"伪君子"（Bourgeois Gentilhomme）时报以温和的微笑。"哎呀，好的科学，只是给予，而不求回报。"并解释说同归于尽的风险是日本决斗伦理的一部分。夺取他人性命的正当性在于在这一过程中愿意牺牲自己的性命。

我赞赏这一观念，因为它完全与我自己的一个秘密乐趣相一致。当我在比赛中和人交锋时，我总是极力想象我们的武器是锐利的、致命的，选手必须像韦斯利（Wesley）所说的那样去比赛：人必须活着，就好像当下是他的大限！这确实给较量增添了趣味，人们甚至能容忍一个令人讨厌的人——在击剑圈中很常见——如果想象着那人要杀死自己。

然而，我在江西路上的小房间还有其他用途。正是在那里，我习惯于会见一些"线人"，他们不愿冒着被人看见真容的风险出现在海关大楼副税务司办公室附近。同纳撒尼尔（Nathaniel）一样，他们趁着夜色偷偷地过来，对我完全信任。从来没有任何目击者，而"船舶检查组"（search party）过去常常好奇这事是如何做到的。但我真的做到了，而且他们很少被派去做无结果的搜索。我的说法是因为有"特别的"信息，仅此而已。扣押发生在所涉船舶离港几小时以内，因而没有时间就将要发生的事去警示任何人。这项工作很有趣，而且如果伟大的总税务司对他在上海的助手们善意的努力抱有更多同情心的话，这项工作本可以得到更大的推广。

就在我被任命到上海之后不久，我在天津的老上司德璀琳给了我一个很有用的提醒。毫无疑问，他想起了我是一个愿意为工作而工作的人。"注意不要什么事情都管，否则你将永远当不了税务

第九章

司。"这个忠告很好,也出于善意。关于我的任命,总税务司写道:"你的任务就是在各方面给税务司以援手。"当然因为当地的需要,总是存在变成家务总管的风险。在最近的战争中,我们可以看到"军人"在这样的形势下得到委任是多么困难。但我的晋升是以别的方式实现的。有人向北京的某国公使投诉说:副税务司庆先生"憎恨"相关国家的货物,并对他们施行了特别检查。我已经收到了他们中的一员发出的友善提醒——那是一个地位很高的上海商人,情绪未被我的做法所伤,因为也没必要。所以,当下面两件事发生时,我不觉得奇怪。第一,我被调任杭州,一个声名狼藉的不卫生的口岸;第二,任命的职位只是"代理"税务司。后者显然是来自上面的暗示,因为那时我已经有大约二十四年的工作信誉,从服务年限、年龄、经验和以往表现看,本可能有资格接受实质性的任命。但是,获得一个好歹算是独立的职位,我当然很高兴,尽管在那时妻子与我都没有全面认识到前方有什么在等着我们。由于离谱的汇率,我们以极大的代价把孩子们送回了家,所以相较而言搬家的负担就轻一些了。虽然只是"代理",额外的报酬还是很让人高兴的。就这样,1898年春,我们启程赴杭州,从海关码头出发,上了当时所谓的"长列",实际上就是被汽艇拖着的本土与外国风格的若干船屋。我们的路线是先溯河而上一段路,然后经由大运河抵达我们的目的地。这是一段很有趣的旅程,它经过了一部分以前我们从未到访过的中国地区。我们经过了太平天国时期戈登曾经活跃的一些地区,那里有古城、美妙的桥梁,还有令人难忘的恐怖。嘉兴,当我们黎明时分从城墙之外看它时,尤其印象深刻。

抵达杭州时,我发现我的前任已经完全收拾好了行囊,而且精神上有点"恐慌"。他深受痛风之苦,一直祈求上天,或者换句话说，祈求他的同胞总税务司帮他离开这个地方。我没有很惊讶，当我近距离目睹中国当局指定给租界与杭州口岸的这个美妙地方的实际状况时，就更难以责备他了。杭州表面上是中国人自己开放用来进行对外贸易的，就像苏州及其他所谓的"集市"一样，但整个举措无疑是1895年对日战争失败的反映。我的前任在1897年"开了这个口岸"，海关大楼的建造，以及运河前被称为公共租界的地块上道路的总体铺设，都在他的监督下得以实施。海关大楼的选址离杭州（对西方世界来说，这是一个因威尼斯人马可·波罗而闻名的城市）只有六英里，而且离大运河的杭州起点很近。以前这里是中国人的居住地，遍地都是桑树，该区也因桑树而闻名。这些人都被赶出了村子。他们走的时候非常愤怒，还毁坏了所有景观。没有留下一棵树或任何一点东西——只有空空的旷野。其实，如果这片土地得以保持他们离开时的那个状态的话，后续也不致有何祸害。这里很干燥，与中国其他类似地方一样干净卫生。但随后的行为就不一样了，惊扰中国古老骨骸的危险是众所周知的，并在这个例子上得到了全面的说明。

  整个公共租界已经被框定为统一大小的方形地块，并被适当地简化为一张平面图。平面图一经印刷并公布出来，就进入了一段投机期。上海人凭借其对上海早年历史上土地所创造的财富的模糊概念，急切地以政府的价格买下了这些地块。但是，为了使这些地块获得价值，就有必要在区域内规划道路，因而他们对中国地方当局施加压力，使其从事这项必需的工作。一名外国工程师被聘用了，他开始着手沿着运河前沿修筑码头，还有一些连通的道路。当然，这些工程都必须修建在运河的高水位以上，并需要比周边的地区高出一截。为达此目的，他开始加深流经此地汇入大运河的小溪，并

第九章

利用从此处获得的弃泥给"铺设"工作打下基础。对有关各方而言,这是一个致命的工作。被惊扰的泥土成了疟疾的温床,蚊虫滋生。那位"作茧自缚"的工程师随后成了这种风土病的第一批遭殃者。只是因为他年轻,身体素质好,才逃过一劫。但不久以后他辞职了,没再回来。

其他人就没有这么好运了,我们这一小部分外国居民——由海关职员和一个外国巡捕房巡捕组成——只能尽可能应对此种局面。整个事情最痛苦的部分是,这不是必然发生的,是那些贪婪的上海投机者带给我们的,他们很会自我防护,从不来探视自己的财产。但是,挖掘小溪比从不远的山丘上运下干净的泥土要容易也便宜得多,这给那些持有"白人的负担"观念的可怜人带来了巨大的灾难。梅滕更医生(Dr. Main)是浙江省那个地方外国医学和外科学的著名先驱,住在杭州城,一如其他所有外国传教士一样。这是一座环境优美的城市,在其开埠通商之前,外国人就已经在那里健康快乐地生活了很多年。我还记得他第一次到租界里新建造的税务司官邸访问我们的情形。我们站在上层阳台上,俯瞰环绕整个围居区的凄凉的沼泽地。他说(也许没有现在讲得那么科学):"你每次打开窗户,就吸入了疟疾。围居区充满着疟疾。"

而结果的的确确就是这样。职员们都病了,甚至中国人也罹患可怕的"发冷与发烧"。他们的皮肤一无血色,表明他们体内有毒素。我的妻子成了最早的受难者。我们把她移到著名的保俶塔(Pao Shu T'a,也叫针塔 [Needle Pagoda])那儿低矮的山丘上,梅滕更医生在那儿建了一座外国风格的小房子。她在那里躺了十天时间,在生死边缘挣扎。从杭州城骑马过去需要很长时间,城门在日落时就会关闭,在第二天早晨之前,任何人都不允许出入。梅滕更医生自己那时也处于病中,我记得在一个糟糕的星期天下午,他坐起来,一副无力的样子,头枕在手臂上,说道:"恐怕我不能为你的妻子做更多事情了。"我说:"那么,我将继续用我的'药棉'。"我一直相信水疗法,而我也研究过斯梅德利(Smedley)最新的"发烧包裹疗法",这一疗法在其位于马特洛克(Matlock)① 的总部挽救了很多人的生命。我唯一的帮手是一位年老的中国妇女。那天晚上,我们剪掉了我妻子所有的长发,只是为了减轻她后脖颈的热量——依据斯梅德利的说法,后脖颈处是他的"包裹疗法"唯一允许敷用冷水以对抗发热的地方。她已经不省人事,显然濒临死亡之境。但我们依然坚持了整个晚上,到了早上,她的体温略微降低。在急性患病十天之后——只有那些过来人才知道疟疾的可怕——她再次恢复过来,注意到围绕她所发生的一切。但直到今天,她也未能全面摆脱发烧的后果以及发烧所遗留下的衰竭。

不过,尽管我在中国也时常生病,但我从没有患过发热病。就我而言,杭州的疟疾只是表现为许多硬而痛的痈疽。但只要我能骑上我的小马,并从我的厘金对手那里解救出遭受控制的货物,我就能从我的工作中获得安慰。我这里写到的那个时期的杭州租界,可以在一篇随笔中找到全面的描述,它的题目叫《整洁的布局》("Neatly Laid Out"),出自《英中素描》(*Anglo-Chinese Sketches*)一书,作者是威廉·A.里弗斯(William A. Rivers)②,上海别发洋行(Kelly & Walsh, Ltd., Shanghai)出版。

---

① 英格兰中部城镇,德比郡首府。
② 庆丕的妻子热爱写作,用不同的笔名出版了许多以中国为素材的小说和文章,《英中素描》应是她用笔名写的作品之一。

第九章

当然，我们还是想着要在这个新口岸好好露一手，但也只能变相地用"拆东墙补西墙"的老办法来实现。"东墙"，就是征收厘金的人，他们掌握了杭州远近闻名的丝绸和茶叶的税收，并从中获利颇丰，所以作为"西墙"的海关不得不绕过厘金的藩篱，确保其管辖范围内的货物不会被他的厘金同人不适当地耽搁。后来，总税务司耍了一个大花招，特别分设厘金副税务司，监督浙江省以及中国其他地区的厘金征集。为迎接他们的到来而做准备是我工作的一部分。浙江的总督是一个和蔼但也相当老派的官员，对于一群外国人侵入其辖区事务感到相当心烦意乱。但他在这件事上尽可能粉饰太平，委托藩台与口岸税务司去讨论如何执行的问题。我们开了几次会，逐渐形成的共识让他非常满意，即如果每月固定的配额按时汇到上海，并最终分配给有关外国银行，那这种新的"控制"机构就相当令人安心。应该解释一下，通过变更以前的步骤，厘金这个纯粹的内地税，已经被接受为向外国借款的部分担保，而不用再考虑用海关关税作为全部担保。厘金这种税种的合法性从未被承认并一直受到抗议，承认厘金作为担保品的政策，在当时可谓议论纷纷，它被承认为附属担保品可能被视为认可它是一种合法的税收来源，就这一点而言，遭到很多反对是正常的。在那个时候，通过这种借口使厘金被广泛接受，也许有这样的考量，即将海关的方法引入内地税的事务，可能会产生整个公务机构改革的萌芽。

总税务司是否有这样的考量我们不得而知，但那些制定或者宁愿接受它作为附属担保品的金融家肯定没有这种考量。而且，在总税务司给他新任命的厘金副税务司的任何通函或指示中，并没有任何另有所图的暗示。相反，他们被严格要求不要干预当地的管理者。他们也的确没有这样做。控制也只是在某些地区，而且主要跟食盐有关。但在任何情况下，其金钱要求都得及时满足。毫无疑问，厘金当局很快找到了补偿他们自己的方法和手段，至少部分地是因为他们不愿意支持外国借款。没有人提出任何问题，如果有，也不会得到他们的任何回答，结果是相安无事。总体来看，这是对棘手问题的一个非常成功且皆大欢喜的解决方案。

到了9月，我的妻子被认为康复得不错，可以返回我们在租界的住处。我们先前为了给厘金副税务司与职员腾出空间，已经搬空了在塔山（Pagoda Hill）上的房子，不过在附近弄到了一个景致不错的小屋。我们带着真切的遗憾告别了那些山，还有西湖，不仅因为那里是卫生的，还因为那儿美丽的环境。在星期日的下午，人们可以一坐几个小时，观看这座城市、西湖以及远处的钱塘江梦幻般的光影效果。月光展现了另外一面，但都是迷人的美丽。在较低的地方，西湖拥有非常动人的堤岸，马可·波罗一定时常在上面骑马穿过。还有老旧的文澜阁（Imperial Library），对岸毁掉的雷峰塔，城市里的庙宇和桥梁，以及更远处，在深色城墙之外像一条银缎的钱塘江。整体来说，这是一个充满魅力的所在。难怪中国历朝历代的诗人对它不吝赞美。但对我们而言，就是"再次返回住所"，只是周末到保俶塔一乐。

1898年临近岁末，妻子和我安坐在家里。她在写圣诞贺卡，我在看书。突然发生了巨大的震动，就好像某个锻工给了这所房子狠命的一击。阳台上的门和我们房间的窗户都被炸开了。摆动的油灯从配件上被扯下，在墙上撞成碎片。周围完全漆黑一片，我们在碎玻璃中蹑手蹑脚地走来走去，不知道还会有什么灾难降临。我出了房间，来到阳台上，向大约六英里远的城市方向望去。在天际线的映衬下，一个巨大的黑烟柱在缓慢上升，这立即给了我一个线

第九章

索，让我明白究竟发生了什么。一定是位于城墙角落正对着我们的省火药库爆炸了。当时城门早已关闭，但深夜时分，令人惊恐的消息开始散播：整个城市都成了废墟，几万人丧生，等等。我们度过了一个糟糕的夜晚，因为我们很担心城里的情况，既担心我们已经学会去爱的这座美丽的城市，也担心我们很多住在城里面的朋友——外国的和本地的。天亮以后，我骑上马，急速向城市方向赶去。城门还是关闭的，城墙上的士兵大声地说，任何人不得入内。当然，我很快就解决了这个问题，并立即赶往灾难发生的地点。好在火药库（或者不如说曾经）非常接近外国式样。火药库已不复存在，原本坚实的砖建筑物只留下地上的深坑。但是，由于火药库的高度远低于城墙，并位于由坚硬的土筑成的厚厚的路堤之间，因此所有膨胀的横向空气在到达周边房子低矮的屋顶之前就受到了限缩。当膨胀发生的时候，它让周边的砖瓦碎裂，但下面的房子并没受损伤。军火库的整个实体部分被炸成大块，越过城墙，落在了沼泽地和废弃的土地上。爆炸还摧毁了城墙上通道两边的护栏，但没有造成其他损害。

现场没有人。在中国，人在灾难现场附近逗留是不明智的。我骑着马下到了深坑之中，再上到挡土墙上。我注意到种在大竹子周围的嫩竹，其叶片像往常一样摇曳；就像中国自身一样，弯而不折。我的心情因我亲眼所见而有所宽慰，我骑着马前往罗马天主教孤儿院。和善的修女在门口看到了我，说："噢，庆先生，进来看看上帝是多么照顾我们啊！"我走上楼梯，眼珠溜圆的年幼孤儿们都坐在床上，屋顶到处都穿了洞，但显然并没有什么更糟的事情。我又急忙赶到新教徒那边，发现损失不大，他们同样信赖圣父的照顾。当我说上帝的伟绩如何在罗马天主教围居区内得到同等显示的时候，我在女主管朝天的脸上观察到了细微的变化，这是真的，还是我的想象？没有，当然这只是我的想象。

我骑着马继续前行，来到了梅滕更医生的著名医院。院内病患很少，都不太严重。几万死伤的市民究竟遭遇了什么情况？于是，我四下走动，想自己探个究竟。街道一片狼藉，布满了破裂的砖瓦，但没有灾难的任何其他痕迹。在回家的路上，我再次来到火药库，碰到了一个在现场的人。这是一个士兵装束的人，我一直追到他停下来。他说他是一名卫兵，而他谨慎的言辞也足以证明他的身份。为了让他放松，我问他是不是他炸掉了火药库，这句玩笑话让他笑了起来。他用了很多"恐怕这""恐怕那"，告诉了我一个显然是听来的故事，那时只有五个人在火药库内，还非常不必要地补充说，他不知道那五个人遭遇了什么情况。

然而，上面描述的就是关于死亡者的全部故事。这个记录是不可思议的，因为有六百吨黑色火药在一个有一百万人口的城市爆炸。

我们在山上的那些厘金同人感受了明显的摇晃。直到今天，我仍旧认为针塔经受住了那场冲击简直就是奇迹。它的基底已经被严重侵蚀了，而它一直看起来是比萨斜塔的样子。但也许它也受到了"保佑"，"风水"不会逊于任何外国制造的神祇。

第十章

造访北京,得以调任九龙——普鲁士海因里希王子和王妃访问杭州——华中的慕稼谷主教——我们在杭州的伙伴"威绨·蒙克"和一只黑猫的悲哀结局——离开杭州——香港——拜访广州谭总督——我们如何解决了九龙英界拓展的边界问题——我妻子健康衰退,需要归航回国

正如前面提到的,我为奉派前来杭州的厘金副税务司及其职员准备了塔山上的洋房。他们的工作无须什么条件,可在任何地点进行。他们因而得以幸免于公共租界里致命的环境,而这些对于他们的海关同人而言,已经被证明是极具灾难性的。

不管怎样,两位受过高级训练的海关人员抵达本口岸对我来说是一个极大的宽慰。稍后不久,当我在提拔的名录上再次"被忽略"时,我获得了一个短假,得以参访北京,寻求与总税务司进行一次私人会面。这时,一件非常奇特的事情发生了。当我们抵达北京终点站的时候,我接到了总税务司的一张便笺。

庆丕回忆录：我与中国海关（1874—1921）

亲爱的庆：

你被调往九龙。实话告诉你，你会发现这不是一件轻松安逸的事。

鹭宾·赫德

我此访的一个动机——寻求调离杭州的机会——不存在了。由于位于香港的九龙税务司职位一直以来只授予实任职级之人，我有理由希望我的新职位不再是一个"代理"任职。已故的裴式楷爵士（Sir Robert Bredon）那时是北京的副总税务司。他一直是我的好朋友，以他惯有的文雅与迷人风度接待了我。他给我看了一封总税务司致两广总督的电文，里面宣布了"庆税务司"的任命。

希望越来越大，当天晚上，我与总税务司一起用餐。他相当亲切，说晚宴后向我介绍九龙的情况。晚宴后我们参加舞会，十二点钟的时候，按照规矩，各项活动归于结束。我与其他人道别，这时他有些生气地说："今晚我没时间和你谈话，你必须明天早上到办公室来。"我感到相当吃惊，因为整个晚上我的行为举止都不可能含有希望占用他一点时间的暗示。相反，我一直忙于感知北京的氛围，在杭州长达数月的沉闷无聊之后，我让自己享受放松时光，对其他的事情则几乎没有多想。但我还是说，"是，长官"，并向他表示感谢。就在这时，一个可怜的忘记拿走帽子的海关初级职员，匆忙奔入空旷的大厅。他看到了总税务司，得到了恶意的眼神，然后迅速逃离。我希望他的提拔不会因此而延搁，但他不知不觉地逾越了总税务司的一个规则。客人在十二点必须离开，道完晚安后就结束了。

接下来同他的见面和之前一样富有特色。我是去接受给我的指

第十章

令的，因此一直洗耳恭听。在谈了一会儿其他事情之后，他拿起他那顶用旧了的"毡帽"，然后说，"你知道，以前香港水域之外的九龙海关的派出站点是这个样子的"，他的手环绕了一下帽顶。"现在，它们将是这个样子的，"他把手移到了帽子的外缘，"你得挑选新的站点。"然后，他开始显得坐立不安——这是显而易见的迹象：时间到了。

我起身准备告辞，他说："我稍后会给你指示。"我向他表示感谢，随后离开。

一两天之后我再次拜访——也是为了得到指示。这是最后一次拜访，因为我将要前往九龙（香港），而不必等我的短假结束。他什么都谈了，唯独没有谈九龙，在停顿了一会儿后就有了让我"离开的念头"（Scheidung-motiv）。我说："再见，鹭宾爵士，我会全力以赴。"他把手放在我的肩上说："当然，我知道你会的。"而那就是我得到的全部指示！

事实上，两广总督与九龙海关税务司之间的情势已经变得相当紧张，而总税务司则是进退两难。他的习惯一直是避免出现"让步"的迹象，但在这件事上必须有所应对，因为两广总督已经拒绝接受九龙税务司，事情出现僵局是明摆着的。所以，唯一能做的就是让那位税务司休假，并找人替代他。对下属完全信任同样是不符合总税务司的本性的。对于应该要做什么，像很多民事服务部门里的长官与职员之间那样的坦率谈话或磋商是从没有过的。

没有人曾被要求提出看法，也没有人主动提出建议，或者说即便有人非常轻率地这样做了的话，其结果也会表明重复这样的冒险不值得。就我目前所了解的情况，我非常清楚不要问任何问题，甚至不要冒险试图获得在新任命中我应处于什么工作状态的暗示。我想去九龙——事实上,我知道对我而言这会是一个充满新的乐趣的职位——所以,我非常小心不说任何会损害我的机会的话语。

在杭州时,我曾招待过皇室成员。事情是这样子的。普鲁士的海因里希(Heinrich)王子与王妃那时在中国。毫无疑问,有人把声名远播的西湖的美丽告诉了他们,而杭州又是马可·波罗盛赞之城,于是他们决定亲眼看看这座城市。当时杭州没有德国的代表,与我相熟的德国驻上海总领事写信给我,请我尽力带这些尊贵的客人四处走走。我立即给北京发电报,并很快收到回电,让我在能力范围内尽力帮助。我读过很多也从德国朋友处听过很多有关霍亨索伦家族(Hohenzollerns)的事情,但从没见过他们本人。因而,这是一个符合我口味的好机会。于是我发电报给德国总领事,告知我接到了总税务司的命令,将做好一切准备,让王子与王妃的这次访问成为愉快之旅。但令人意外的是,他们抵达的当天早晨,任何地方都没看见皇家队列。我们在码头等了又等,终于看见一艘汽轮,拖着载有皇家一行人的游艇抵达了码头。

他们在途中遇到了一点"状况",抵达时已是中午时分。但一切都已准备就绪,山上的平房已准备好接待王子一行人。王子由总领事陪同,而王妃则由总领事夫人陪同。随行者中有一位医生,几位侍者,还有一个女佣(Kammer-frau)。那间山上平房,可以俯瞰西湖和杭州城,距码头足足六英里。我为王子和王妃准备了四人轿,为其他随行人员也准备了小马和轿子。

在例行的介绍之后,我把王妃送到她的轿子上,然后转身送王子去他的轿子。但他已经骑在了所有马中最瘦弱的马上,并大声说道:"你认为我会坐轿子吗?"我说:"好的,先生,但请您骑一匹好一点的马。"他听从了我的建议,整个队列开始出发。王子按照

第十章

德国礼仪的规定走在前面。当然，他对路线只略知大概，我告诉侍者（Kammer-herr），应该提醒一下王子。他想痛快地骑行，但并不知晓在中国的街道上，人们必须在中间骑行，不能偏向道路任何一侧，否则就会被悬挂着的商店招牌撞到脑袋。

侍者说："我们不能对他说，而你可以。他会接受来自你的建议。"于是，我骑马来到他的后面，举手触帽，以最好的航海礼节说："先生，您需要一个领航员吗？"听到这个玩笑话，他笑了起来，让我在前面骑行。

就在我们将要到达目的地的时候，我问王子他是否赞同我已给王妃备下的一个小惊喜。我想带他走山边那一侧的后路，而王妃则坐在她的轿子上走平房前面入口的阶梯。我们会先到。我将不会出现，而他将站在门口欢迎她。

整个过程进展顺利，王妃很高兴。王子把她领进了房子——现在是"她的"房子。我已不在现场，一切"按计划进行"。待访问团其他成员都到了，我们举行了茶会，由王妃主持。这是她的聚会，她亲自倒茶。光和影的魔法正式开始。她和王子站在阳台上，一起在风景中饮茶。"这就是我在书中读过但从未见过的中国。"王子大声道。他们两人都认同，他们没有看到世界上有其他地方可以与这里媲美。

下午就这样非常愉快地过去了。王妃跨过岩石，从每一个绝佳位置观看风景。最初的设想是，他们将在平房住一晚或几天，而为他们所做的准备也都就绪。但来自上海的一封电报追着我们上了山，其内容是要他们立即返回，以出席那里为他们安排的一些活动。王子显然是"不高兴的"，王妃也是。他们很高兴能避开他们在上海的臣民的关注，但地位高则责任重——由于我们想返回杭州城看看那些商店和庙宇，因此很快又上路了。

在其中一座最大的庙宇，仪式正在举行。可以看到有很多信众，还有复杂冗长的佛教仪轨。王子发表了一个评论，透露了内心的想法。谈到这些信众时，他说："只要他们都像这样，我们就会一直打败他们。"

他显然不认同他的王兄关于"黄祸"的看法。王妃给她的孩子买了很多玩偶和玩具，在夜幕降临之前，我们一行人安然无恙地返回了。几天以后，我收到了总领事的一封信，说王子与王妃非常享受他们的参访，并对为他们所做的一切表示感谢和赞赏。我曾请王妃把整件事看成一次郊游，因为我们没有足够的手段进行更为正式的接待。她热切地接受了这个看法，并尽力让我们从容行事。为了让她对杭州的美丽有一个永久的记忆，我请求她同意，赠送给她一组相当杰出的照片，这是一位非常有艺术造诣的朋友以前给我们拍摄的。她非常有风度地接受了。

我特别有兴趣观察王子性格的侧面。我曾听说霍亨索伦家族的人的眼睛里有红色的闪光，我对此特别留意。那天，这个红闪出现了一两次，但瞬间受到抑制，好脾气的"水手"的表情又重新恢复了。他说着完美的英语，整体装束也像是一个英国海军军官。他像个水手一样骑在马上，在言谈举止方面总体而言也是无拘无束的。

比如，在回家的路上，由于我们是并排骑行，也没有其他人会听到，所以他非常坦率地谈到了胶州。你会发现，整件事并不怎么让他满意。他预测，德国的行动不会是独此一家，其他国家将会有样学样。英国人、法国人，也许甚至还有意大利人，将仿效德国。每个国家都会招募并培训一支本土军队用于防御或进一步侵略吗？果真如此，那结果会怎样？中国将被瓜分，变成外国的领地。每个

第十章

领地之间哪怕不是敌视,也将彼此怀疑。这种状态永远不会有助于相关的人——包括外国人或者中国人——扩大贸易。他似乎对这件事做了深入思考,而且怀疑这件事是否明智。总而言之,这是一个杰出的人,完全没有德皇威廉二世所固有的那种狂傲的自负。

我已经提到了有许多传教士住在杭州城。他们中比较有趣的人是已故的慕稼谷医生,他是华中片区的主教。他出自一个博学的家庭,是已故的达勒姆(Durham)① 主教汉德利·莫尔的哥哥。他们是韦塞克斯(Wessex)② 人的后裔,在托马斯·哈代还是一个乡村小伙子的时候就认识他。慕稼谷医生是哈代的崇拜者,但对他后来的一些作品非常不以为然。某个元旦,我和这位主教进行了一次愉快的徒步,目的地是北高山的山顶,这是该地区最高的山峰之一。尽管已经七十多岁,他爬的却绝不是一条容易的路。他爬山的方式让我想起了吉卜林在《基姆》(Kim)一书中对那位年迈的山里人牧师的描写。一路上,他都在谈论多年以前由信众们从印度带来的外国树种,而这些树现在仍然随处可见,尤其是在每年有数以千计朝圣者造访的重要佛教寺院灵隐寺。

慕稼谷医生在1881年为我们主持过婚礼,很遗憾,我们很少拜访住在杭州城里的他和另外一些人。但城市和租界之间的距离以及城门早早关闭确实妨碍了更多的亲密交往。事实上,天黑后,我们主要是自娱自乐,访客极为稀少。我们养了一些宠物,包括一只黑色的小猫,还有一条年老的狗,这条老狗某个晚上不知从哪里就进来了,待下来就不肯走。最后但并非最不重要的,就是威绨·蒙克(Weetie Monk),一只可爱的小长臂猿,它总是表现得像一个完

---

① 英格兰东北部城市。
② 英国历史上由撒克逊人建立的王国。

美的绅士,直到香蕉出现在桌子上。然后它就抛弃所有的拘束,尽可能拿取更多的香蕉,退到一个黑暗的角落尽情享用。在这种情况下,走近它是相当危险的。它是一只非常忠诚的小兽,非常黏我的妻子,在几场疾病期间,都是她照顾了它。好像是为了回报,在妻子患疟疾之后漫长的康复期间,它陪她一坐就是几个小时。如果有其他人出现,它就高度愤怒并保持戒备。

很可惜,它和小猫活得都不长。它是海南岛的土著,杭州寒冷的天气超过了它所能承受的程度。听到它咳嗽真让人感到难过,它似乎只有在把它可怜的瘦小后背靠向炉灶时才感觉到舒服。它受到大家的喜爱,并有两位外国医生照料,直到它不幸死亡。它的骨骼放在一个漂亮的紫色绒毛垫子上,现在是上海博物馆知名的展览品。在那里,它在很长一段时间里都是它那个种属唯一的标本。那只可怜的小猫在被一些不友好的巡捕追逐之后淹死了。我们那时在休假。掌管巡捕房的那个外国人顺便也照看小猫,他与手下的人关系不好。毫无疑问,那些人的行为就是试图让他与税务司之间产生冲突。

我们返回杭州的旅程是平静无事的。抵达香港时,我发现税务司已经外出放长假了,这里由副税务司管事。他非常希望能从我这里获取信息,因为他也很少得到来自北京的指令。对于他的问询,我愉快地回答说一切正常。我开始负起了这一地区的责任。

我们必须立即投入工作,因为英国当局正在施压要求撤除香港周边的旧海关站点,这些站点位于九龙拓展地之中,它们现在是香港的一部分。我立即与我在澳门拱北关(Lappa)的同事、已故的帛黎(T. Piry)先生接触。他是一个很能干的法国人,其杰出才能后来在担任中国邮政总办的广阔空间里得到了施展。我们一起前往

第十章

广州面见总督,以得到他对我们当下任务的支持和批准。

我们需要应对的局面起因于 1898 年 6 月 9 日的协议①。通过该协议,中国把接近三百平方英里的陆地、岛屿和周边海域租给英国九十九年。

这片新领土包括中国政府的三个岛屿征税站,也就是西部的汲水门(Capsuimoon),这是从香港到珠江的主要通道;南部的长洲(Changchow),负责核查对澳门的贸易;以及东部的佛堂(佛头)洲(Fotowchow)。还有一些陆地边界站,其中九龙城是最主要的。为了理解这些站点存在的理由以及对中国的价值,就必须要考量香港岛的地理位置。这就有点像怀特岛(Isle of Wight)②被英国以外的强国占有了,而那个强国坚持要把这个岛变成货物自由入口的货栈,而入口的对象则是英国;同时假定英国倾向贸易保护的那一方会据理力争,提出有责任对那里的进口货物征税。英国与其他国家的商人每年通过香港进口价值数百万的免税货物,其中绝大部分运往中国销售。英国信奉或至少在实践上信奉自由贸易,但中国如果没有沿海和内地海关征收来的税收的帮助,将无法清偿其海外债务。

因此,英国自由贸易的风气,以及香港水域入口处中国各个地点官员的不足所造成的局面,使得中国在香港周边建立了海关站点,它们被置于北京的海关总税务司的控制之下。这些站点的功能是在进出英国控制的水域最近的地点,对进出中国的舢板贸易课税。对中国而言,收税的过程一直是很乏味而且代价高昂的,需要在岸上和水上雇用大量的职员,还有蒸汽收税船和巡逻艇的购买与

---

① 即《展拓香港界址专条》。
② 英国南部的一个岛屿,隔着大约 6000 米宽的索伦特(Solent)海峡与英格兰大陆相望。

维护费用，等等。但中国对金钱的急迫需求使得它实际上在这件事上别无选择，1898年征收的税款达到854205香港两。香港殖民政府要求从新领土及其水域撤走中国所有的海关站点，损害的正是这笔税收。中国海关收税员不能合法地在受英国殖民统治的土地上行使职能，这是毋庸置疑的事实。但通过两国之间的共同协议，这一局面本来可以规范化，无论直接或间接都非常符合这片土地的利益，也同样是事实：

1. 如果香港接受中国海关的控制，那么来自香港的汽船及其拖船就可以在内地汽船航运规则下与它周边地区的很多非条约口岸自由贸易。

2. 舢板船主可以在香港装卸货物时让货物接受检查，而不需要前往香港水域之外的中国海关站点做补救，不用因途中耽搁而流失很多时间。

3. 关税将全部在香港缴纳，还可以节省很多利息。

除这些优点外，还得加上那些影响香港与内地之间用外国船只进行的贸易。所谓对香港封锁这件事的解决（此事已困扰香港多年），不在于让中国海关站点从视野中消失，而在于香港和北京当局可通过一纸协议，让这些站点的存在变得没有必要。

一个小型的联合专家组用不了多长时间就可以写出必要的相互让步措施以达此目的，而且可以采用德国人和日本人在胶州发现的行之有效的双赢步骤，以适应香港的需要。

英国政府已经着手控制香港的鸦片贸易。为什么不把为此目的而出台的步骤，适用到其他所有的贸易货品，从而一劳永逸地消除在香港水域产生财政纠纷的所有因素呢？

但由于不存在这样的协议（尽管北京方面明确地提过这样的建

议），我们只得尽力把这些站点从总税务司的"毡帽"帽冠边沿移到它的外部边缘。两广总督提出了十一条条例，作为这片新领土内行政（海关）工作的基础，对其中的一条他尤为坚持：

"由于英国同意在海关税收有关的事务上提供有效协助，现存的海关站点将继续置于海关税务司的控制之下。"

对总督而言，这是至关重要的事情。他不反对英国出于让香港免受外来袭击的安全目的，而获得他们想要的那么多土地，但他知道，税站的拆迁，或者任何对检查权的限制，一定必然意味着中国税收的损失。

1898年9月10日，总督的意见适时地由总理衙门通报给了英国驻北京公使。当月20日，当我们还在考虑是否还可以做更多工作减轻带给中国的冲击时，英国公使有些草率无礼地做出了回复："去年6月9日，英中两国政府就香港领土的拓展达成了一项协议，所有有关事项的明确细节均包含其中。因此，不可能准许两广总督制定条例。他的行为是很不恰当的，他的条例也不值得考虑。"

总督的建议条例是否真的不值得考虑，并不怎么影响（协议的）一般性问题，但是，在判断他的行为时，不应该忘记他的建议条例是应英国驻广州领事邀请他派遣一个官员去商讨这件事的结果。

更为重要的是英国公使的评论，即所有有关事项的明确细节均包含在英中协议中。事实上，正如任何不怕麻烦去阅读这份文献的人自己就能看明白的那样，那份协议恰好在那些应该清晰的事情上极为模糊。里面根本没有提到海关征税站这样的事情，但当然，可以肯定的是，总理衙门依据中国在九龙（其中的一个征税站）保留管辖权的条款得出结论，英方不存在干预任何现存征税站的意图。

因而当总督突然接获香港当局的通知，要求他降下征税站的中国国旗并在两个星期之内撤出时，这可是有点难以忍受的醒悟。

两广总督立即抗议，并质问香港总督为何不执行协议，并表示他认为英国军队强行占领九龙违反了两国间的协议。香港总督的回复大体是这样的，由于英国国旗已经在新领土悬挂起来，紧接着理所当然的（以及合法的）事情就是中国在那里的管辖权必须终止。在这一点上，北京与伦敦展开了直接谈判，达成了一项特许协议，允许中国海关站点继续运作六个月，也即到1899年10月1日。所以时间所剩无几，但我们至少确切地知道了我们的情况。帛黎和我及时在6月初约见了两广总督。这位广东与广西两省的总督，统治的人口超过三千五百万的谭宫保①阁下，是一位非常杰出的资深官员。但他对涉外事务不大熟悉，而且当他不能随心所欲的时候，非常容易生气。毋庸置疑的是，他对我在九龙的前任怀有一种完全错误的看法，指责他向香港总督献媚，对中国政府缺乏忠诚。这两项指责都没有丝毫的事实基础，但这位老先生对那个局面非常"恼火"，不介意找一个代罪羔羊，以承担这个让他感到丢脸的事情。帛黎与我小心地筹划我们打算采取的对策。

如果我们前同事的名誉受到恼怒的总督的攻击——这是肯定会发生的，我们必然会加以捍卫，但与此同时，我们也决定以各种可能的方法宽慰总督敏感的心。我们下定决心必须千方百计说服他。会晤一开始有点让人沮丧。我们被领了进去，几分钟后，谭总督出现了。他在长桌的一端坐下，有好一会儿没拿正脸对着我们。帛黎坐在他的隔邻，语速缓慢而恭敬地靠近他的耳朵说话，但也没有使

---

① 指谭钟麟，1895—1899年任两广总督。

第十章

得他转过身来。他自始至终都在发表很杂乱的评论，对我的前任一点也不客气。他宁愿相信是我的前任煽动香港总督派遣英军入侵中国领土。现场局面相当尴尬。我当时并没有怎么观察四周，因为我也在附和帛黎对总督左耳所说的话语。这位老先生戴着一个大号的白色帽子，有点像头上绑了一个绷带，因为他正罹患严重的感冒，我们几乎看不见他的脸，但我们看到的东西好像一只愤怒的公鸡，样子很红而且像"鸡冠花似的"。

我环视了一下桌子周边，很惊喜地看到了坐在幕僚中间的龚心湛熟悉的面孔。他是驻伦敦公使的侄子。在他留学英国期间，我与他有很愉快的回忆。我们目光对视了一下，不久以后他从座位上起身，在总督的耳边低语了一下——不是我们一直对着说话的耳朵，而是另外一只耳朵。这位老先生突然转过来对我说："你就是那个新任的九龙税务司？"我恭敬地回答说是。接下来的问题让人有点紧张："我想，你在来这里之前，已经见过香港总督了吧。"我向他保证，我把向他这个总督表示敬意视为我的第一个任务。他的怒气明显消了，而更为重要的是，坚冰已经打破。帛黎赶忙抓住这个机会。

总督真的一直在"倾听"，并对我们说："噢，你们想得到在香港周边开设新站点的许可。"

这就是我们为他准备的桥梁。没有一个字谈到取消或关闭现存的站点——只是请求为了商人的便利开设新站，等等。他当然一眼就看穿了，但也看到打开了一条不失脸面的退路，他立即让事情变得更为简单。他突然变得对新的站点非常热心：他是否应该任命一个副手来帮助我们挑选这些站点，等等。我们向他表示感谢，并说，由我们私下携带的他的一封信件，对于我们打算造访的地方行政官员来说将会是足够的引荐。

他好几次提到了我的前任,但我们让他相信,中国没有比我的九龙前任更守信、更忠诚的公仆了,而他现在似乎倾向于原谅并忘记过去,最后一切归于和睦。

在我们起身向他告辞之时,总督问我在中国待了多久。我说:"中国的米饭我已经吃了二十四年。"这个回答让他很高兴;但他忽然想起了什么,说:"你为什么只是代理税务司?"我认真地回答说我不知道,也不敢问总税务司原因。他大笑,因为总税务司和他的职员往来时专横的一面在中国官场上是尽人皆知。但他很善意地补充道,我不久应该得到提拔。所以结果是皆大欢喜,这要归功于帛黎对尴尬局面的巧妙处理,以及龚心湛在总督耳边的适时耳语。我现在仍然保持着与龚的友谊,但他从来没有告诉我他实际上说了什么!

帛黎和我立即着手选择新站地点。我们的总部就设在一艘海关巡逻船上。我们考察了离香港陆地和水域最近位置所有最可能的地点。我们在炎热和雨水中跑遍了周边地区,新站不久就开始建设了。我们在香港也没闲着。值得注意的是,规模较大的船运公司开始发现,对香港的所谓封锁可以通过其他方法加以摆脱,而不是对当局采用的协议做某种笼统的解释。但目前时机还不成熟,没有别的办法,只好撤除旧站,启用新站。从某种意义上讲,这个任务让人伤心,因为在旧站,外国职员与本土职员在建设成熟、卫生洁净的地方住得挺舒服,而在新站,所有的这些事情都得从头开始。我们的困境众所周知,但于事无补。遮阳篷装配工相应地提高了价格。好在香港的遮阳棚是用竹子"支架"支撑的,上面有厚厚的茅草屋顶,这是最好的一种,否则职员们还要遭受更多的苦难。我脑

第十章

海中一直回响着这样的想法：促成了这一改变的整个行动是多么没有必要甚至徒劳，并没有让这件工作变得更为容易。

在我们一次探险考察的返途中，副税务司在船上遇到我，告诉我我的妻子突然得了重病。我们只是离开了香港几天时间，而且当我离开的时候，她的身体状况在我们杭州的可怕经历之后已经有了很大的好转。但疟疾是一个狡猾的敌人，即使人们认为饱和的奎宁剂量已经制服了它，它依然潜藏在血液里。家庭"大事件"① 也即将来临，当高烧开始的时候，事情就迅速变得严重。我们的好朋友威廉·哈蒂根医生（Dr. William Hartigan）提供了紧急建议，对她来说只有一线生机，那就是立即出海。我给北京发电报请了短假，不久之后我们就离开了香港。高热在海上奇迹般地消失了。我在1899年6月3日抵达香港，7月8日离开，但那几周的公干成果丰硕，我为我的继任者留下了未来行动的清晰视野。新的站点都被规划出来了，两广总督也妥协了。

香港总督，已故的卜力爵士（Sir Henry Blake），自始至终表现出对海关的深切同情，并为我们缓和了很多局面，只要是他能做到的。香港达到了它的目的，并顺便让人们对这件事的真实本质有了一个比较清晰的认识，以至于当地报纸不再像以前那样确信，海关——邪恶的海关——是他们所有麻烦的根源。

---

① 结合后文，应指他们第七个孩子的诞生。

第十一章

1899—1900，在伦敦休短假——调任广州担任税务司，薪俸削减及其原因

在伦敦，我的妻子和我再一次辗转多个出租屋过着平静的生活，直到我们的第七个孩子出世。

医生们对我妻子的安全感到担心，一直到这个"大事件"在没有出现"疟疾"并发症的情况下结束。

我们听从了坎特利医生（Dr. Cantlie）的建议，发热病人最好住在大城市由砖块和泥浆砌成的二楼卧室中，当我们的孩子在1899年10月1日出生时，我们就住在牛津剑桥台地（Oxford and Cambridge Terrace）。当年7月我获准得到的四个月假期在11月满期，但考虑到事态紧急，我申请延期三个月，并得到了批准。

就薪水和身份而论，在开始的四个月短假里，我是被作为代理税务司对待的，但现在倒退了回去，延期期间的薪水仅以副税务司职位发放。因而，我们心情沉重、口袋空空，再一次为了生活而重拾旅程，踏上返回香港的路途。离开时给我的指令是返回香港后恢复职务，我抵达香港后适时做了报告，并询问——由于我离开的时

第十一章

间比较久——是否有任何进一步的指令。得到的答复是"被任命为税务司，广州"。这一职位通常被授予资深的税务司，一般来说，他们总是不遗余力地摆脱这个职位。但我的前任并非如此。他是一个资深和领导型的德国人，被派去了上海。在海关的重要性上，广州那时被看作这个帝国第二重要的口岸。此外，广州除了是总督府、总督和与他地位平等的满人将军的驻地，还是"户部"，或者说是海关监督的总部。海关监督是一个很高阶的官员，一般是皇族，并总是由北京直接任命，两广（广东和广西）广大地区的所有海关税费都由他且通过他来征收。

因而从各方面来看，尤其是政治和财政方面，广州都是一个非常重要的地方。更有甚者，那时它处于不亚于伟大的李鸿章这样的人物的统治之下。

因此，我非常高兴终于在如此高级别的口岸得到了一个实任职级。尽管我明白，那里的生活是相当昂贵的。我还是希望能够以我在九龙担任代理税务司所领取的工资来维持生活，也就是每月八百两——这是新晋税务司通常的等级。但是我太一厢情愿了，在抵达羊城时，我发现我是一个有完全责任的税务司，月薪却比我担任"代理税务司"时所领取的薪金少一百两。北京方面没有给予任何解释，但显然，还有其他一两个人，也是削减"双薪"的第一批受害者。"双薪"是中国政府在1898年慷慨地批准给海关的。我知道最好不要尝试任何反抗。几个月以后，总税务司为新任命的税务司恢复了八百两的旧制——尽管永不犯错是他的原则，他却忽略了对他挑选出来做试验的那些人的工资做出调整。《圣经·诗篇》里的话语时常在我耳边回响："他使这人降卑，使那人升高。"（He putteth down one and setteth up another.）无论如何，总税务司杯中的残酒对于那些不得不饮用的人而言，是相当不舒服的，也确实使任何人无法高高地扬起头角，或者挺着脖子说话。

至于尽人皆知的他对公示的厌恶，我们都记得海关总税务司署在1898年批准的"双薪"问题上还欠大家一个说明。多年来，由于白银减少，我们的薪水总是难以足额发放，而总税务司也时常被问及此事。但是，在从饱汉不知饿汉饥的观点出发来对这个情况表示遗憾的同时（他自己的薪水——据说每年八千英镑——毫无疑问足够满足他的适度需求），总税务司总是"找到借口"，避免向中国政府请求增加海关津贴，尽管增加津贴将使得他可以缓和局面。关于这一点，"为了缓和局面"是他最喜爱的说辞，而且总是伴随着他对自己在这件事上无能为力的遗憾。为了给这件事一个科学的解释，他说由于税收是以银两征收的，因此海关的薪水也必然是以银两支付。毫无疑问这是很符合逻辑的，而且也被大家认可，但有一点除外，即发行的银钱很是短缺，应该增加供应。

把这件事导向危机的功劳属于《字林西报》（*North China Daily News*）的编辑。在一篇非常温和但措辞坚定的重要文章里，他让整件事曝了光。确实，这儿的事情相当糟糕，尤其是那些外勤职员，他们的薪水——总是不足——完全不足以给他们和他们的家人提供体面的生活或必需品。很高兴地记录一下，总税务司刚向朝廷呈递奏折，他所要求增加的津贴就立即得到了中国政府的批准。

第十二章

1900年4月,我被任命为粤海关税务司——李鸿章与义和团危机——他任命我为两广海关监督税务司——我陪同他赴上海——他在上海受到的招待以及平静沉着的姿态——"你的总税务司还活着"——我恢复了在广州的职务

1900年4月1日,我被任命为粤海关税务司,对这一"曲折"的提调而言,这一天也不能说不合适。但说什么也没用了,在接掌职位后的几个星期里,我手头上堆满了事情,再没有空闲七想八想。

不祥之兆已在酝酿之中,义和团在山东的活动虽在北京未受重视,却引得南方的李鸿章与华中的刘坤一这些封疆大吏颇感焦虑。最了解慈禧太后心思的那些人也拿不准她的态度。1895年,她准许李鸿章辞去直隶总督一职,1899年,李鸿章南下广州,出任两广总督,虽然当时他仍举足轻重,但他辞去直隶总督意味着慈禧太后一大老练可靠的亲信不再伴她左右。如今回过头看,几乎所有权威人士都认为,如果李鸿章还任直隶总督,义和团运动会被扼杀在山东,自然就不会发生义和团围攻北京使馆之事。李鸿章本人亦做

此想，无论是在这一外交史上空前的事件发生之前或之后，都没有改变。

我作为粤海关税务司第一次和李鸿章见面是在1900年4月6日，但我早就知他甚深，他非常友善地告诉我，他在1887—1889年时就记住我了，那时我在天津海关担任高级帮办，在德璀琳手下办事。那时清朝附庸国朝鲜的命运悬而未决，德璀琳交给我一个任务，让我起草一份关于这一问题的备忘录。我记得它题为《关于朝鲜的争论》，李鸿章对其大加赞誉，也赞许了我。德璀琳常对我说，"我来日一定带你去见总督"，但不知为何，私下拜访却从未成行，不过我自是在公共场合见过他几回。记性好是李鸿章的一大特长，而他还记得我，让我的工作容易了一些。在我们的初次见面中，他展露出超凡的人格魅力，给我留下了深刻印象。曾有北京那边的官员同我说，李鸿章可能不太好打交道，但我可以公正地说，在北京使馆遭围攻之前以及期间，在我与他所有的密切交往中，他都待我非常友善。当时珠三角海盗劫掠成风，李鸿章决心加以制止。此事的关键在于，有作奸犯科念头之人可以轻松在港澳购得武器，这样一来，要做的就是引导英葡当局限制这项贸易。我的同事，即将离职的德国籍税务司坦率说道，在他看来，一种办法是清政府下令禁止在这两个地方购买武器，并通知英葡政府。这与我的想法一致。如此一来，英葡政府就不得不认真对待此事。李鸿章盛赞其为履行职责，不惧惹怒民众，并问我有什么想法。我趁此机会说，我定将竭尽全力，完成他交予我的任何任务。他飞快地瞥了我们俩一眼。他当然清楚，我们都知道广州政府是香港武器贸易的大主顾。作为一名击剑手，我不由得佩服他这招敏捷的格挡，让我们在这个笼统问题上各有结论。

第十二章

4月里,我忙得衣不解带。但到了月底,我与上下官员都相处得颇为自在。广州满人将军、府台、藩台,还有各部之长,都向我表示了最大善意,我们在李鸿章麾下合作颇为愉快。即使远如广州,也出现了动荡迹象。4月25日,一位重要地方官员在澳门汽船码头上遭到枪击并受伤。两天后,缉捕总局局长来看我,说总督一如惯常,定下逮捕刺客的期限。而更重要的是,总督在5月初决定授权海关税务司检查当地船只是否载有武器。李鸿章永远处于戒备状态,在嗅出是否有危险威胁到中国、清王朝和他自己的利益上,他总是遥遥领先于他的同胞。

6月1日是端午节,要举办丰富多彩的水上表演活动,地方官员为此采取种种预防措施,以免百姓的热情被导向歧途。不过,一切都圆满结束。6月5日,我往访番禺县(广州地方官员),一切似乎很正常。8日,新上任的澳门税务司拜访了总督、巡抚和海关监督(户部),我们没有得到任何有关北方局势即将结束的暗示。因此,6月10日,身处北京的总税务司给我发来电报,像是掷下了一枚重磅炸弹。电报要求我立即拜访总督,告诉他这里(北京)的局势极端危险。"所有使馆都担心遭受攻击,而清政府束手无策,甚至会火上浇油。如果发生意外,或者情况没有迅速好转,外国肯定会发动大规模联合干预,大清帝国可能就此终结。请代我(即鹭宾·赫德)求总督发电报给太后,优先保证使馆安全,不要理睬任何采取敌对行动的提议。紧急。"这封电报上标着6月10日上午十一点十分发自北京,我是下午一点三十分收到的。由于文中错误颇多,我花了很大气力解码电文,尔后立刻启程前往总督衙门,坐轿子要一个多小时。我不用什么手续,就能得到准许,进入总督衙门,我马上同老友龚心湛把总税务司的文电翻译成中文。总督有很多访客，但在提督离开和下一位客人到来之前，我们加了一个塞，把这份电文呈送李鸿章台前。他仍同往常一样冷静沉着，颇具洞察力，立即把握了局势，说他将马上按总税务司要求的方式，给太后发送电报。同时，我用总督的私人电报联系总税务司，告诉他已向李鸿章转达他的请求，并已联系太后。电文发送时，我一直留在总督衙门，直到晚餐时分才回家。总督待人处世严肃而又亲切，他要求我一有消息就及时告诉他，必要时，可省去诸多礼节，不必提前知会，可直接前来见他。次日，李鸿章前往广州的外国租界沙面，登上了那时停在港内的一艘美国炮艇，拜访美国总领事。他还登上了沙面岛，拜访了德国领事。美国军舰放了十九响礼炮，士兵在岸边列队，海关护卫队列队行进。在谈话中，李鸿章就北方事态尽力打消两位领事的疑虑，我想，随着谈话，他也缓解了对局势的焦虑。6月12日，我与九龙（香港）税务司再次前去拜访李鸿章。拜访期间，这位老先生屡屡嘲弄，讲的是香港鸦片种植主和所谓从香港向中国内地大规模走私鸦片之事，我同事不得不听着。他这都是为了这位九龙税务司好，但他很快就不再讲这个话题，拍了拍我的肩膀，并戏谑地说道，他说的都是"空话"。我立即回答道，我们没有误解他，知道他是想要劝告我们谨慎行事。对此，他向我的同事说，"继续在边境和内地执行扣押行动"，地方官员将竭尽全力给予协助。

　　接着他谈起北方的义和团和康有为，并说希望被召回京去镇压这些人。说到此，他又对广州感到不放心，说自己必须密切留意，警惕从新加坡来的叛乱分子，康有为就是在那里密谋反对慈禧太后的。

　　离开之际，我告诉李鸿章，他前一天到访沙面时对外国女士们

第十二章

的关心令她们倍感高兴。他见了美国领事的太太和其他几位女士，对她们极为亲善。我们接下来又去拜访了粤海关监督，然后回到家中，我日记中记的是"下午七点到家"。第二天，我想要确证更多消息。电报局里的那位伙计是我的好朋友，他说过去两天的电文都是由香港和电报公司拍往北方的，他还说，华北已经乱作一团。但我相当确定的是，在京津陆路中断前，总督给太后的电文与我就此事写给总税务司的分析已经"到达"。18日，香港流言纷飞，传言说公使馆遭袭击、德国公使被杀、外国战舰正在炮轰大沽要塞。当天，总督说他不日将北上。19日，总督的家庭医生麦信坚（Dr. Mark）从衙门来告诉我，总督打算乘汽船到上海，再去秦皇岛，换陆路到北京。他问我这个计划如何。我提议道，总督前去大沽并现场判断局势或许更佳。我补充说："要恢复并维持秩序，总督必须北上，与正同义和团对阵的外国军队合作。"我认为那是保卫中华帝国领土完整的最好机会。麦医生的工作并不轻松。总督身系诸多要事，健康至关重要，可他身体状况不佳，令我们倍感担忧。只要麦信坚需要，我总是坚定地支持他，但总督并不信任西药。麦信坚是广东人，在外国受过培训，深知自己要怎么做。有一天，谈到总督尤其嗜好的皮蛋时，他壮着胆子劝诫李鸿章。李鸿章非常恼怒地说道："我的肚子是我的肚子"；"我晓得我的肚子，你不晓得我的肚子"。最后还称这位不识时务的随身医生是洋鬼子。这时有些幕僚提出异议，但老李说了句犀利的话，堵住了他们的嘴巴："说鬼话，都是鬼子！"发泄一番之后，他又变得友善起来，几乎承诺不再食用皮蛋。

这就是他对待外国事物的典型态度。他非常了解它们的价值，但并不喜爱它们，不过有时他也会松松口，说出几句好话来。

李鸿章即将从广州出发的消息不久就传开了。许多人劝他不要离开广东。那时在中国，只有三人称得上是真正重要的，那就是两广、两江和湖广总督。其中，两广总督李鸿章是当时最具影响力的。在慈禧太后最需援助时，她找的是李鸿章，而非其他二人；两江总督也是李鸿章到达上海时最先承认其领导权的人，这都充分说明了李鸿章影响力之大。李鸿章决心北上，但同意推迟出发日期。原因有两点：第一，他不想显得漠视外国人和本国人的反对；第二，希望赢得时间，观察局势发展。恰在当时（6月22日），伦敦开始有点焦躁不安。我在伦敦办事处的老上司发来电报，想获知关于李鸿章动向的可靠消息——这份关注着实让李鸿章非常满意。他当然知道鹭宾·赫德与其在伦敦的亲信之间关系密切。次日（6月23日），众人皆焦虑不已。有关中国正规军炮击天津的各种谣言满天飞。李鸿章也听说了，但他不相信那里的指挥官聂士成将军与此事有关。当晚，龚心湛写信给我说，总督迫切想知道我是否从芝罘税务司那里得到了总税务司的什么指示。6月24日，我再次给芝罘发去电报。25日我得到回电说，6月15日他与北京就断联了，信件也无法从大沽送达天津。听到这些后，总督说他没有收到之后的消息，从谣言来看，事情恐怕正越来越糟。当晚稍后，我接到了芝罘税务司发来的另一封电报，其中写道："大沽要塞被外国联军占领。天津租界被中国军队摧毁。援军6月23日被击退。没有西摩尔（Seymour）舰队司令的消息。没有天津居民的消息，但是驻防部队没有退让。"直到午夜我才译出这封电文，在26日一大早，我们就把它递呈总督。龚心湛说，总督也接到了相似消息，担心有中国军队与义和团联手。他说，总督不明白为什么会打得这么激烈。我答道，这与印度暴乱类似，并表示希望中国能像英国一样，安然

第十二章

渡过难关。午后三点，我拜访了总督，他给我看了袁世凯最近从济南府发来的电报。我们谈话时，又一封电报送到，告知天津周围的抵抗已肃清，联军正向北京进发。李鸿章要我把这一消息转告英国总领事。紧接着，我们就当前局势进行了长谈。总督坚持认为，如果不采取措施应对武装部队的行进，那么在大沽要塞进行防卫就不可避免。天色已晚，可我们都还坐着，因为总督还没有示意我们离开。我们谈到，义和团可能屠杀天津或北京的外国妇女儿童。总督对我说："仅作此想就让我非常难过，我可认得他们中的大多数人啊！"他问我："若此事真的发生，联军会烧毁北京吗？"我没有直接回答，只是说："如果 1860 年中国政府处死了巴夏礼（Harry Parkes）和洛赫（Loch）先生，那会发生什么呢？"他点了点头，说："是啊，而且他们确实烧了圆明园。"很明显，他疲劳不堪，忧心如焚，但也并非全然失去了希望。他离开时，我对龚心湛和麦信坚强调，他们的心中，还有总督心中，必须永远这样想：杀害外国平民或妇女儿童是无法宽宥之事。我还复述了总税务司在 6 月 10 日电报中的警告。夜已深，我们不方便走回家，所以乘舢板经由水门出去，舢板由李鸿章的一个"虎贲"，即安徽随扈驾驶，而我们全身平躺，以免引闲人注目。在船上，我思考起古今中外关于杀俘的各种观点。但无论李鸿章的观点为何，他都深知中国的命运与独立岌岌可危，而他唯一的指望就是不要发生大屠杀。他不遗余力地把他的看法呈递给慈禧太后，为此，他与袁世凯保持电报联络。袁世凯通常派信差向北京呈送信件。每封信都委托给十个不同的人——希望就算九人被义和团阻止或杀害，还有一人或许可以将信送达。无疑，还是有些人成功了，而我也一直相信，鹭宾·赫德爵士在《这些从秦国来》（*These from the Land of Sinim*）第三十三和三十四页记录的围攻公使馆期间义和团的几次暂停，正是李鸿章努力的结果。

说回广州事宜。6月28日，我收到西江河畔的梧州发生动乱的消息，便马上报给总督，他立即采取措施加强沿江地区地方官员手中的权力。当晚，龚心湛告诉我，总督接到了留在广州等待进一步指示的命令。这些命令从何而来，甚至是否真的存在，一直存疑，很可能是总督把实际上由他本人所做的决定宣布为"命令"，毕竟他已下定决心，一旦他认为时机成熟，就主动采取行动。这是应对非常规困局的一个相当聪明的办法。也有其他的办法。会带来麻烦的密诏总被视为伪造，因而会被无视。李鸿章这位东方外交老手很少找不到托词。

7月1日，我收到了芝罘税务司发来的电报，询问总督是否已经从广州动身，并说外国公使依然在北京。我立即把这封电报送呈总督，他问我，是否认为这是个好消息。我答道："鉴于我们对北京城外事态的了解，我想公使们在城内要比在城外更好一些。"龚心湛对局势颇为忧心。第二天，英国总领事给我看了两份从总督衙门里弄到的诏书。其中，第二份诏书督促总督们积极采取措施，防卫各自省区。他询问我有何看法。我说道，如果李鸿章受到攻击，他不可能无动于衷，但如果没有，一切都会相安无事。这与一则谣言有关，当时谣传英国海军中队会被派去保卫广州的重要门户虎门要塞。英国总领事同意我的看法，我当然也把这个看法传达给了香港当局。李鸿章一向以在其统辖的所有地区内维持法律与秩序为豪，一想到可能有外国军队来取代自己，或哪怕只是协助自己，就会深感痛苦。曾说过"我比总理衙门大"的人怎么可能容忍外国干预他的总督辖区，哪怕只是一时。据说，他无法忍受别人诋毁他的

第十二章

能力和诚信,曾语带威胁地说:"那样的话,'我开门'。"换言之,"放任那些暴民作乱"。正是由于他的可怖名声在外,广州的"一万无赖"哪怕再热衷放火劫掠,也不敢再犯,这是他自夸自傲的事。离开英国领事馆时,我碰到了德国总领事等人。那场景回想起来令人颇为痛心。他手里拿着一封电报,上面写着6月20日德国驻北京公使被杀及其秘书受伤的消息,并且到23日,仍在坚持抵抗的公使馆只剩三个了。我只能告诉他们,我尚未得到确切的消息。在总督的完全同意下,我养成习惯,把对局势的全部了解转达给外国领事。我建议他们去找英国总领事,不要突然降领事旗,并立即去找总督求证,而我自己也争分夺秒地这样做。德国总领事头脑非常清醒,他马上就知道,任何试图引起地方骚动的行动都不会有什么好处。

再下一天,7月3日上午十点半,我收到了芝罘税务司发来的几封电报,证实了可怜的克林德(Von Ketteler)[①] 遇害的悲痛消息,还说所有在北京的外国居民都在英国公使馆,处境极为艰难。我即刻把这几封电报送呈总督。他沮丧不已,特别是他已经多少确认了这些消息,对公使馆中不幸的人仍安然无恙已不再心怀希望。我告诉他,我发了三封电报打探总税务司的情况,但芝罘似乎没有得到任何消息。李鸿章扬手(这是他激动时常用的姿势)问道:"谁能知道他情况到底怎么样?"我自然问是否可以帮忙,几乎没有想过他的答案会是什么。他把手放在我的肩膀上,说道:"作为粤海关税务司,你必须总理(或者叫负责——使用的措辞是"总理")两广地区所有海关办事处,直至我们重新接到总税务司的信

[①] 克林德(1853—1900),时任德国驻中国公使。

件。"他语气亲善,但言辞郑重。我领命并承诺会尽力维持诸事运转,直到形势好转。细节很快就安排好了,两广所有的税务司都被告知了危机时期要采取的"紧急措施"。我还知会了领事团。海关监督(户部)得到命令,拨给我所需银钱。他性子和善,嗜好美食。只有一次他说:"我想,你会把我给你的(钱)全记好账的吧。"我说:"比那更好。总税务司一'重新出现',我就会把钱全数归还。"我那时始终认为,发生的所有事都是不正常的、暂时的,总税务司随时可能"出来"。7月6日,我又去见了总督。曾广铨也和他在一起,显然是为他北上之事。随后我们进行了长谈,商讨海关及其未来发展。谈话中,李鸿章展现出对鹭宾·赫德爵士的性格与管理方式的充分了解。他提到了他所认为的赫德爵士的失败,后者作为总税务司,本应培养大量训练有素的中国人出任重要职位。李鸿章说:"总署里哪有这样的人?"并直接问我是否认得这样的人。我答道:"也许现在还没有,但如果把这个目标牢记在心,如今开始做也算不得晚。"但是,尽管李鸿章对鹭宾·赫德爵士责备不已,他也一直提到:"如果我们能找到总税务司,那他还是顶用的。"然而,他们似乎都默认,希望渺茫。

我之前曾提议,要是总税务司、副总税务司、总理文案一同遭遇不测,那恐怕情况不大如意,这样的话,当前工作应交由上海造册处税务司(总税务司署成员之一)处理,直到中国政府任命新官员。我自己开始依据这个原则行事,并与两广口岸商定,往常直接送到上海造册处的海关贸易统计及报告应继续照此递送。如果造册处税务司立即承担起职责,不为地方官员或领事官员费脑筋,那后面许多麻烦就可以避免。他有权这样行事,既成事实也不会引起争议。那时重大的事情是"开缺",即宣布空缺,这给了海关外的有

第十二章

心人可乘之机，他们乐得在其中浑水摸鱼。李鸿章很快岔开了海关这个话题，转到更重要的问题上，那就是中国面对列强的处境。我想知道，他有多愿意站出来担任中国的发言人。他说，列强已了解他和其他总督的态度，就是要保护辖区边境并稳定辖区内秩序。正如我前面所提到的，他正在等待时机。而在我看来，我无比确信，他，也只有他，是时代的主角。

第二天，即7月7日，我收到了芝罘税务司发来的电报，说总税务司6月25日的信件已由信使送来。我急忙离开办公室去找总督，大约在下午五时见到了他。他告诉我，他有更新的消息，英国公使馆还在坚持抵抗。他补充道，许多中国人死于炮火，包括一些义和团首领，剩下的人不敢继续攻击。李鸿章谈到要缓付外国贷款利息，并说皇上已为此专门下诏。龚心湛和曾两个人都在场。我强烈反对任何这类致命的举动，并告诉他们这必然有损中国当前和此后的信誉。我还提醒他们，有一点似乎被忽视了，中国代表在几笔重要贷款发行时郑重地签署了抵押担保品债券。那些债券也要放弃吗？不然的话，它们实际上是"活期借款"，中国不付利息所省下的钱，也会从这流走。当然我们皆知李鸿章是最不可能提出建议做这种蠢事的，他提及这个问题无疑是在试探，想要引诱我们表态！后来我与曾广铨谈过此事，他是曾国藩的族人，而曾国藩曾提携过李鸿章。曾广铨以心直口快著称。李鸿章有时对说英语的幕僚感到不耐烦，尤其是在他们太想展示他们的外国知识时。有次他对曾广铨说："你说话真是滔滔若悬河。"这个小个子很有尊严地答道："大人，回国的中国学生说，西学知识最好留在您衙门大门的外面。"李大笑不已，并无恶意。我19世纪90年代在伦敦就认识了曾广铨，我记得窦纳乐爵士（Sir Claude MacDonald）被任命为英国驻北京公使时，曾广铨曾在伦敦的某间休息室里，对我脱口而出道："为什么他被派到我们国家？我们又不是黑人！"他之所以这样说，是因为窦纳乐爵士之前在尼日利亚任职，这让我想起了鹭宾·赫德爵士的名言：中国人的记忆力是很强的！

还是继续谈广州吧。显而易见，总督已经做好了最坏打算。再下一天（7月8日，星期天），我收到了伦敦发来的一封电报，说外交部需要可靠信息。总督对此颇为高兴。7月9日，我再次去拜访他，发现他不仅身体不适，而且精神非常萎靡。英国政府暗示北京当局应对暴行负责，令他颇感为难，且这一暗示是正式送交给了他。形势确实相当复杂。光绪皇帝与慈禧太后情况未定，甚至生死未卜。端郡王负责主持北京事务，执掌军权，同义和团合作。他十六岁的儿子，在义和团运动名声大振前，就已经被册立为储君。总督对我说："端郡王的儿子可能会是个好皇帝，但他有个坏父亲！"这向熟悉中国人思维的人们揭示了整个局势，并对"作壁上观"态度做了比以前更多的解释。第二天，曾广铨过来吃午饭。我们酝酿了一个计划，可能可以解决许多难题，但曾广铨担心总督年纪太大，难以发挥作用。次日，即7月11日，我又来到了衙门里。事情变得乐观了一些，因为盛传在北京的所有人员都安然无恙。我借此与麦医生就总督的健康进行了一番长谈。这位老人患了消化不良症，胃受了凉，还有点腹泻。麦医生深知局势之严重和自己肩负的责任，如果有需要，会毫不犹豫地邀请外国专家提供意见。我自己对李鸿章的观察让我倾向于相信，他精神上的不屈会战胜身体上的虚弱，至少能坚持一段时间，这一点后来也得到了证实。当时他定

第十二章

期饮用瓦伦汀牛肉汁（Valentine's Beef Juice）①，身体状况似乎有所好转。

龚心湛与我讨论了两广海关的财政情况。那时，我已经能估算要维持海关运作，每月所需地方款项的数目。龚心湛相信北京没有发生屠杀。李鸿章再次抖擞精神，而我也收到秘密通知，他将在7月17日离开广州北上。随后几天无事。16日，我又去了衙门。可以确定的是，总督已经明确决定要出发。总督考虑了所有劝他留在广州的建议。他似乎不止一次动摇了，但他还是摇头道："上谕，不敢违。（我不敢违背圣旨。）"第二天，他再次被任命为直隶总督的消息传出，留在广州的大门就此关上。当然，如果有一纸重新任命也能留住他。当天晚上，他离开广州前往香港。和他一起走的还有曾广铨和刘学询，他准备在刘学询位于上海静安寺路的家中歇脚。至于我是否应该同他去上海，这个问题曾被拿出来讨论过一两次，意见未达成一致，但7月16日最后决定，我应该和他一起去，在总税务司鹭宾·赫德现身前，我以两广监督税务司的身份去同造册处税务司商量海关如何继续运作。正如前文所述，总督询问我的看法，我告诉他，最为可行的计划是支持造册处税务司这个当地唯一还在的海关总署官员去开展总署的工作。总督理解这个计划的要点，但仍然希望我陪同他，到上海去"商量"。

总督乘坐安平号（Anping）汽轮北上，挂中国旗。而我坐加拿大太平洋铁路公司（C. P. R.）的女王号汽轮提前抵达上海，与李经方勋爵、盛宣怀等人一起乘坐中国的一艘小汽轮广济号（Kwang-chi）在吴淞口迎接安平号。那时，我们才第一次听说造册处税务

---

① 美国弗吉尼亚州一家公司生产的健胃食品。

司已经被两江总督刘坤一任命为署理总税务司。李鸿章只说了一句话："只有总理衙门可以任命总税务司。"毫无疑问，除了认为这个行为是急于接替"死人"的位置，李鸿章对这位南京同僚的失礼也非常不悦。李鸿章首先去了静安寺路上的洋务处——也叫中国对外事务局，然后去了刘学询家，在上海停留期间他就住在那里。与此同时，我收到伦敦发来的一封绝密电报，大意是需要了解更多当前局势的侧面情况。总督不时批准我告诉伦敦这些"侧面情况"，这些消息也派上了用场。我举一个例子："当前，中国更像是自治省的联合，而非一个帝国。每个总督管理自己的辖区，并通过（他们之间的）双边协议维持秩序。中央权威不见身影，但日后可能会逐渐改变，如果列强与各省政府合作以保全中国完整的话（即放弃所有瓜分中国的想法）。"

7月20日，我们接到了伦敦的秘密通知："总督北上引起猜疑，请回电再予证实。"我回电："猜疑是荒谬的。作为直隶总督，他现身北方必定有利于快速稳定局面，值得赞同和支持。""荒谬"一词算不上十分强烈，我必须承认，上海的外国人对真正可能起作用的这个人的态度让我吃惊。当然，李鸿章对其遇到的"明枪暗箭"再熟悉不过，已经不再在意他人对他的微不足道的轻慢，尽管这些人本应更明事理，不应如此行事。上海的这些人把信心寄托在刘坤一身上，全然不想他的权力和影响力都远不及李鸿章这位"无双国士"。局势也有惹人发笑的一面，李鸿章并不缺乏幽默感。起初没有人拜访他，李鸿章在刘学询的花园里优哉游哉地扮演一群小辈的祖父，这个场景让有些人坐不住了。一位大国代表联系我说道："当然，你知道我们不能正式承认李鸿章，但是作为老友，难道你不认为我可以去看看他吗？"李做出了非常亲切的回复，拜访

第十二章

自然就顺理成章了,随之而来的客人接连不断,在友谊的名义下,对李鸿章的"封锁"冰消瓦解。

而一切麻烦与焦虑也临近结束。7月23日,我再次拜见李鸿章。我告诉他,我收到了总税务司在伦敦的秘书发来的电报,内中说总税务司长时间没有消息"被认为是糟糕之极的征兆",并建议应尝试一下鹭宾·赫德留给他在伦敦的税务司的密码电报。我向他转达了这一建议。第二天,7月24日,总督第一次对我说:"你的总税务司还活着。"在他的同意下,我立即将此消息电告伦敦。后来我听说这个消息让预备在圣保罗大教堂举行的追思会无限期"推迟了"。许多圈子对此消息将信将疑;正如前面所提及的,中国驻伦敦公使罗丰禄曾遭到伦敦新闻界粗暴对待,但这消息仍然是真实的。我拜别李鸿章时,他允许我辞去他对我的委任。他对我非常友善和蔼,几天后,我回到广州继续之前的工作。此后我再也没有见过这位伟大的总督。1901年11月7日,他在北京逝世。当时,他出任帝国议和代表,试图恢复庚子事变中中国业已失去的"外交局面"。

我无意与人争辩总督其人性格如何。已有比我更为才高之士来评价李鸿章,有褒亦有贬。最出名的要数已逝的宓吉,知名作家濮兰德(J. O. P. Bland)近来也位列其中。总体而言,我偏向前者,宓吉的评断更为友善,且还有一个优势,那就是他与李鸿章有多年深厚私交。现代中国哲学家辜鸿铭言辞非常辛辣,他曾有一次评价濮兰德道:"一个居心叵测的悲观主义者怎么可能知道到底什么对中国是有好处的?"但不失公允地说,濮兰德对李鸿章的分析精辟透彻,没有被任何此类缺点干扰。如果硬要说有什么悲观情绪的话,濮兰德都留给了他自己的国家(英国)政府,用相当"讽刺"

的一句话来说,这种情绪解释了他为何没有对李鸿章与英国间的外交关系大费笔墨。

际遇让我有机会在只对海关税务司开放的唯一媒介中,记录下我自己的印象。在《北海关十年报(1892—1901)》(*Pakhoi Decennial Report*,1892—1901)(系列之二)中,在指定标题"著名官员"之下,我写道:

"在1892—1901年,有三位总督主政广州,分别为李瀚章、谭钟麟、李鸿章,最后一位无疑最为杰出。他们三位都过世了,但李鸿章的名字将永载史册。他多年来为国殚精竭虑,后于1900年1月奉召驻节广州。上任不久,他对其属下思想的有益影响就开始在整个广州辖区内体现出来。盗匪开始明显消失,人们的信心逐渐恢复,许多被搁置或放弃的地方发展计划再次被提上日程。事实上,1900年5月,北方爆发的'义和团运动'终结了可能是地方繁荣新时期的黎明,而那时,广州的前景正前所未有地一片明亮。由于北方骚乱,李鸿章被调往天津,并最终于1900年7月17日离开广州。不久之后他被任命为中国的议和代表,1901年11月7日在任上去世。起初,广州的人们担心,中堂离开后,他以铁腕镇压的烈焰将会凶猛反扑。但幸运的是,也许托庇于他的威名,省区的管理仍保持稳定。至少省区内保持平静,几起叛乱或骚乱事件也得到及时有效的处理,为那一年画上了句号。

"作为粤海关税务司,笔者当时的临时职责为,在总税务司(鹭宾·赫德爵士)重新出现前,暂代两广辖区之内海关监督。在北京围城的惨淡日子里,笔者与这位伟大的总督有一些密切交往。这位高龄的政治家已经过世,记录下他为制止在北京发生的最后暴行所做的坚持不懈的努力,也许就并无不合适了。李鸿章深知,对他深爱的国家来说,这些暴行意味着毁灭和耻辱。心慌意乱的慈禧太后和怒气冲冲的端郡王在决策时受到的任何软化,无疑都是李鸿章的功劳。

"其他总督在各自辖区也做出了重要的贡献。但是,李鸿章在其国人的心目中是时代的主角,是唯一能拯救中国的人。他抱病多年,但不屈不挠,勇敢地接受国家的召唤,他虽死犹生,殉职于岗位上。真可谓——'鞠躬尽瘁,死而后已'。"

第十三章

李鸿章逝后——在斯特德举办的朱利亚降神会上

我曾提到,自从 1900 年 7 月 25 日与李鸿章在上海分别后,我就再没见过他。1910 年 1 月 15 日,"朱利亚会"(Julia Circle)的斯特德(W. T. Stead)等人组织了一场特殊会议(降神会),巫师兼灵媒罗伯特·金(Robert King)先生应邀前来,斯特德以祷告开场。之后,他解释道:"我们静坐即可,如果灵媒看到什么,他会告诉我们;如果有人从中国来,我们可以通过灵媒问他们问题,和他们交谈。"

顺便提一下,当时我带了一名中国高官一同前来,即对话中的"大人"。当时的对话我不得不在下文中有所缩减,但所有的对话我都保存有最初详细的记录。

灵媒说:"我看到一个高高瘦瘦、穿着清朝服装的男子。他身上有种威严的气质。我不知道他是谁。这个人走过来,就站在庆丕和大人之间。"

然后他又说:"我看到了戈登将军。他站在大人后面,说很多很多年前,他们就认识了。"

第十三章

庆丕问大人:"您认识戈登将军吗?"

大人:"在香港与他有过一面之缘。"

灵媒:"戈登将军说:'是在一个类似官方招待会的场合。细节记不清了。'"

大人:"我记得他在一个官方招待会上跟我说过话。"

戈登将军:"我想想。是的,我记起来了。他有什么想问我的吗?"

大人:"你在那边有见到我们的老朋友李鸿章吗?"

戈登将军:"是的,经常,经常,经常见面。他马上就过来了。"

戈登接着说,李鸿章和我们在交流上有点困难,虽然当时他们确实在一起。灵媒继续和那边说话,很显然,现在我们能和李鸿章通上话了。

李鸿章对大人说:"7月到北京来。好好准备,不要匆忙。"

随后灵媒说道:"李鸿章在跟庆丕讲话,他说:'您知道,我是完全信赖您的。我想通过您,做些对我们国家、民族有益的事情,不要让我失望。您是英国人。请不要让我失望。'"

大人问李鸿章:"您认为庆亲王会长久掌权吗?"

李鸿章答道:"不,他不会得势太久了。"

大人问道:"那谁会来接替他呢?"

答:"目前我还不能告知你。我只愿在混乱结果出现时,我们能有机会推进我们想做的事宜,并完成它。"

大人说:"我即将回国。李鸿章大人,愿您万安!望您能帮助我等。"

李鸿章:"我会的。我仍为我的国家而活。"

1910年1月17日早上，又补办了一次降神会。

还是上次的灵媒主持。他说："我能感觉到朱利亚在这儿，还有迈尔斯（Myers）。他们很高兴，上次降神会进行得很顺利。迈尔斯说：'这是一个艰巨的任务——比结果所显示出来的要困难得多，但我们成功了，而且超出我们的预期。庆丕和他之间保持着很好的关系。他本人对于强大的力量是很敏感的，主要由于他的存在，才能有这种和谐的局面。'"

灵媒继续道："戈登也在。他说：'你们周六做成了许多事，远远超出你们的想象。你们为东西方之间打开了一条全新通道，这是之前从未有过的。李鸿章很诧异，他能这么轻松地进行联络。我不知道你们是否意识到，李鸿章对于在场的那名中国人，还有他的朋友庆丕非常钦佩。这点很重要。这次降神会将促使中国内政做出改动。我们这边努力去影响庆亲王时，请记住很多事情做起来还是有困难的，因为他懦弱多变。不要过于期待，也不要没有耐心。会有好结果的。'"

联系断开，降神会也因此结束。

1910年10月31日，斯特德给我来信：

"李鸿章上周三过来了，给你在中国的朋友（大人）捎了个信。上周三（的降神会上），有一位中国人现身，称自己是王甫（Wang-fu），他也承认这不是他的真名，他说道，如果我们知道他的真名，一定会大吃一惊。他对我们讲：'有人派我来告知诸位，庆丕先生到达中国后，一定会产生重大影响。'"（我定于1911年4月到上海。）"'会有专人保护并引导他。因为他手上的工作极其重要，会带来巨大变革。我恳请他为中华民族的利益而努力。他面前

第十三章

有许多工作,待时机合适,他会知道这些工作的本质。最重要的是,他要谨言慎行,因为在他周围,希望他出事的人比比皆是。'"

他继续说道:"'他在做所有的工作时,必须小心再小心。我们信赖他,我们需要他,但愿他不要让我们失望。我深知庆丕先生的关键作用,其努力能推动我们整个民族发展繁荣。'"

斯特德又加了句:"我们并没有刻意去寻或问他,我们在温布尔登(Wimbledon)围坐在壁炉前时,他自己过来的。"

1910 年 11 月 2 日,在温布尔登剑桥酒店的一次降神会上,还是那个灵媒主持,又响起了说话与敲击声。哈珀(Harper)小姐和庆丕先生之间响起一个声音:

"我很高兴你要回到中国去工作了,你非常适合和他们一起完成那些工作。它会产生意义深远的影响。我的朋友,去吧,我以爱和喜悦之心祝福你。"(戈登)

灵媒称:"庆丕先生身后有一年轻中国男子。脸庞瘦削,戴一顶亮蓝色帽子,上面缀着个红扣子。他双手交叠,微笑着鞠躬。通过心灵感应,我听到了他的想法:'来吧,我们希望您来;来吧,我们需要您。我们呼唤您。来吧。来吧。'"

灵媒又说道:"另一个灵魂来了。庆禄(Ching-lu),一个留着灰白长胡须的老人。瞧不见头发。颧骨瘦宽,天庭饱满,身穿一件镶蓝边的黄色长袍。"

庆丕:"或许是李鸿章。"

灵媒再次开口:"他点头,长长的手指指向您。我看到戈登在后面和李鸿章说话。一个声音说道:'时间就要到了,但是一定要小心,小心。做的时候一定要万分小心。当心东北地区。一定要万分小心。如果到了汉口附近，要小心谨慎，细致周密。严重，非常非常严重。会有好结果。'"

灵媒："这个声音继续说：'严重，非常严重。会有好结果。我亲爱的孩子们会再次一致举事。老祖宗会庇佑他们。一切顺利。我们需要你们，不要让我们失望。我们会给你们指导。'"

灵媒："有人说道：'不用担心。一切都会好的。要心存希望，对未来满怀希望。'对庆丕说：'我亲爱的朋友，请您带着喜悦，带着幸福，带着和平到那个东方国度，我们届时在东京（Tonkin）联系。'"

这个声音之前还说："白里安（Briand）做得很好，那些好的地方我们会加强，这个评价不仅来自我亲爱的祖国，还有整个欧洲。"

奎恩（Quain）博士，也是一个灵魂，插话道："今天的朱利亚会先解散，之后再开降神会吧。今晚这儿有太多的力量。有人从波士顿来，想要找你。如果你去洛杉矶，那就准备在那儿和我们碰面吧。你会去的，但不用急。先解散吧。之后会有声音来引导你的。"

降神会就终止了。

1911年1月4日又有一次降神会。我不在场。斯特德写信告诉我：

"王甫又来了。他说：'我要向斯特德先生表达我们的谢意，感谢他在我们的行动中给予的帮助。我们从你们的降神会中获得了巨大能量，能直接和你们的势力进行沟通，做成了很多事情。很快，你们便可听到改革的消息；我们身后的势力正在取得巨大的进步。告诉庆丕，我们都在急切地盼他回去，因为他会帮助我们和各方交流。我们做的大事正在取得进展,不久便会实现.'"

1911年10月27日,我和大人(1910年1月15日降神会上和我同在现场的中国官员)都在上海,他问我,在那次或其他降神会上,是否预言到1911年10月10日的武昌起义。我记得,当时给我的警示就是:"如果到了汉口附近要小心!"

1912年2月20日,当时我担任造册处税务司,主管北京文案房驻上海办事处(Shanghai Office of the Peking Secretariat)。我给斯特德写了封信,简单介绍了武昌起义之后中国的形势。我很清楚,如果此信用于任何公开目的,我的名字都不能出现,所以我在附信中写道:

"在您降神会中关于中国革命的超自然预言着实异常,甚为震撼,难以用常理解释清楚。最奇怪的是,提到汉口是危险点。因为当时,没人特地去想会有大规模革命发生,而且毫无疑问,也没有想到革命会在汉口爆发。大多数人都认为广州很可能发生起义。那时没人知道,甚至大人本人也不知道,他会卷入其中并发挥很大作用。

"我在其中要发挥的作用还没有显现,但承认我可能会和中国海关总署内必将发生的一系列变革有所关联也并不为过。"

斯特德在1912年3月4日再次来信,他告诉我,在他和女儿埃斯特尔(Estelle)在家中主持的小型私人降神会上,李鸿章一直都在。一天晚上,他女儿一个人在客厅,她感觉他来了,但是她无法辨别他。他只是说:"唉!唉!唉!"

"一小时后,"信中继续讲道,"我回到家,上楼,我并不清楚发生了什么事情。李鸿章用我的手写下警告,预示会有麻烦出现。他说这场革命将会使中国失掉西藏、蒙古和满洲,及所有为了国家统一要牺牲掉的东西。他对于事态的发展感到难过,非常难过。"

我收到斯特德先生发来的最后一封信的日期是 1912 年 3 月 8 日。他在信中说,自从我离开后,在灵媒主持的降神会上,李鸿章几乎不再能和他们联络上。但是没有人的时候,他经常来找他(斯特德)和他的女儿。这封信是在他不幸的泰坦尼克号之行前写给我的。1912 年 4 月 15 日,伴随着泰坦尼克号的沉没,斯特德先生也永远地离开了这个世界。

他曾在 1912 年复活节星期日(在泰坦尼克号之旅启程两三天前),给他忠诚的秘书哈珀小姐写信:

"不知怎么的,我总觉得会有事情发生,在某个地方,以某种方式,而且将会是永久的。"

斯特德心里一直想来中国,想参与这儿的改革事宜,新政权中有影响力的人也一直敦促他这样做。他本可以是伟大事业的福音;但是命运之神主宰着一切,我们只能借丁尼生的诗句来悼念他。他"此刻开始了通向幸福生活的旅程",在有幸认识他的人心中,留下了一片美好的回忆——他对人对事总是充满怜悯之心,不令任何人失望;他还留给我们一种勇气,一种不管在哪个尘世中,都能坦然面对最后困境的勇气!

第十四章

义和团事件对我海关工作的影响——调任北海——英国领事对我提出控诉——总税务司对此不满——我患了口炎性腹泻,回到英国时,几近奄奄一息

我已讲述了义和团事件,现在不妨来看下它对我海关工作的影响。联军进入北京城后,形势稍缓,总税务司重新掌管中国海关总署的工作。对于他离职期间,我代为管理两广海关这件事,他只字不提。这并未让我懊恼。只是,慢慢有传言说我可能会"惹上麻烦",让我多少有些吃惊。这个消息口耳相传到我这儿的时候,用的就是这个词,"惹上麻烦"。

前段时间,我给总税务司发了贺函,祝贺他安全脱险,他回了一封简短的感谢信。毫无疑问,他一定也收到了我的详细报告。我在报告中讲述了两广总督和我之间所发生的一切。我觉得在对整个事件的汇报中,我的所作所为不大可能有任何让人误解的地方,直到1901年春天,我开始不再有这种把握。一封急件发来,任命一名资深的英国籍高级税务司接任我在广州的工作,命令我进行权力交接,并动身前往北海,那是两广地区最小、最不重要的港口。同

时还有一封总税务司的私人信件，用他一贯擅长的伪善的腔调写道："他①有义务协助高级税务司们，年轻一些的人必须给他们让路。"在附言中，他说北海是个安静的地方，可以好好学习汉语，他听人说我在这方面非常薄弱。我在海关工作了二十六年，已经通过了当时规定的所有汉语考试，还用汉语完成一本著作，像盛宣怀这样的大人物写了序言。1889年，我曾请求总税务司允许我将《汉话西方体育文化》（*A Treatise in Chinese on Western Physical Culture*）这本书献给他。但是他不仅没有回复我的征询，甚至根本没有读我的信或这本书，我随信寄去了书的副本。我的岳父，已故的韦廉臣法学博士，告诉我总税务司曾向他提到我的书，说道："我心里有些情绪，无法接受他的这份殷勤。"

这本书由上海的广学会（Christian Diffusion Society）印刷出版，该机构由韦廉臣博士创立。博士是和鹭宾·赫德同时期旅居中国的外国顶尖学者，我们绝不能忽略这几点。特别是这位令人尊敬的老博士，净身高六英尺五英寸（195.58厘米），品格高尚，当时正住在北京。

我调查了关于我汉语薄弱的传言，很快弄清了事实。广州的一名中国高级办事员，当然他对海关工作并不忠诚，去北京时捏造并散布了一些关于我的流言。我把广州的汉文秘书科（Chinese Secretariat）适度商业化，同时，让一个在中英文方面都受过高等教育的中国人来担任其中一个重要职位。这在当时是一种革新，但自那以后，整个海关都逐渐采纳这一做法，这也消除了旧体制下中国员工的不满。税务司一直亲笔书写关于中国信函的英文登记簿，而他办

---

① 此处的"他"似应为"我"，疑为作者之误。

第十四章

公室里聪明的中国人虽然完全能够代劳,却不被允许接触。让人欣慰的是,这种不合时宜的做法现在已经成为过去。

海关建立初期,确实只有少数中国办事员能为税务司做好汉文秘书的工作,但在 1900 年的广州,情况可不是这样。汉文秘书被税务司任命处理多少有点机密性的事是很自然的。毋庸置疑,是嫉妒心使这一职务的候选人散布关于我的流言蜚语。

我这个中文欠佳的"妖怪",背地里也受到了各种隐晦的处罚,但海关正不断出台的大量指导方针的背后都有我的身影。1861 年起装订成册的规定被称为"海关圣经"。它们相当清楚地体现了总税务司的性格和办事方法;这些册子,至少其中一部分,是值得宣扬的,日后它也或许会得到宣传。但戏谑的是,一个被总税务司亲自委任掌管广州海关的人,一个受李鸿章委托管理两广海关的人,却被认为中文知识在任何方面都非常匮乏。正所谓"观其果,晓其人",清政府授予我"御赐双龙宝星"(Decoration of the Double Dragon),以对我在义和团运动时期在广州尽忠职守予以肯定,我对这一评价十分满意。中国海关总税务司这个外国人以实际上的官方降级来"奖励"我,这是鹭宾·赫德的个人行为,而不是我的真实写照。

我的继任者此前迫切申请到北方港口任职,却被调到广州,他对此甚为气愤。总税务司写道,应提交海关《十年报》,广州的报告上必须有高级税务司的签名。众所周知,这当然全是废话,不过他这样做是有双重目的的。

《十年报》是一份特别,而且相当特别的文件。为制定《十年报》,税务司如有需要,可以插手口岸实际贸易以外的其他事务。由于总税务司已下令将我调离,因此义和团运动时期我在李鸿章手下负责的事务毫无疑问会被忽略，我也不会有机会把这些记录下来。我的继任者从家中赶来广州，对当时的情况并不了解。因此，他没有什么意见可发表。我深深怀疑，他调任广州，是总税务司在暗示，只要有钱傍身，假如不喜某地，"辞职"总是条出路！

但从表面看，总税务司的动机相当完美无瑕，没有任何私心。

这样我们就去了北海。尽管北海早在1876年就打开了对外贸易的窗口，但这座城市并没有繁荣发展起来，它的港口交通并不便利，之后西江口岸的开放又将它本可能成为"内陆贸易区"的机会夺去。总而言之，这是一个甚为暮气沉沉的地方，哪怕从中国人的角度来看，这里的卫生条件也很恶劣。而在我看来，更为糟糕的是，我的工作没有一点意思。轮船很少驶来北海，海关里寥寥数人便已足够。这儿只有一个外国商人——德国人；一个英国领事和法国副领事，一个法国邮政局长和一个天主教神父，这就是当地的国际化构成了。圣公会传教会（Church Missionary Society）还保持着相当大的规模，一个德国家庭担任广州崇真会（Basel Mission）在此处的代表。但是这些驳杂的外来元素没能融入当地生活中，他们的存在几乎没有什么社会价值。因此，那儿的生活打一开始就很乏味。我与妻子虽脾性迥异，但都喜欢热闹，希望能融入身边人的生活，在北海却不能像在香港和广州一样交到志趣相投的朋友，这对我们造成了巨大伤害。不过，我们至此还可以泰然处之。可很快，一记重击从天而降，落到我们头上。北海港口的停泊处距离城镇和码头约四英里。倒霉的是，我答应了理船厅（harbour master），一个典型的美国老海员，载我到港口转转，看看浮标和其他航海标志。我们离岸，乘坐他那六桨小艇飞速航行时，我注意到船尾没有遮阳棚，认为"海风清新美妙，可阳光恐怕会灼伤我们"，他对此

第十四章

付之一笑。我戴着一顶太阳帽,还带了一把遮阳伞,最初的大约两小时,我和他一样很享受这次旅行。返程却很艰难,下午晚些时候上岸后,我感到极其难受。我拖着身子回房,硬是爬上了楼,感觉脑袋昏沉,脚像灌了铅一样重。那晚,我病得很严重——上吐下泻,头和四肢都疼痛难耐。第二天,我还是很虚弱,但不管怎样,似乎已经度过了发病期;但几周之后,我发现自己体重一直在掉:离开广州时我还是通常的一百六十三磅①,肌肉状况也良好。不过我没太把它当回事儿,还是该如何就如何,尽管我时常觉得浑身松弛虚弱。

对于"口炎性腹泻"(sprue)这个病,我听说过很多,但我和当地医生都未曾见过。所以,我们都没能马上弄清我得的是什么病。我读完了帕特里克·曼森爵士(Sir Patrick Manson)所著的关于"热带病"的书,几乎没有从中得到什么安慰。他认为治愈口炎性腹泻的希望很小,中年人染上这个病的话(我当时四十七岁),更是如此。所以我写信给"法国人彼得"——住在上海的彼得·西斯(Peter Sys),他是一位不循常规的医生。他对口炎性腹泻的治疗方法虽然遭到医生们漠视,却颇有成效。我把我的症状写信告诉他,他的回信证实了我的猜疑,口炎性腹泻是我生病的罪魁祸首。他随信寄了一些药粉和疗方,并敦促我尽快到上海接受他的私人治疗。

那时,我的病情正逐渐地、慢慢地恶化;雪上加霜的是,1901年圣诞节前,我在办公室加班到很晚,受了严重的风寒。我虽回到了家,但是第二天就病得下不了床。我更加急迫地给北京去信,要求立刻派人来代班。很明显,我生病的事并没有人信,或者说,无

---

① 1磅约为0.4536千克。

人理睬。我不愿大肆渲染痛苦，或通过详尽地描述口炎性腹泻给一个人身心带来的恐惧，来折磨我的读者。归根到底，口炎性腹泻就是慢性饿死：不管病人吃什么，都无法消化吸收；东西吃进去什么样，排出来就什么样。

我当时身体虚弱，但精神坚强。虽卧病在床，但我写好了《北海关十年报（1892—1901）》中1901年的贸易报告，大概整理了那一年的工作。意志的力量虽让我活了下来，但代班人抵达时，我已经瘦到只有一百二十三磅：不论是站或走，我都坚持不了几分钟。毋庸置疑，西斯的药粉遏制了我身体状况的恶化，但显然无力治愈我的疾病。妻子专心照顾护理我，让我心中对她颇感亏欠，每当想到她如此勇敢地承担起这么重的担子，我就甚觉难过。

我们几乎没有得到过外界的任何帮助，也没有人同情——只有上天知道这是为什么。这是新教传教士最喜欢的格言，他们在中国主要是为了拯救中国人的灵魂和身体。或许他们认为自己并不关心其他的一切。总之，那是我经历过的至暗时刻，事实上，也是最需要人关心的时刻。我们别无他法，只能鼓足勇气，将剩下的一切都交予命运定夺。

代班人终于来了，我已经气息奄奄。我在香港登上了返英的半岛及东方航运公司的轮船。对于那次可怕的航程，我还是不谈为好。我担心，他们会因为我身体撑不住，而把我搁在途中某处。我总是拖着虚弱的身体走到餐厅吃饭，好让船上的医生以为我在慢慢康复。其他时候我一直躺在床上，整个人处于半昏迷状态。即便如此，我始终坚信，假如我能回到家，住进位于马特洛克的斯梅德利水疗院，我就会好起来。我到达该地后的状况会在下一章详述。

在北海的最后几周，事实上，差点是我生命的最后几周，我的

第十四章

生活因为一个人的到来而欢喜许多。英国领事馆安排有变，我非常要好的一个老朋友，也就是已故的本内特（E. F. Bennett）先生，被派到了北海。这儿需要说明下，北海的英国领事馆由邻近的海南琼州领事管辖。本内特先生的前任不常来北海，但他在我们这儿的暂住总是给大家带来麻烦。之前在别处，我对此人已有所领教，所以多多少少对他可能带来的"骚动"有所准备。有天，我接到报告，说一个外国人在港口附近游荡，没有正经工作。没过多久，这个人就来见我了。他向我讲述了他的故事，说自己是美国人，但对于自己受到英国领事馆的保护一事只字未提。

当时，英国领事不在，所以我答应把这个美国人的行李运往广州，他说那儿的美国总领事会照顾他。他当时非常落魄，我还送他一些衣物。他表达谢意后便即刻启程前往香港。

碰巧的是，英国领事结束定期拜访，回到北海，乘坐的正是搭载那个美国人离开的那艘船。美国人离开后的第二天，我就收到了领事发来的官方快件，要求我对驱逐一个受他保护的美国人（原文如此）这一行为做出解释。因为我和领事当时关系还算友好，我立刻前往领事馆向他解释，却发现他当时精神异常兴奋。他像疯子一样在他的办公室里跳脚，大叫："你已经做了——你已经做了。我会向北京上报你的行为。"

他当时的精神并不稳定，听不进去我的解释，我回到办公室，发函正式告知他（正如我私下向他解释的一样）：不存在有人被"驱逐出境"的问题；出于善心，我帮助了那名男子；离开是他自己的意愿，等等。我把信放到官方回单簿里寄给他，收到的回信里，领事的首字母签名处上批有"含糊"一词。我没有理会这位"街头男孩"的闹腾，而是将我如何应对这位痛苦的美国人完整地汇报给了北京，附上了那页回单簿作为官方信函样本，它也算是十分独特了。我这么做是对的，因为几周后，鹭宾·赫德爵士给我寄来了一封措辞含糊的亲笔信，信中提到，英国领事对我提出了十分严重的控诉，并以极不友好的语气要求我给出解释。从整件事来看，这封信实与我那封官方报告相对，所以我没有必要再给他过多回复，只是告诉了他我寄出的报告的日期和编号。

关于这件事，我没有再听到其他来自北京的消息，却收到了一封广州的美国总领事寄来的很幽默的私人信件。很显然，英国领事也向他寄了一封对我的谴责信。在信中，美国总领事对于我好心帮助他们国民表示感谢，同时，就像一个有名的历史事件一样，他担心我"不小心与贼人为伍"，因为我帮助的那个人是个众所周知的"坏蛋"。而且毫无疑问，出于好意，他并未向位于广州的美国总领事馆汇报此事。尔后，一个在西江口岸工作的同事给我来信向我描述了那个人是怎么出现在他们那儿的，身上还穿着我的旧衣服，戴着我的遮阳帽，而且还凭着和我这种"好哥儿们"的关系从他那儿弄了一笔钱！

后来，当我因为口炎性腹泻半死不活的时候，一位看过函件的人告诉我，他从未见过对任何人或事的文件，能像这封由英国领事发给总税务司的那封关于我的函件一样恶毒。当然，众所周知，我当时受到怀疑，身处窘境，或者说至少将我从义和团运动的麻烦中调离时，人们无疑是这样理解的。如果官方有更好的管理传统，领事的勃然大怒是可以不必在意的，或者说，即便有人注意到了，也应向我出示对我的最初指控。但是海关的运作总是与众不同！至于我在北海期间，对我指责非难的人最终怎样，随后我会讲述。那时，命运让我们再次"重逢"。

第十五章

在马特洛克镇斯梅德利水疗院的生活，口炎性腹泻部分好转——不顾医生的建议，执意回到中国——1904年6月，在北京拜访总税务司——被派往芜湖——口炎性腹泻复发，十分危险——1906年9月，以个人名义向总税务司求助，得以调任宜昌

1902年4月19日，我们抵达伦敦，我所患口炎性腹泻已到了晚期。妻子也因数月来的焦虑和对我的照料而精疲力尽。

当时还在上学的三儿子陪着我，前往位于马特洛克的斯梅德利水疗院，我们总算到了那儿，医生给我安排了病床。两个医生检查了我的身体状况，直摇头。他们离开病房时，我无意中听到其中一个对另一个说："生命力很弱啊。"第二天，他们配了个男护士照顾我，我努力想活下去。不久后的一天，他满怀同情地向我提到："隔壁房间的先生在您到这儿的那晚去世了，我们也觉得您不会熬过一周的。"我不觉得奇怪。我的小腿肿大，发黑，似废了一般。我那时已经病得不成样子，身体虚弱到躺下和坐起都需要人扶着。医生很少来打扰，能躺在那儿休息我也已经很满意。

所幸，那时天气还不错，我让人把床挪到南边窗前，沐浴着和

煦的阳光，欣赏着斯梅德利水疗院面前的小山如"巨大的马尾松"般的美景——旅游指南里正是这样描述的。

宜人的天气持续了整整两周，帮助我度过了最关键的困难时期。我父母家族的寿命都很长，正如医生后来说的："你体内的生命能量一定非常强大。"但即便如此，让身体开始恢复，我都用了整整四个月；能进食和消化则花了整整两年。我和妻子10月份离开马特洛克回到伦敦。医生给我们的最后结论是"我们已经尽了最大努力"。他们建议我们回到伦敦，试着过下平常日子。在那好几个月里，我只能躺在沙发上读读书，倒也胖了几斤。一天，我拜访了伦敦击剑俱乐部，尽管我的身体摇摇晃晃，很是虚弱，我还是试着上了曾经的老师瓦伊塔尔（Vitale）的一堂课。他和其他人对我那时的境况都很吃惊，不过与老友在一起，我觉得十分愉快，而且第二天早上，身体未觉任何不适。所以我再次去了俱乐部，让我惊喜的是，我意识到自己找到了方法，能摆脱口炎性腹泻带来的悲惨和痛苦。几个月内，我恢复了消化功能，很快体重也回到往日正常的一百六十磅。

但是我咨询的每一个医生都坚决反对我回到中国。幸运的是，当时离开中国，我走的并不是"病假"程序（因为1902年春天离开时，我已完成我应尽的任期职责，这点使得我可以离职两年），而且一直坚守工作岗位直到代班人过来，完成交接手续。所以在回中国前，并无必要拿到医疗证明（证明我已经痊愈）。可以说，命运掌握在我自己手中。

1904年3月底，我们离开伦敦，乘船到纽约，再乘坐纽约中央铁路火车到俄亥俄州克利夫兰市，然后朝着正南方向，穿过辛辛那提和孟菲斯到达新奥尔良市；之后沿着"日落路线"到埃尔帕索，

第十五章

继续前行,经过洛杉矶到达旧金山。这样,在短短几周内,我们饱览了美洲大陆大部分地区的风光。

不幸的是,行经洛杉矶和旧金山之间时,我吃到了一种有毒的奶油馅饼,差一点让我的口炎性腹泻复发。

不过,前往日本和中国的海上航行又让我好了起来。1904年6月到达上海时,考虑到我们经历的一切,我的身体状况称得上相当不错。

我见到了裴式楷爵士,他当时主管总税务司署上海办事处,我很快获知北京那"仁慈的独裁者"挑选我去芜湖。终于,我得以领取一个海关税务司正常的薪水,但除此之外,没有什么值得高兴的事。

因为我的离职假期还未满,我最好再去北京拜访一下赫德爵士。自义和团运动后,我再未见过他,我希望能有机会搞明白,为什么那次事件之后他那样奇怪地对待我。对于我们的到访,赫德爵士看似深受感动,我们和他还有凯特·卡尔(Kate Carl)小姐一起吃了午饭,不久之后她完成了那幅著名的慈禧太后肖像。整个用餐过程中,爵士魅力四射,对自己和未来的规划侃侃而谈。之前曾有人暗示我,赫德爵士想忘记与义和团运动有关的一切事情。看起来确实是这样,事实上我也乐意接受他言行举止中对于那些永生难忘的日子里我并未犯下的罪行的这种沉默的宽恕。拜别之际,我向他表达了谢意,因为我在芜湖工作的薪酬将增加,他神情古怪地说:"为什么要谢我呢?你没有什么需要感激我的。"他又说道:"我想有一天你会回来的。"当我们说我们也这样希望时,他感叹:"唉,那时我应该就不在这儿了。"或许出于某种主观原因,这成了一个向彼此剖白的时刻。他经历了那段人生的黑暗低谷,而我也经历过。那时他直面困难，尽忠职守，一切圆满地结束之后，他仍在自己原来的职位。用帕克（Parker）领事的话来说："他是最高尚的罗马人。"口炎性腹泻折磨我的两年里，我也进行了深刻的反省，从中明白很多。离别的时候，我们感觉新时代的黎明或许就要到来，我们不必再经历从政生涯中最艰难的阻碍——上级的敌意。没过多久，我就负责了新的港口。

芜湖于1876年开埠，从没好好地发展过。（海关）办公室职员和外班员工都很是可怜地住在租来的房子里，这是非常不合适的。总的说来，那儿的生活让我们看不到太多的希望。事实证明的确如此。税务司住在山里的一座新房子，助手则住在隔壁税务司的旧房子。

新房子模仿美式建筑风格，门厅很大。不幸的是，建造时对中国承包商监督不力，所以不久后就遇到了麻烦。有天晚上，我被一阵巨大的噼噼啪啪的裂开声——就像手枪的射击声——惊扰，声音很明显是从房顶传来的。第二天我顺着梯子爬上房顶看个究竟。我虽然不是专家，但是看到房顶随意搭建的栋木构造，我很清楚自己需要询问专家的意见。我给在上海的总工程师去信，由于我对这所房子的历史一无所知，他的回信向我揭示了内情。但对于我遇到的这件倒霉事，他一点也不惊讶。这座房子不是他设计的，也不是他造的。在这件事中，他不用担任何责任，自然不会着急难过。但是谈及那些自认为是建筑师的税务司们的缺点时，他说得很是起劲。问题主要出在大厅过平的拱门以及屋顶横梁的错误构造上。平坦的拱门上应该有一个铁梁，但"调查结果"显示找不到它。我找到了曾在房子包工头手下做木匠活的小瘦老头。毫不奇怪，包工头已经无处可寻。

第十五章

  不一会儿，他便告知我一切，没有任何添枝加叶。有些我立马就能确认。那房子几乎都没有地基。砖头和灰泥质量都很差，尤其是后者。

  对于铁梁，小木匠也说不准，但他"认为"（老话说"恐怕"）某处还是有铁的。总工程师从上海赶来，对房子的整个结构进行全面检查。他也听说了铁梁的事情，我们把楼上大厅的地板掀起来找铁梁。木板一掀起，我就把手伸进去，从里面掏出一块砖，然后第二块、第三块。掏出大概一打后，我对工程师说："我看不到任何梁啊。"他猛地转过身来，看着砖，说了句话；好吧，我就不重复他讲的话了。这时，我已然愤怒到了极点，下定决心要找到梁，否则就毁了这所房子。最后，是木匠找到了它。就是一根直径约半英寸的细长铁杆！总工程师恼怒不堪，说必须立刻去掉屋顶，以防房子瞬间崩塌。我说："那我们这些被派来住到这儿的人怎么办？"他说："哦，当然，你随便，但我告诉你，这房子很危险！"

  我私下给北京的鹭宾爵士写信告知事情始末。不久，我收到了他的回信。对于这封信，我倒希望有一天他会为此懊悔。在信中，他说许多被税务司们诟病已久的房屋都撑了很多年，又说道，如果我害怕住在那儿，还可以去思茅（Szemao），那儿的税务司住的是平房。思茅是中缅边界线上的边境口岸——深入内陆，除了使用中国传统交通方式经陆路过去，别无他法。

  在给他的回信中，我假装把这当作开玩笑——但提得很小心。正如沃尔特·司各特在《艾凡赫》中所述，和这世间有权势的人在一起时也不该太幽默。然而，我还是铤而走险写道："您提到思茅，我觉得自己就像布勒特·哈特（Bret Harte）作品中的主角，'我也可以吃乌鸦，但这并不是我所渴望的'。"接着我附上总工程师对这个房子做出的书面报告。我和妻子打算继续住在那儿,但假若房子倒塌,我担心会给"海关带来巨大的财产损失",以及我仍是他忠实的仆从!一封只有三行的急件回过来,告诉我尽可能少花些钱对房子做必要的修葺。总工程师说:"这就是说盖个新的屋顶。"所以修理房顶时,我们便下楼在餐厅和客厅居住。

当最后一片旧屋顶被安全地放到草坪上时,大家都松了一口气,但这只是一连串新麻烦的开始。因为负责修葺工作的外国技工不懂中文,我在脚手架上待了很长时间。随着修葺工程进行,我们又发现这栋房子的新问题,对此,我和技工一样惊愕于这栋被总工程师描述为"建烂房子的模板"的房子的糟糕程度。当我们要吊起系梁放好时,发现四面墙开始崩裂,很明显出现了巨大的裂缝。我曾在某本书上读过如何处理这种情况。我们和了强力的波特兰(Portland)水泥液,从上面往裂缝里倒。我们倒啊倒啊,总工程师同意这是最佳解决方法,但不是唯一的办法。他心里想的是干脆把房子夷为平地,但这得几年之后。此时,水泥液很好地暂时解决了问题。经过六个月风雨无阻的艰苦工作,我们终于将系梁放了上去,波纹状铁皮屋顶也安置到位。

一年半后,我的身体又开始变差。我们住的地方周边一直在进行挖掘工作,中国古老的骨骸再次受到了惊扰。疾病肆虐,我也感染了痢疾,在不幸的时间病倒在床上——时值仲夏,我的高级助理医生临时去南京公干。所有其他的医生——就是传教士——都在山上,只能偶尔下山来看我。我的朋友,已故的哈特医生(Dr. Hart),在芜湖本地医院工作,曾严肃警告我,痢疾对于一个有口炎性腹泻病史的人来说十分危险。所以等我的高级助理回来,一切稍作安顿之后,我就离开几日,去上海拜会我的另一个老朋友,已

第十五章

故的麦克劳德医生（Dr. McLeod）。他很了解总税务司的事情，我无须做过多解释。我们当时都觉得，有医生的医疗证明，再加上个人请求，应该可以给我换个更好的港口，比如离上海较近的港口，以防我的口炎性腹泻复发。我们拿着标明推荐海港的医疗证明前往北京。我们在天津停留了几日。我把妻子留在那儿，只身前往北京，那是1906年10月。

我在总税务司的住处与他会面。和1904年比，他还是老了一些，但并不明显。但他一副病恹恹的模样，坐在那儿，腰间围着一条毯子。他脾气还是糟糕易怒。他说了一句我看上去病得很厉害后，似乎就不愿继续谈这个话题。我取出麦克劳德医生和天津的布朗医生（Dr. Brown）所开的两份医疗证明。他们二人都建议给我换至海岸附近的口岸，且最好在上海附近，以防口炎性腹泻复发，因为对我来说，它很可能会轻易要了我的命。他瞥了一眼这两张证明，问了些关于布朗医生的问题，比如他是哪儿的人，我和他在哪儿认识的。然后他拉起围在身上的毯子，有点烦躁。终于，他开口了："你可以去宜昌或请病假。"当时的情况是，宜昌位于长江上游一千英里，而请病假则意味着强制辞职，除非病假期满后我能提供身体健康证明。可以想象，这两个选择都不可能解决我的问题。我只是说了句，宜昌远在内地，离医疗证明单上推荐的沿海口岸较远。他再次重复："喔，那你可以请病假，我这儿是没有其他适合的港口了。"在那一刻，他这样讲很不符合实际。大家都知道，当时选派苏州（离上海非常近）的那名税务司就急切地想要回到宜昌口岸，所以，只需他的一纸调换批文，就可以让他的两个老部下都满意！但是，他再一次"因为某种心绪"，或许只有心理分析可以解释，没有自然地卖个顺水人情。了解他的人一点都不吃惊，我还记得其中一位相关人士曾这样说他——"我太了解总税务司的那点慈悲心肠了"。那人说他不会再冒险争取了！

我给在天津的妻子写信，告诉她我们现在处于什么境地。去宜昌至少是个改变，看起来并不一定会让情况更糟糕。于是，我们决定，如果总税务司不能给出更好的条件，便去往宜昌。所以我再次去拜访他。

一进他的书房，我便说："鹭宾爵士，我来向您拜别。明天我就要离开北京前往宜昌。"他显得很诧异，说道："但你妻子说你不能去啊。"马上轮到我惊讶地看着他，因为我当时并不知道妻子从天津给裴式楷爵士写信，对将我调往宜昌表示抗议。但我沉默了一下，回应说："但是您下令要我去宜昌，所以我必须去那儿。"又过了一会儿，他说道："好吧，但你得慢慢过去，我不想——先生，也就是现在宜昌的税务司，感到不安。"听闻此话，我几乎就要笑出来；这话从他嘴里说出来，显得如此荒谬，因为在处理手下这些小兵小卒的问题时，他总是只顾自己意愿，从不考虑他人的方便。我也可以很伪善，所以满怀诚恳地告诉他，我原先当然是打算乘坐比较快的火车赶往汉口的，但既然他不希望我赶路，我就还像来的时候那样，乘船取道上海前往。

我们默默分手。

我一回到上海，就收到宜昌税务司发来的电报，催促我以最快的速度赶到那儿去。这证明，我怀疑北京那老家伙说的是"废话"一点没错。他只是希望表现出自己只要有心，就能特别细心地为他人着想。

我们离开上海时，临近圣诞，应当顺便给鹭宾爵士邮寄贺卡祝福问候。我们寄给他一张普通的卡片，上面写着"皇帝万岁，*向

第十五章

您致敬"。① 这张卡片比任何话语都更有力，不用多言，尤其是对总税务司这样理解力甚好的人来说，他一定理解星号（＊）代表的那个词，并填出来了。后来的事情证明他的确明白，这个随后再讲。这个笑话够苦涩，但也够真实。对我来说，到内陆那个港口去很可能意味着死亡，事实上我的许多朋友也这么想。

不过，我们还是乘船到达了宜昌，出于新鲜，一路航行倒也有不少意趣。两个口岸之间有大约四百英里艰难的水路，唯有白天才能航行。尤其在水流湍急处，按惯例要一个船员在一只小船上带着一根测深杆专门在轮船前面探明水势。路上还要不时地将探测到的结果喊话传给也在行进中的汽船船头上的同伴，再传给船桥上的船老大（old man）。在当时长江中游（汉口到宜昌）这条线上，我们的"船老大"可是家喻户晓的人物。他人胖，个头也大，对于这条路几乎无所不知。他还有其他天分。他能热忱乃至感人地唱赞美诗，但也不妨碍他在不快时使用丰富多样、更为激烈的"语言"。这位老船长机智诙谐，在一场本来不该有的宗教论辩中轻易驳倒了一位与我们同行的美国主教的秘书。后来，那位主教向我表达了遗憾，他的下属表现出不合时宜的热情和在机智方面的欠缺，给了渎神者"全身而退"的机会。不过，当晚我们坐在一起，在旅行式风琴的伴奏下一起唱起赞美诗时，一切又归于平静。在餐桌上，为避免宗教口角，我起了个话头，讨论食物脂肪以及如何不长赘肉等话题。第二天早上，船长没吃早餐，他对"饥饿疗法"很在行。一直坚持到大家午餐都吃完了，他回到自己的小屋，脾气不是很好。我的观望和等待没有白费。大约下午茶时，船长的"伙计"从厨房走

---

① 完整的句子是拉丁谚语：皇帝万岁，将死之人向您致敬（Ave Imperator, morituri te salutant）。此处庆丕用＊替代了"将死之人"一词。

出来，手上托着一大份菜，还盖着盖子。我猛地扑过去，闻起来实在太香了，果然，打开一看，是一大份土豆洋葱煮肉。"船长饿极了。"这个中国人面无表情地说着，走去船长的房间。一会儿，如我所料，一个空盘子端出来，再后来，我们圆圆胖胖、快快乐乐的船长又回来了。

  多年以来，我观察过形形色色的船长，得出的结论是，他们要么太胖，要么太瘦。但是不管胖瘦，最好让他们带着自己犯的罪（如果他们有的话）去见上帝，而不是用新思想充塞他们的头脑，不仅帮不上忙，反而可能造成真正的伤害。"吃吃喝喝"塑造了人类在这个混乱尘世中的罪恶命运，这比胖、瘦等自然状态本身更为不幸。不过，不论好坏，最好还是不干涉他人，不要用任何形式的宣传鼓吹来破坏生活的安逸。

第十六章

1906年的宜昌岁月——在长江河床打高尔夫——游宜昌三峡——有趣的邮政工作——调任广州

当汽轮缓缓驶入海关码头时,宜昌给人的第一印象深刻而奇特。

枯水季节时,宜昌堤岸高于江水四十英尺。河对岸地势较低的地方,立着三座显眼的三角形红石山,宛如小型埃及金字塔。远眺四周,都是壮丽的树林。难怪立德描述起它的美丽时滔滔不绝。他甚至用一大段话来讲述它不同于中国其他地方的气候(它地理位置独特,高山遮住了所有北方刮来的风)。我们发现事实果真如此。我们在宜昌注定不会待太久——尽管当时我们对此一无所知,不过出于本能,我立刻投入工作中,了解当地情况,尽可能多地在周边地区转转看看。口岸因为有一个不大规则的堤岸,所以显得很短,建得也不是很好。中国住宅和外国房子彼此紧挨着,但是租界并不像其他沿河口岸常见的那样靠近老城区,所以,还有空间供健身娱乐。我们所在的社区有个相当不错的小运动场,当海军停留港口时,经常上演精彩的曲棍球和足球比赛。在我任职期间,代表海军出战的是皇家海军舰艇金沙号（Kinsha）——长江上游一支曾由立德拥有并经营的非常著名的商船先驱。

立德从宜昌光荣退休后，金沙号就被英国政府收购，正式成为配备有优秀船长和优秀船员的英军炮艇，从此在宜昌口岸活跃起来。这个炮艇的出现也给口岸生活带来了很多便利。还有很多德国、美国船只到访宜昌口岸，偶尔也会有一艘或几艘上游驶来的炮艇停靠在这儿。我应该感谢德国人，我曾随着他们的船，愉快地游览了宜昌三峡。

对于传教士来说，作为长江上游交通的起点，宜昌是停下来歇脚的绝佳之处。中国内地传道会，苏格兰教会、美国长老会和新教圣公会、斯堪的纳维亚传道会，以及加拿大传道会，都是要么长居此地，要么经常路过。小苏格兰教会与我们交往尤为密切，它的主教是威廉·迪恩斯（William Deans）牧师，我以前很喜欢听他学术性的布道演说，以及演说前后他唱的古苏格兰赞美诗。天主教徒也占有一席之地，像往常一样，他们在1876年宜昌口岸开放对外贸易和基督教传播前就已长久地在此居住。

海关人员很少，贸易量也不大，但是和长江上游邮政船队之间合作的邮政工作倒是充满趣味，甚至还有些浪漫。除了水路，我们的信使还会沿着古老的帝国陆路去到远在西南的成都，更远的甚至会去到西藏。

我想起他们中的一个可怜人。他是一位英俊的年轻人，被一家旅社老板丰满的妻子看上。有谣言说，他惨死在路边，但不是被强盗杀害的。

在宜昌的一个新鲜体验是在长江河床上打高尔夫。我们的理船厅莫洛伊（E. Molloy）先生——一个典型的澳大利亚人——热衷于

第十六章

打高尔夫,他被认为是远东地区击球最远的高尔夫球手之一。我们的运动场面积狭小有限,他自然非常渴望能有再大一些可以娱乐的地方。一天,我俩下河爬到河中间的水边——那儿低于堤岸四十英尺,准备来一个高尔夫球顺流而下之旅。这是一种传统的苏格兰游戏,前方七英里处,有沉船残骸和高高的大石头作为"障碍"。这是一次独一无二、令人振奋的体验。在顺风的助力下,莫洛伊打出了几个令人惊讶的远距离球,而我只能尽可能跟在后面慢慢地追。

从那以后,每当下午在租界后面漫游时,我总是拿一根铁头的高尔夫球棒代替拐杖,虽然自己的能力有限,还要天黑前赶到家,但也能从中体会到很多乐趣。有两个信得过的当地仆人一路陪着我,确保我平平安安回到家。自可怜的贾米森神秘失踪后,尽管我比同胞们要胆大一些,但也还是规规矩矩地听从盛宣怀大人的忠告:"尽管不需要总是使用官灯,但任何中国官员都不应在无人陪伴的情况下在外游荡——尤其是天黑之后。"我在外出游时,总是会找个信任的随从跟着。税务司的官式仆人,如果选对了,也是会随时负责主人安全的。

在对待仆人上,我从不用命令的语气。我们之间总是默契地达成这样的规矩,我说出去走走,他们就会安排一切。愿上天保佑这样诚实忠心的人们!

宜昌的日子就这样宁静地流淌,外国人所在社区——主要是传教士居住区——有些变化,但很小。芜湖之后,这儿的海关和生活环境更似一种世外桃源。当我收到一封调离电报之后,心中不免遗憾。电报说:"考虑到你的健康,许你调往广州。——赫德。"我回电:"甚是荣幸——庆。"很快,官方下达调令,我们在宜昌短之又短的逗留,就结束了。

第十七章

再任粤海关税务司——总督周馥，以及对他和德璀琳的回忆——张人骏总督和"二辰丸事件"——日本人的傲慢无礼与总税务司异乎寻常的缄默

1907年4月13日，我正式接管粤海关，便立刻被卷入当时的动乱漩涡中。1907年的粤海关和1900年李鸿章任两广总督时的情况大不一样。李鸿章时期成功平定的海盗行为死灰复燃，这次情况比较严重，有可能需要外国干预。不过，我还是很幸运的，我发现前天津海关道台周馥，现担任两广总督，老朋友龚心湛在广州政府工作。在这里，我还有很多在李鸿章任职期间那段终生难忘的日子里结识的其他好友。

上一任粤海关税务司是非常活跃也很有能力的人，他是周馥的前任、当时乃至之后大名鼎鼎的岑春煊身边的红人。或许他平日不太注意，在对待小人物的敏感性上没有那么小心谨慎，直接导致有人试图影响周馥，以剪除继任粤海关税务司的羽翼。这体现在一道命令上：之后的海关税务司不得通过衙门大门拜会总督，只能通过侧门进入会客室，这可不是当地政府最高级别的接待。我的朋友婉

第十七章

转地提醒我,第一次拜访总督大人我可能会遭遇什么,他们会尽量帮忙,叫我不失颜面。就我个人而言,我只是单纯地关心这第一次见面——我会向所有人证明,总督没有违背旧传统,海关税务司仍是走衙门正门接受总督接见的。在义和团运动时期,我曾不分昼夜地出入衙门,虽然其他人不对我行礼,但也是颇为尊敬的,偶尔必须行礼时,也会对我敬礼。我一直认为,被当成自己人而非洋员,是一种莫大的赞誉。而且,为了我自己的影响力,也为了海关税务司的身份,我当然不能够接受他们在这样的问题上改变这一由来已久的规矩。

所以我等了一段时间,然后写信给总督以获得许可按照惯例向他问好。我是在德璀琳任天津海关税务司时期(1887—1889)结识周馥的。他们都是很不错的人,却处不来。周馥认为整个直隶衙门里的人都是"老婆子"(lao-po-tzu),任由海关税务司牵着鼻子走。而德璀琳有李鸿章大人做保护伞,很清楚自己不用害怕级别低的官员。所以周馥不得不在小处报复回去,并且很少失手。每当德璀琳带我去海关道的时候,周馥都会详细地询问德璀琳的家庭情况——家有几个孩子,是男孩还是女孩——也会问我类似的问题。他当然很清楚,德璀琳有四个女儿,没有儿子,在中国被人问及这个问题是很敏感的。听到我有四个上托儿所的儿子,他连连道贺。这就是中国式的非常必要的"小处"。记得德璀琳给我讲过,有一次他和周馥争吵,两个人的行为都已经不是绅士所为了。桌椅扔了一地,恶言相向。周馥可能想要"用暴政统治野蛮人",但在德璀琳这样一个固执的老普鲁士人这儿是行不通的。不过,他们最后还是成了挚友——虽然也有上面提到的这种小小的不愉快。虽然用了些时日,不过最终一切都完满解决,衙门正门也再次对我这样不值一提的人开放。不久，我与最高省级政权有了密切的"来往"，这十分有利于当时总督驻节港口的业务。

随后的会面让我想起了1899年在同样的地方的类似场景，当时见的是时任总督谭宫保。这次我也是为了捍卫前任税务司的名声，说的还是那些话，比如"他也是好意，只是想尽职尽责"，倒也成功说服了他们。最后我说："不管怎么说，他现在也不在这儿了。"他们听后都大笑起来，没再说什么挖苦的话。

广州一直走在中国发展的前沿，我很快也参与到当地政府的各项计划中去，包括地方改善、堤岸修建、港口工程、桥梁建设、铁路工程、本土风俗、各种改革，以及水警——更不用说我们自己大规模重建海关的计划了。

当时棘手的问题是如何打击珠三角地带的海盗。这个事情由李准提督负责，他是一个精力充沛的年轻人，已经显现出自己至少有能力处理此事。但是在寻求外援方面，总督也很有压力，还曾要我向上级报告此事。只是他的任期将要结束，难以采取决定性行动。据说来接任的是岑宫保，他早前署理两广总督时是大家公认的"恶人"（Tiger）。在等待他就职时，每个人都持中立态度观望，不敢有任何动作。不过，后来他就任他职，这让大家都松了一口气，对我而言更是如此，因为当时出现了一个非常尴尬的情况。

我的前任将黄埔的海关宿舍作为消夏居所借给了岑大人，岑大人下令让人准备妥当，好接待他及家人。这是一所外国人建的房子，之前是英国领事馆，带一个很漂亮的花园，我把它用作同事生病时的疗养院。要我们放弃它，拱手让给"恶人"及其家人让我颇感为难。理所当然，我的犹豫引起了当地海关职员的恐慌。他们再三恳求我不要让自己和他们一开始就和岑大人为敌。我当然没有这

第十七章

个意思，我只是想让我们海关在这件事情上更有尊严。

因此，我特意强调，没有总税务司的命令我便撵出病人和他们的家属可能会给我们所有人带来霉运——尤其是对住在这所房子里的人。之后，我答应将房子交出，但提出了一个后来被证明非常有用的保留条款，即这所房子只能供总督和他的家人使用。

几周后，大家都知道岑大人不来广州，我得以用当初的保留条款确保房子回到它的合法所有者手中。

我当然已经将此事汇报给了北京方面，并且有人告诉我，如果岑大人向总税务司提及此事，我一定"会被扔到海里"。但是因为已对此有先见之明，所以我一直小心行事，倒也没出现什么不好的后果。此事其实也充分说明了海关税务司，甚至总税务司和清政府高官之间极其微妙的关系。如何在保持威权中的自主权（imperium in imperio）的同时使两边都不"丢脸"？有时，这真是棘手的问题。

9月，新总督张人骏抵粤，幸运的是，他也待我很好。他的主要幕僚温宗尧（1912年共和运动中的领军人物）、魏瀚（福州兵工厂著名的海军将领）、薛永年，都是我之前就认识的好友。

张人骏官话讲得很好，我们之间交谈基本没怎么用英语。他对演讲和写作很有兴趣，我还记得他给过我们一篇关于"文理"（Wên-li）①的论文，讲的是中国的每个阶级如何有着属于自己的"文理"——官的"文理"、商的"文理"、报刊的"文理"等等。我提到了近期召开的世界语大会，他似乎认为这个"万国话"，也就是普遍都用的语言，还是有些意义的。

---

① 在语言学中指汉语中与白话文相对的文言文，是19世纪在华外籍传教士使用的术语。

10月，海盗问题又被提及——并不是说又发生了什么特殊的海盗事件，可能是英国政府想让新总督关注这个问题。而我被派去向他陈述我们的想法。

此外，我还建议将刚组建的水警全部派往陈村（Chentsun）中心（珠三角本地的一个海关站），他们在广州港内并无什么大用。他们可以带上四艘汽艇、三十艘划艇以及约五百人的队伍。这可以说是"一石二鸟"的尝试，因为每年培训水警就要花费九万美元，老百姓乐意看到他们过去！

张大人是个很有骨气的人。当沙面领事团向他发号施令，要求他先向领事团打招呼时，他的态度就充分展现出他的性格。他拒绝这样做，双方争执十天后，领事团让步了，但在此之前，温宗尧已经在私下和集体场合告知领事团各会员国，"即便没有参见总督大人，也可以进行各种贸易活动"。这就将一个本不该出现的问题解决了。也就在这个时候，出台了一份关于进口武器弹药的新规则，在对规则中"once"一词的理解上，掀起了一场轩然大波。英文字典里的解释是"有一次，也仅此一次"。汉语版规则也支持这种解释；但如果这样的话，那么中国的每个"用枪者"都会竭力反对的，而且是立马（at once）！

最终，"once"被认定为"一次"。一切归于平静，除了那些注定要被猎杀的可怜的飞禽走兽，毕竟在官方权威解释下，进口用于狩猎的弹药几乎是不受限制的。立法道路上真的处处是陷阱啊！

我记得当时还就此写文章指出，虽然在汉语里听到"once"时可以理解为两次或更多，我们还是希望两种截然相反的英文释义不会在这个场合用到。正如之前提过的，在镇压海盗一事上，外方一直在施压。这主要是因为内河航运所用的汽艇都挂着外国旗。要让

第十七章

这样的船只飘扬某国国旗，必须向相关领事出具真实的外国所有权证明。这没有什么难度。外国人从中国船主处购入汽艇，再向他的领事出具买卖账单，正式登记为外国资产。同时，该外国所有者再将汽艇抵押给它原来的中国船主。通过这种简单手段，中国船主就为他的汽艇获得了外交保护，不用拿原有的所有权冒险，也没有哪个领事会再去探究此事。很多扬着外国旗帜的汽艇舰队都是这样来的，如果有哪艘被海盗抢劫了，该船的登记所有者就会要求外国政府干预。当然，从两广总督到他的下属，每个人都很清楚，外国所有者不过是"冒充"的，但面对买卖账单和领事登记认可，要反驳他的所有权相当困难，甚至毫无可能。外方要求广东省政府必须保护它管辖范围内的所有蒸汽船，否则外国军队将会被迫积极干预。现在，让所有督抚烦恼的就是这些动不动就提出的外国干预威胁，假如威胁成真，那所有相关责任官员肯定会乌纱帽不保，此外，清政府也会因在自己的水域内丧失主权而尽失颜面。我和温宗尧还有魏瀚商议后，向总督提出了一个江面巡逻方案，主要内容是：在每一个客运站配一艘警戒船；每个客运站和监视船之间设武装汽艇巡逻；还有一些体型虽小但动能强大的轮船，来来回回地查看这些配置是否正常运行。监视船上还设有一名高级官员，直接向总督负责。

地面部队协同作战，努力找出"海盗巢"，逮捕的所有海盗都将被严厉惩处。海关绘制了三大江和珠三角①的海图，详细标出每一个客运站的具体位置和每一个巡逻区的里程。这也表现出我们海关积极合作的程度。

---

① 珠江由西江、北江、东江及珠江三角洲诸河汇聚而成。

庆丕回忆录：我与中国海关（1874—1921）

  海关没有提出将任何巡逻汽艇、警戒船和监视船等归于海关管理，事实上，它们不应听命于除中国陆军和海军外的任何权力机构。海关也没有以任何方式寻求外国支援，因其秉持着一个理念：避免冒给外国干预提供机会的风险。只是，这件事情显然正在发生。英国总领事就曾问我，是否亲自和总督大人就海关负责镇压海盗措施一事进行过讨论。

  大概在这段时间，即1907年11月，英国海军上将阿瑟·穆尔爵士（Sir Arthur Moore）到访广州，会晤了两广总督。他们全面讨论了镇压海盗一事，上将提议此事应交由海关负责。我当时不在场，事后上将告诉我两广总督极力反对由海关负责。他提到，"总督大人还引用了你的话"。我赶忙借机将中国的整个情况汇报上将，同时也向他陈述了我个人不赞成海关负责的理由。对发生在广州的"佩奇"（Page）事件，他自然从未耳闻。佩奇是粤海关的英国雇员，一天晚上，他被派去监视盐枭。像往常一样，这样的场合他们都会带上一杆来复枪。第二天，一个中国人来到英国领事馆，状告佩奇前夜开枪打死了他的兄弟。因此，总领事将佩奇逮捕，拘禁候审。

  长话短说，佩奇最后被判无罪，但这给了我们海关一个教训，即在治外法权下，英国臣民被控犯罪时，不能以"这是他作为中国官员在职能内所犯下的罪行"为申辩理由，而是必须像其他人一样受审。

  中国当局已经宣判佩奇无罪，但对此，英国当局并不理会。①

---

  ① 在"佩奇"事件中，按照治外法权，英国领事指控佩奇犯有杀人罪，而清政府和海关则宣称他是作为中国雇员在职权内执行"国家行为"的正当措施。这一争端体现了海关税务司（缉私）与各领事馆（默许赞同走私）之间的矛盾，从中可以看出口岸领事馆对于中国海关事务的干涉。在中国民众方面，"佩奇"事件引起了民间对外国人的进一步敌视和仇恨。

第十七章

我向穆尔上将指出，如果由海关承担镇压海盗的责任，那么在履行职责时若出事，必须保证海关人员在英国刑事诉讼程序上享有完全豁免。要想达到目的，肯定会有流血事件。假如海关税务司，或是他的任何一个外国助手，都有可能因被控谋杀而轻易地被拖到领事面前，那么很明显，冒着这样的风险，我们的工作是很难进行的。上将马上就明白了我的意思，也看出深一层的困难。在中国的英国官方必定是要代表法典执行大英律法的，谁又能改变这些程序呢？同时还有个问题，在海关工作的有各个国籍的人，要想免除这样的国家法律，就需要制定一个国际协议。

上将很清楚所谓的"英国所有权"的可疑之处。有一次，他派人召唤一个混血英国人，这人在珠三角和三大江地区挂名拥有大约三十艘悬挂着英国国旗的汽艇。

当上将问到他（也就是这个英国人）在其中投资了多少资金时，这个人说这些汽艇是他的，但也承认有中方合伙人。穆尔上将拿出海图，让这位英国船主指出他的船在珠三角地区的各个贸易地点。这个英国人却答不上来。多么戏剧性的一幕！

当时大约有四十艘挂着英国国旗的汽艇，挂着三色旗的数量也差不多有这么多。这些可能都是"冒充"的，这一事实当然会削弱外国干预的理由，尽管中国政府还是要承担起为其臣民平定海盗的义务。

向鹭宾·赫德爵士汇报这件事时，我引用了他在1867年给广州办事处发的一封急件，并告诉他，他在那封信中用自己擅长的美妙简洁的英文所述的情况，正是我此刻写信向他描述之事。

广州城里耐不住性子的人已经开始感到惊恐，组织暴力抗议活动反对海关任何形式的干预。我补充说："照您之前定下的有效方针，我们可以安全而有收获地在我们效力的这个国家行走，但若是行动超出这些方针，我们只会引来憎恶。"我引用他的话来说："我们的干预会削弱中国官员在面对百姓时的权威。"这才是整件事的关键——外国干预会导致本土统治弱化；我可以毫不犹豫地说，不管我们可以获得什么暂时的好处，这个原则都是完全错误的，对此我一点也不怀疑。结果如我所料。一方面，英国方面指责我所谓的"受到两广总督影响反对海关控制"，另一方面，愤怒的中国民众也在总督面前对我们海关提出了各种毫无根据的指控。

不过，我们"身正不怕影子斜"，骚动很快也平静下来。不久，由十一艘军舰和几支哨船组成的英国舰队驻扎在珠三角和西江、东江的各个战略点，在广州的皇家卡德摩斯号（Cadmus）船长马金迪（Captain B. L. Majendie）担任高级海军军官。这是海盗杀害麦克唐纳医生（Dr. Macdonald）一事间接促成的。海盗在赛南号（Sainam）汽艇上将医生杀害，为此有十六名海盗被处决。

在这种情况下，两广总督尽了最大的努力。他安排广州市最有名的捕手负责实施打击海盗措施，示意他和英军指挥官合作。他们合作得很愉快，但让我们所有人都倍感失望的是，海盗没有出现。

英军舰队这样运作了两个月后撤离。英国海军上将告诉我，他对于中国当局可以很好控制局面还是相当满意的。

当然也有出错的时候，比如有一次，一个非常愤怒的法国船长拒绝英国海军登他的船。但理智和善意后来还是占了上风，结果证明那个高级海军军官确实能够胜任他的工作。我常常想起 1900 年李鸿章在任时的事。那会儿的抗击海盗行动中，让海关控制或外国支援都是不可能的。

他提出了用水陆合围法追捕海盗。"海盗不也是人吗？"大家都

第十七章

慌张地坐在那儿的时候，他会一边用拐杖敲着地，一边问道，"只要他们是人，他们就得睡觉。找到他们的老窝，连根拔掉！"

我一直敦促中方水师提督海陆两军齐下。尽管由于当时南部的动乱，我们在广州基本没有什么可靠的军队，但他还是听从我的话这样做了，而且效果也的确很好。

这段时间，我们也一直忙于各种建房计划，以改善海关工作人员的居住环境。粤汉铁路广州段的进展非常缓慢。第二等级圣米迦勒及圣乔治勋章（K. C. M. G.）获得者梁诚先生被任命来负责，也许是个好兆头。我记得他曾对我说过，作为广州本地人，拒绝族人提出的各种要求有多么困难，但这些族人完全不适合在铁路局工作。他伤感地说道："一个人的母亲对他破口大骂，仅仅因为他没给讨人喜欢的侄子安排个很好但完全不适合的职位，这时他能说什么呢？"① 魏瀚是广九线中方负责人，当时广九线路段进展很好，魏瀚工作比较轻松，因为他总能在遇到这样的麻烦事时把外国工程师的反对意见摆出来做借口。

1908年年初，弗雷德里克·卢吉爵士（Sir Frederick Lugard）及夫人访问了广州。原来他是我弟弟罗塞尔（Rossall）的老同学。两广总督对于他们的来访很高兴，还邀请卢吉夫人和总督夫人见面。总督夫人带着卢吉夫人参观了衙门里所有的内室——这已经是很高的礼遇了。

在新的一年（1908年），还有些其他令人困扰的问题，其中就包括英国提出的汽艇新规则。但在我看来，这又被下面这件事夺去了关注。2月5日，广东水师吴敬荣参将指挥的一艘中国炮舰在澳

---

① 此句中的"他"似应为"我"，疑为作者之误。

门港口外扣押了一艘相当大的日本蒸汽船（二辰丸号），原因是它试图在澳门卸载武器。由于受到葡萄牙警方船只的恐吓，吴参将决定将他的战利品带回广州，但它只能驶到位于黄埔港下游十五英里处的布莱克点（Blake Point），因为重达一千九百吨的二辰丸号拉了一船煤炭，吃水二十三英尺。

两广总督马上决定处理此事，派人来请我。我向他解释说，这与澳门拱北关无关，也不是粤海关扣押的货物，但我愿意为此事提供帮助。他向日本领事通报了扣押情况，并告诉后者，他已经委任道台魏瀚和我这个粤海关税务司作为他的副手，按照联合调查程序查明这起事件。在我看来，这分明就是一起"军火走私"案件，因为该船是被租用从日本运煤到香港，船上八分之五煤炭的所有者太古公司也认为，该船绕过香港岛到澳门附近（扣押事件事发地）的确有违租船合同。

船上大约有一千五百支来复枪和四万发子弹，交付给了澳门的一家中国公司。长期以来一直有传言，在葡萄牙警察局的保护下，澳门的军火都是直接从日本进口的。大家都认为目前的情况也是将真相公之于众的机会。日本政府肯定会为了它自己的利益尽最大努力，对此大家丝毫都不会怀疑。假如它能立即同意广州当局提出的联合调查提议，那对两国之间诚信的贸易往来是最好的。

整件事随后应在公开法庭商讨解决，弄清事实并记录在案，然后交由外务部（位于北京的中国外交部）和北京的日本公使做决定。不管做出怎样的决定，至少都应依法，这样在处理案件的过程中，本不会有不满充斥其间。但是日本领事没有参与调查，而是奉命要求中方立即释放船只。在这里应该提一下，在等待北京方面给出最终裁决期间，总督援引的联合调查规则允许在缴纳适当保释金

第十七章

的条件下立即释放船只。因此,日本政府实在没有什么借口采取强硬手段以及提出无理要求。但是日方不仅要求无条件释放遭扣押的船只人员,而且还要求处罚扣押它的人,并向日方道歉,承诺不再发生这样的事。两广总督当然不可能接受这样的处理办法,他坚持原来的主张,要求成立联合调查法庭。

但同时,这些规则的上诉期限已到,假如中国政府下定决心,那就可以没收船只。

案件被移交到北京处理,两广总督和外务部之间频繁电报往来。

对于他们之间的这些电报来往,就不在此赘述。情况真的很简单。二辰丸号从日本运煤到香港的租船合同中,禁止其在这些港口之间偏航。但船是在澳门被抓的,经由葡萄牙允许在那儿卸下武器。扣押的时候,武器实际上已从船上卸下。总督认为这毫无争议地构成了暗地走私交易的事实,要求调查,但日本政府拒绝了这一要求。1908 年 3 月 3 日,两广总督收到外务部寄来的一份长电报,其中列出了中方所犯错误的十七条要点,电报作者正是海关总税务司赫德爵士等杰出人士,这令广州方面颇感失望和愤慨。

两广总督匆匆派人来请我,我发现他沮丧和不安。他不能理解为什么总税务司不支持联合调查的要求。我也不能理解——尤其是总税务司之前还要求我"全面协助两广总督进行联合调查"。他提出了十七条要点,我仔细地读了一遍,感到无比惊讶。从中几乎看不到这位老总税务司的魄力,好像他完全不了解此事,且对此感到困扰。两广总督并非没有幽默感,他带着一丝怪异的笑看着我说道:"你们的总税务司在十七条要点中说我们应该负责任,你怎么看呢?"

事实上，关于此事我有很多话要说。我告诉总督，他对每一点的回答都很到位。但是，考虑到我对总税务司的职责，我环视在座的所有人，补充说："我知道，假如总税务司在此，了解阁下和我们所有人都清楚的事情原委的话，那他一定会同意我们的观点的。"两广总督将我的回答传达给了外务部，他同时不愿妥协，敦促外务部坚持进行其建议的调查。外界都对他很同情。广东人，不管是上层阶级还是老百姓，都站在他那边，而且领事团——除了葡萄牙和日本领事——也都支持他的行为。

碰巧的是，十七条要点寄来时，英军总指挥官阿瑟·穆尔爵士正在广州，他毫不掩饰对两广总督的同情，强烈谴责那些明知武器的目的和用途，还要想尽办法把武器运到这些地区的人。海军上将见到了两广总督。他非常清楚，假如这样的武器进口行为还合法地继续下去，那清政府就不可能成功镇压海盗。他的观点很有分量，也给在座的所有人带来了宽慰。总督尤其备受鼓舞，决定按兵不动，坚持他一直的立场。

上将的看法是，假如允许澳门方面以这样自由的方式进口武器，那要求清政府消灭海盗或镇压动乱根本是无稽之谈。这种看法在政界和非政界都得到了支持；而且实际上，香港当局长久以来都限制向澳门出口武器以示对清政府的支持。当时还有公开的传闻，说澳门某些高官与此"利害相关"。因此，很有可能，日本政府在二辰丸号被扣前对于这些事情不甚知情，后来才来负责这些他们本应阻止的勾当。其他事也无须多言。作为两广总督的上级，北京政府则无条件对日本政府做出让步。消息传来那天，整个广州都弥漫着哀伤。而总督展现出真正的儒家风度和尊严。全城都充斥着愤怒之情，总督衙门门前场面壮观。衙门院子里满是广州知名人士，身

第十七章

穿丧服，扛着丧幡，公开抗议，令人动容。总督走出来，站在台阶上，以最有尊严的形式发表演说。他为发生的事深感愤慨，强烈谴责接受失败的软弱行为。"但是，"他补充道，"作为忠诚的臣民，我们只有遵从圣上的旨意。"这次事件就这样结束了，日本政府和中国外务部都信誉尽失。收到总税务司要我协助两广总督的指示后，我在这件事上尽心尽力，起早贪黑，和总督府幕僚们一起忙于准备开庭陈词。清政府方面唯一做错的就是吴参将将二辰丸号船上的旗帜撤下。吴参将解释说，他这么做，是因为他认为势必与葡萄牙起冲突，不宜在日本国旗下和葡方警舰作战。

这是个很尴尬的事件。但我们还是当机立断，告知日本领事我们承认吴参将所犯的错误，我们会通过国际惯例来赔罪——道歉并鸣炮——我们也希望日方可以将国旗事件和船舶扣押事件分开考虑。

但是，日本自然希望能从清政府这个失误中获利，重点强调所谓的"侮辱国旗"一事，转移大众注意力，避免审判它的不光彩行为。在这种情况下，他们的要求是荒谬的。应两广总督请求，海关估价员仔细检查了缴获的武器——我也在现场。一共有老式的一发毛瑟枪五百把；1884式九发的毛瑟枪九百六十把；1892式十三发的温彻斯特（Winchester）卡宾枪四十把。弹药包括三万四千发由天津兵工厂制造的毛瑟枪子弹，其中一部分很可能是日本获得的庚子事变的赔偿，还有六千发非常老式的欧洲造毛瑟枪子弹。粗略估算下来，整批货物价值六千二百块墨西哥鹰洋[①]。不过外务部在没有知会广州的情况下，答应了日方二万一千四百日元的索赔。整个

[①] 墨西哥鹰洋即墨西哥银元，后讹为"英洋"，是指1821年墨西哥独立后使用的新铸币。墨西哥鹰洋的成色比其他外国银元要好，而且多年不变，人们都乐于使用。清末民国时期，外国银元输入中国者，属墨西哥鹰洋最多。鹰洋在中国南部、中部各省流通非常广泛，几乎成为主币。

索赔金额为二十一万八千块鹰洋,从广州当地财政收入中拨款支付。

没有人责怪两广总督;大家憎恨清政府的无能和日本人的骄横傲慢,尤其是广州的上流阶层和七十二行商总会(他们实际上是这座城市真正的统治者)之中,这种憎恨之情更是深入持久。广东人其实一直想要"自治",1900年义和团运动之后这种想法赢得了更多支持:广州没有爆发义和团运动,却被要求分担清政府的巨额赔款。二辰丸案为分裂分子的计划添了一把火,当时有这样的预言,日本人总有一天会为他们没有在这次事件中秉持公平的精神和没有按总督的意愿合作而深深懊悔的,这一预言很快成真了。没有人谈起要抵制,甚至没人提这个词,但不知怎么回事,广州的日货需求开始减少。日本领事经常问我这是什么原因,我总是彬彬有礼地笑答,可能中国人对日货的喜好变了吧。

虽然暂时受挫,也没有国际联盟这样的组织可以伸张正义,但公众的关注也是武器。在一位聪明且富有同情心的美国记者的帮助下,广州民众勇敢抗日的故事传向了世界,其中强调,为对抗常常对无辜旅客施暴的土匪和海盗,数年来省政府耗费了大量人力、物力。省政府已经为镇压海盗做了大量努力,但因为他们可以轻易通过澳门这个声名狼藉的薄弱点进行军备武装,镇压海盗变得难上加难。

二辰丸案表明,武器装备能成批地从日本直接进口到澳门,而且葡萄牙和日本政府已做好准备阻止中国政府干涉这一交易——要记住,这是在中国自己水域上进行的非法交易。这一切种种,都被朴实无华地记录下来,刊登在世界各地的新闻上。广州方面唯一的希望是,通过宣传可以对国外,特别是美国的公众舆论起到引导作

第十七章

用。这样一来，再对中国进行这样的威胁就没那么容易了。在这方面，广州成功了，但是整个事件动摇了中国对外国政府诚意的信心，且两广政府也越来越不喜欢中央的控制。我们还记录了一段有趣的插曲。在上海演出的戏剧《勿忘国耻》中，主角就是粤海关税务司。这一角色说出了许多尖刻的批评。开场时，他说道："我的办公室处理货物向来尽职尽责，不偏不倚。"然后，许多员工进来向他汇报，他们扣押了装有武器的日本汽船二辰丸号。税务司说："稍等，待我向张总督汇报，并要求日本领事调查这次事件。"之后一幕，他再次登场，将发生在澳门海域的扣押事件和日葡双方对此的反对与给外务部带来的麻烦联系起来。他继续说道："当然，众所周知，外务部肯定是心向外国人的。而且，究竟哪儿是澳门海域？哪儿是国际海域？外务部对此根本一无所知。他们当然非常鲁莽地对待这次事件。但两广总督发电报表示拒绝屈服，官厅（Kwanting）① 里的人们也一样。但结果证明他们做的一切都是徒劳。据说，今天早上就要释放二辰丸号，不仅仅是释放，还要鸣炮并赔偿。听，炮声响起来了！听，轮船上的欢呼声！听，中国人民痛苦的哭泣声！我不多说了。我能做的只有放声大笑——哈哈哈哈！"

这部戏显然充满了挖苦意味，且今日看来都很独特。但它说明了日本的专横霸道和中国政府的软弱无能如何深深地伤害了中国人民。

1908 年 10 月，鉴于我在二辰丸号事件中尽心尽力的表现，朝廷特别降旨，授予我第二等第二级双龙宝星。这几乎是光绪皇帝这

---

① 政府机关的旧称。

个薄命天子颁布的最后一道圣旨。和往常不同，这枚徽章并非是通过总税务司到达我手中的，而是直接由两广总督授予。这可能是因为，尽管外务部行事软弱，但他们和两广总督以及广州士绅一样，对于向来可信的总税务司在这次事件上背弃中国还是感到十分不快。当总税务司还在以哲学思维思索列强对中国的瓜分时（见《这些从秦国来》），他的所作所为唤起了义和团运动后中国人心中对外国人的诸多怨恨。

人们觉得，一个"吃了这么多年中国大米"的人，怎么会建议甚至同意推翻中国的独立主权。鹭宾·赫德爵士离开了中国，再也没有回来。遗憾的是，他最后一次代表海关官方的行为，却令那个待他慷慨、十分信任他的国家失望。他从没受人爱戴过，即便是受过他恩惠的人也没有爱戴过他，更不消说那些京城里非满洲旗人的高官；但他备受信任，而在许多人看来，在上述两个事件中，他背叛了人们对他的信任。

第十八章

广州轮船行会罢工——我作为原告在英国领事法庭的经历——周日贸易和瘟疫患者——1908年光绪皇帝和慈禧太后之死——在广州出席最后仪式——广州自治会和方言小报——花舫大灾难——参加广九铁路广州站奠基仪式

二辰丸号事件甫一解决,两广总督又面临新的问题:轮船行会策划罢工。这多多少少也算是海关事务,我马上发现自己也卷入其中。罢工的表面原因是,要求海关不再指定有资历的外国工程师监管轮船上的机械和船壳。最初进行这种监管是因为轮船锅炉有问题,且提高蒸汽压力方法不当,造成诸多事故,致使多人丧命。有效的应对之策便是监管安全阀的自动工作!

我竭力反对行会废除海关监管的要求,一遍又一遍告诉他们,中国海关要么是中国的,要么就什么都不是。行会对此和我一样清楚,但还是坚持继续罢工,直到整件事的联合调查结果被上报给两广总督。珠三角整个与轮船相关的航运突然停运。邮政相关安排也陷入瘫痪,但由于邮政局长的努力,邮政业务很快通过使用无数舢板部分恢复过来。行会清楚自己的能力,也知道总督背后没有靠山。因此，大罢工自然会达成目的。考虑到罢工给公众带来的刺激，两广总督不得不让步，暂停了海关检查。我立即默许了，因为在该事件早期我就认识到，对海关控制的不满只是广州人民想要自治这一愿望的另一种表征而已。

之后，这种情绪大大助力了孙中山建立中华民国。但奇怪的是，令人敬畏的前两广总督岑春煊，之前是孙中山的支持者，现在却反对他，我不清楚他这样做是为了恢复中国大一统还是为维护广州自治。据说，岑春煊这个土生土长的广西人，年轻时在广西镇压叛乱，吃了一个土匪的心，因为那人虽然臭名昭著但勇猛异常，吃下他的心就能同样强悍。许多中国人相信这种迷信的说法。不管传言真假，有一点可以确实，那就是不论岑春煊在哪儿，他的话就是王法。

说回1908年4月的广州和当时的难题。轮船行会取消了罢工，我们唯一满意的是，多亏海关监管，整个船队还是秩序井然，能顺利运转一段时间。直到一系列疏忽和爆炸的产生，再次证明了我们这六年来工作的必要性。我认为，两广总督的这种态度是必然的。广州的罢工很快就会导致骚乱，而骚乱要么被平息，要么被镇压。那段时间里，李鸿章一派中几乎无人手中有权。

差不多同时，我在英国领事法庭对粤海关中的一名英国人员提起刑事诉讼。初步证据似乎已经足以定罪，但法庭，也就是总领事加两名陪审员，却不这么认为，宣判此人无罪。尽管我深受煎熬，但还是在法庭坚持到最后；虽然我早就知道法庭可能会做此裁决，但还是万分愤慨。

首先要说明一点，那时天气炎热，法官们显然不太自在。主诉陈述案情后，被告被要求进入证人席，为其"无罪"抗辩宣誓作证。他拒绝这样做，但最不合适的是，法庭居然允许他在庭上发表冗长陈述（不是宣誓），他最后请求不要被判到堪称"人间地狱"的香港监禁。后来我们才知道，他曾在香港经历过两年这样的监禁，他当时的罪名和这次类似。

尽管当时情形也有糟心之处，但我还是不禁发现其中如滑稽歌剧般的幽默可笑。审判前，法官就告诉我，他认为被告会认罪。但审判后——他的判决书上的墨迹还未干透——他又立即相当欢欣地说，他认为被告所犯罪行并无道德疑点。主陪审员是一位身材魁梧的约克郡人，喜欢装腔作势，好显得自己是货真价实的英国人。在法庭上，他戴着眼镜，机敏地盯着邪恶的海关，尽职尽责；但随后我在俱乐部碰到了他，他心照不宣地背弃了自己的裁定，并抱怨说海关律师对案件的陈述太糟糕了。他习惯于在俱乐部会议上担任主席，会议上人人热烈讨论，然后又收回所说的话，显然，他们根本不知道何谓法律礼仪之庄重。

另一个陪审员则截然不同，是那种令人尊敬的先生。坦率地讲，他十分诙谐，这从审判后他说的"无罪，但不可再做这样的事"中就可看出。他还平静地笑着对我说，他没有因为被告不入证人席而指责他，并且补充道："人为什么要自己上吊寻死呢？"有意思的是，没过多久，这位生性快活的人自己也在这个法庭因同样的罪行（贪污，不过数额更大）获刑两年。

然而，现在回首这一切，我对这样的判决并无遗憾。我向上请示，得到回复说，如果可能定罪，就要提起诉讼。这当然是爱尔兰式看问题的方式。我应该是通过电报回复了，"哎呀（Be Jabers），我不知道"，而后等待进一步指示。

庆丕回忆录：我与中国海关（1874—1921）

　　海关一直都守安息日①，禁止轮船周日抵达广州，但现在有人决心尝试周日引轮船入广州。香港东华医院是一家带有政治倾向的华人慈善协会，它找到海关税务司，要求海关在香港每年鼠疫暴发的时节允许轮船周六离港驶往广州，周日早上抵达，乘客下船。他们指出香港的公共卫生管理十分严苛，还说，华人要是没能在周六晚离开香港，那就要受苦了。轮船业主当然都万般迫切，希望周日能像其他日子一样，获允进行贸易，东华医院的董事们劝说梁诚爵士与我一道跟进此事。讨论许久后，我让他明白了问题的真相，那就是在慈善动机的掩盖下，有人试图获允周日进行客运交易。我认为，就算有特殊医疗监督，我们能做的也只是允许小汽船运送病人，但同时我要他别忘了，东华医院的提议实际上是想方便将瘟疫患者引到广州来。我告诉他，就像我们每天都能在普通轮船上看到死人一样，这样引进病人的风险是非常大的。尽管我们对此几乎无能为力，但至少不该加以鼓励。最后，梁诚爵士向东华医院和两广总督建言反对这一提案，它因而暂时被搁置下来。

　　就我们办公室而言，我的立场非常简单，那就是"无能为力"（non possumus）。内河汽轮得到了许多"条约外"特权，作为交换，不得在"周日进行贸易"，是他们必须履行的义务之一。除了监管已在港口的船只，我们没有人手在周日履行其他职责。

　　我经常和两广总督讨论瘟疫的问题。他坚信这个病没有感染性或者说不会"过人"（Kuo-jên）——他说对了，现在普遍为人所接受的"病毒由跳蚤携带"的理论证明了这一点。他还说到——这也

---

① 《圣经》记载，上帝在六日内创造天地万物，第七日完工休息。犹太教尊这天为圣日，名之"安息日"（即星期五日落到星期六日落的一昼夜时间）。基督教继承了犹太教的规定，为了纪念耶稣，将七日的第一日（星期日）定为主日，在主日守安息。

192

第十八章

是事实——从香港来的病人在广州往往都康复了,但是在香港,百分之九十八的病患都病死了。我可以保证,这的确是真的。假如在病情初期,往淋巴结肿处贴上广州瘟疫膏药,患者就有百分之五十的机会康复。如果淋巴结肿继续发展,头五天里膏药能完全渗入,那病人总是会康复的。这种药物是千奇百怪的东西混合到一起制成的——还含有人类粪便——但它确有疗效,而那时,哪怕是在香港最好的西医手中,所谓的科学疗法也失效了。

几年后,在肯辛顿(Kensington)教会会议上,我听到一位著名医学家对中药进行强烈谴责。他讲完后,我斗胆提到我在广州的经历,赞叹中国膏药的神奇。这位名人看上去似乎很不屑,但也没说一句话,可是我能看到在座的听众都很讶异。一位素未谋面的女士在我离开前抓住我的手说:"很高兴您为治好瘟疫的膏药说话,它救了我女儿的命。"我到处找那个医学家朋友,但他已经没影儿了。

还有一件激起广州民众极大兴趣的事,那就是北京开办了税务学堂。这是鹭宾·赫德先生的想法,意在培养有素养的中国人,以满足海关对人才不断增长的需要。考虑到中国传统,考生需在各大城市参与遴选,选拔出的优秀者进京参加考试。两广总督是一位伟大的教育家,他非常重视这项考试,并指定当地一名高官和另外九名官员同我一道负责此事。他还将师范学堂借给我们——一座在贡院原址上建起来的现代建筑——用作考场。尽管时值大暑,城里鼠疫霍乱蔓延,城外洪水泛滥,三百多名应试者还是纷至沓来。广州刚刚经历了一场几乎和台风威力一样的暴风雨,人们都还胆战心惊的。但是尽管如此,四十个名额中广州考生获得了二十二个。所有人都齐心协力,总督本人也出席了闭幕式。

我最初对税务学堂持怀疑态度。中方海关工作人员主要是由香港皇仁书院（Queen's College）提供培训。这是一所古老的书院，主要宗旨是为其学生提供优质英语教育。当然，这是就华南地区而言。上海也有几家类似的优秀学校。不过我更倾向于将现有的中国职员晋升到助理岗，这样他们就有资格在内班继续晋升；而不是招进税务学堂毕业生，来取代现有职员，或优先考虑前者。但现在，这两类人被认为都可以担任内班的任何职位，而海关体系也运作良好。

10月，梁敦彦到访广州，他是现代中国人的杰出代表。我派人驾驶海关小艇福门仔（Fumentsai）将他送回内陆的家中。福门仔是一艘相当不错的战斗小艇，由一名外国人负责。虽然在李准提督的努力下，海盗已不像之前那么猖獗，但我可不想冒任何风险，让总税务司专门交代我好生照顾的这么一位名人在我这儿出事。一切都很顺利——不知道是由于我预防得当，还是海盗大发善心，也许他们更喜欢掠夺战利品，而非攻击名人这一危险重重的荣耀行为。

当光绪皇帝和慈禧太后去世的消息传到两广总督耳中时，广州城一片哗然。随后他收到庆亲王、那桐和袁世凯签名的电报，这份电报对安定民心起了很大作用。不久，天津总督也发来电报，说现在一切都很平静，报上谣言都不可信。我当然也收到了代理总税务司裴式楷爵士发来的电报。出于安抚人心的考虑，我把电报内容告知了两广总督和其他高级官员。在这种情况下，这些消息自然能平复他们的情绪。

后来，在两位副税务司和代理邮政局长的陪同下，我正式拜访两广总督，给予慰问。对此，他甚为赞赏，会面结束时，特意让我

第十八章

留下。其他人退下后，总督很认真地低声和我讨论当前的政治形势。他似乎很担心一些秘密结社的阴谋活动，尤其是"革命"。他还向我询问沙面外国领事的"防御准备"做得如何。他说，曾有人就此事致电外务部，外务部要求他进行询问。我能说的就是，基于近来各种事件，我们处在一个危险的时期，不管是外国人还是中国人，都会感到焦虑，但是比起之前类似形势下应做的必要准备，沙面方面做的只多不少。

我又提起岸堤事务，就是拟议的沿广州城外的江修路。我多次暗示他，岸堤建设局工作低效，非常抵制海关，不和任何人直接沟通。我还再次向他解释海滩遭到的破坏。由于大型客船的需要，岸堤建设局许可修建了许多竹制小码头。为了牢牢系住船只，他们往河床中打入沉重的系缆桩，导致新堤前的泥沙快速沉积。海关抗议了两年多，但徒劳无功。我告诉两广总督，除非我们能赶紧作为，在螺旋桩上铺设不会造成淤塞的钢铁码头，不然整个岸堤工程将彻底失败。

总督认真听我讲完，授权我下令拆除所有小码头，并说他也会将该指令告知建设局。当然，我们双方都知道，这样的话之前已说过多次。麻烦的是，一旦我们采取什么实际行动，那么行会，尤其是轮船行会，就会武装起来，通过各种可怕的罢工和警告进行威胁。这样总督就会开始担心，因为在广州很容易发生暴乱，特别是形势紧张的时候，这无可争议。所以，我们不得不做出一些妥协，这样一来，对河流的破坏就继续下去。

前几日，英国江轮佛山号（Fatshan）上发生的一件小事就说明了麻烦有多么容易发生。一名葡萄牙值守人员用力摇晃垂死的中国乘客，想唤醒他付船费。船上大约有六百名乘客，那人称自己遭到殴打，随后很快死去，船上立即陷入骚乱。颇有本地经验的船长平息了骚乱，向大家保证，等轮船一到广州港，就会展开全面调查。那时是午夜，船只于黎明时到岸，没多久就展开调查。领事馆的医生看了尸体，发现没有任何暴力迹象，证明其属于自然死亡。许多中国医生来到船上，用拳头击打尸体各个部位，给出明显相反的结论。领事在船上部署了全副武装的士兵，大约下午四点时将尸体郑重装入地方官员提供的昂贵棺材中。船上士兵被撤回，船也离开广州回香港。有关方面承诺会在船只再回来时给出进一步调查结果。但是当船第二次抵达广州时，民众的兴头已明显减弱。

毫无疑问，若没有当地媒体报道，这件事将再也不会被提起。可不幸的是，媒体报道了广州自治会（Self-Government Society）等组织的所作所为。他们最后深信自己编造的完美故事，甚至让一些体面的人也认为，报道中的大量指责一定有其根据。事情发展成这样，令总督更为担忧，也增加了及时解决问题的难度。报道对每件事都大肆宣扬，但普遍都是歪曲了的！"自治会"准确来说不如叫"自我宣传会"。"因此才会有这一片喧闹。"

12月2日，两广总督和所有官员，不论是负责内务的还是军事的，都在万寿宫向新皇致敬。全部领事机构也参加了，但是，由于一些误解，或者可能怕被误解，他们没有出席正式仪式。但税务司，及他的两名副职，还有邮政局长都以正确得体的中国礼仪出席了所有仪式。我们身着丧服前往，在万寿宫把黑领带换成彩色的，由总督幕僚带到皇上的宝座前，深鞠三躬（英国宫廷风格），然后过去祝贺总督。所有官员来时都穿丧服，在万寿宫换礼服，最后再换回丧服离宫。我们也换回黑色领带。这个仪式相当不错——简洁又庄重。唯一的差错是葡萄牙总领事翻译的失礼，不知缘何，他匆

第十八章

匆向领事翻译总督对于领事贺词的回复。但是，一名中国随从官员耐心地等到这位葡萄牙人操着"洋泾浜"英语翻译完总督的话后，得体地以完美的语音语调译出了总督真正的答复。

这年年底，中英之间发生了一件独一无二的怪事。有人通知我说，两广总督下令扣留了一艘名为"泰昂"（Taion）的汽船，因为它和一起造成十三人死亡的碰撞事件有关。我起初没明白，因为我知道这艘船挂英国国旗，且在香港和广州之间进行贸易长达十七年。所以，我去找英国总领事了解实际情况。他们只给出了表面上的解释，他和副领事都承认他们无意中误导了总督，他们本身也是被香港理船厅误导了。他们都以为总督调查询问的是一艘汽艇，并向总督保证英国旗下没有登记这样的船只。因此，总督的行为，或者更应该说李准将军的行为，都是在没有知会粤海关税务司的情况下进行的。

我立即写信给总督幕僚，示意中国应撤回这样的行为。同时，我也收到一封代理总税务司发来要求调查此事的电报。我和总督的幕僚一起做了些准备，并争取到梁诚爵士和魏瀚对释放船只的支持后，我去见了两广总督，以总税务司的电报作为干预此事的借口。两广总督和颜悦色地接待了我，却无意在这时释放汽船。他说："我是在确定这艘船不是英国的之后才这样做的。"最后他问我（他惯用的伎俩），如果我是他的话，我会怎么做。

我回答说，我会轻松对待，而且我会主动给总领事写信，告诉他，我曾问过他，这艘船是不是英国的，他和香港理船厅都回答说不是，此外，香港当局还补充说，船或许错挂了英国国旗。而现在，他们又一致说，船是英国的。假如税务司是两广总督的话，也会接受这样的声明，只能说，连英国当局都不清楚哪些船是英国的，哪些不是，看来今后在英国船只的问题上他最好问总领事两遍。听闻此言，总督大笑，但他说，他得为百姓着想，这艘船被指控涉及撞击溺亡事故，但数月来毫无处罚，广州百姓义愤填膺。我并不反对他的说法，但我告诉他，如果他坚持不放船，那他也无法让英国领事惩罚该船。而且同样地，在条约规则裁决下，他自己也不能对一艘确属英国的船只进行惩罚。

我跟他谈了大概两个小时，让他自己权衡形势。回去的路上，我见到英国总领事，建议他给两广总督写封信，说明只要他们释放船只，我们就会对相关指控展开全面调查。总领事这样做了，而且第二天还去见了总督大人一面，双方约定以适当的保释金为条件释放泰昂号，如果需要进一步审判，该船一定要随时出庭。因此，由于相关人士明事理、讲诚信，一场很可能轻易演变为二辰丸号事件的冲突被扼杀于萌芽。

但很长时间里，广州都不甚平静。1909年1月1日，佛山号船惹了新麻烦。法庭对那位葡萄牙值守人员做出无罪宣判，广州自治会并不满意，认为在先前事件中他要对中国乘客的死亡负责。约几百个苦力在码头闲逛，偶尔大喊大叫。已经上船的乘客见状惊慌失措，纷纷下船。中国警方很快就过来赶走这些苦力，清理码头，英国海军当局也派来一批海军登船。我下到了码头，和当地官员在警卫室坐了会儿，在场的还有佛山号的劳埃德船长（Captain Lloyd），我们一起聊到下午五点一刻，直到船启程离开广州港，前往香港。这一切都很可笑也很琐碎，但就是这些小事，如果没能及时处理，很容易就会失控。所谓激情澎湃的中国爱国者——由完全不负责任的方言小报支持——是听不进任何道理的，负责的官员们也很为难，不知道该拿这些人怎么办。我有时会感慨："李中堂大人就很

第十八章

清楚该怎么对付这些人。"他们就会笑着说:"哦,那是不一样的。"的确——很不一样!

大概也在这个时期,发生了一场骇人听闻的大灾难,就在城外东溪的花舫停泊处。一艘花舫上的普通灯泡出了问题,引发大火,火势以骇人速度迅速蔓延。三十艘双层大船被烧毁,船上的男男女女,不是烧死就是淹死。死亡人数不下五百。据说伤亡人员里还有许多乡绅、商人、官员家的孩子。自然,我们注意到,这些人家对事件相关细节都保持沉默,因为没人想承认上了这种船。

这对于有官衔的人来说,更是尴尬。先帝驾崩,百官都需服丧,禁止作乐,特别是男女交媾。这些规矩非常严格,假如这些官员的妻子渴望丈夫在这一期限内给予欢爱,都会被认为是不端的行为。

这次事件之所以伤亡惨重,主要是由于水警采取的措施不当。显然,他们听说过国外的一种救火措施,即在火场外拉警戒线。但不幸的是,他们拉的警戒线太严密了,导致很多本可以轻松逃离火场的人身陷火海。这些警察实际上阻止了外面的小船来参加救援、拯救生命,整起事件的混乱令人震惊。两广总督非常生气,斥责那些在国丧期内登花船的人,命令藩台依照律例彻查官员的社交习惯。

火灾发生于周六晚,我第二天到达现场,看到浅滩上一排排烧焦的、溺水而亡的尸体,感到心痛不已。尸体的体型、身高不一。有年老体胖的商人,衣冠楚楚的年轻人,还有像濮兰德那首著名的短诗中所描绘的"油画中的花样少女"。周六晚上,海关值夜人员判断有误,以为那火焰不过是浅滩上民房里常亮起的星星点点火苗中的一束,没有将其汇报给上级,酿成不幸。如果海关获悉起火,并让我们的消防车及时赶到现场,我至少可以断言,水警就不会采取上面提到的那些措施,死亡人数也会减少很多。

慈善协会像往常遭遇紧急情况时一样,及时处理了这些状况,安葬了所有无名死者。奇怪的是,在其他事情上很容易激动起来的民众,对这次事件的反应却很平静。

但我在广州的日子就要结束了,我的继任者一来接管港口,我就获得了两年的休假期。我帮助总督做的最后一件事情是在1909年4月7日,出席了位于大沙头(Tai Sha Tan)的广九铁路广州站的奠基仪式,它就在广州城东门外。香港总督和殖民大臣都来参加该仪式。在中国人看来,这一仪式很顺利,没有任何不愉快。我们中的一些人感到,香港总督在讲话里,过多谈论了广九铁路将内地与香港连接起来给中国带来的益处(虽然是好意)。他的这个态度让我想到鹭宾·赫德爵士的一件轶事,他提到了清朝官员文祥的一则评论——"英国总是以惹人不快的方式给中国提出好建议"。香港总督这样做让人以为,他是在利用这样的场合让两广总督知道他对广州政府的看法。然而,张大人看起来一点也不恼怒,不论对错都微笑待之,只有脑子转得快的人才能做到这一点。大部分时间,我都在他们二人左右,我也相当喜欢这样。

1909年5月8日,我将粤海关交接给我的老朋友兼老同事欧森(J. F. Oisen,现在是丹麦驻北京公使);5月11日,我离开广州去香港。10日那天,我去拜访两广总督,向他辞行;临走那天,他亲自为我送行,使我深感荣幸。我们所有的朋友——不管中外——都来送行,我心中百感交集,使我既万分感动,也深感遗憾。

第十九章

鹭宾·赫德爵士在他的伦敦寓所——向伟大的总税务司辞行——我被任命为上海造册处税务司——早期的退休金制度及后续——上海的革命者——一起铁路事件——上海国际童子军——鹭宾·赫德爵士之死——安格联先生（现在的弗朗西斯爵士）继任——鹭宾·赫德爵士的纪念塑像——（辛亥）革命的领导者——伍廷芳、唐绍仪和温宗尧——退位诏书——莫理循与那场革命——孙中山的失败——伍朝枢恳请承认中华民国——我调任厦门

一到伦敦，我们就马不停蹄地赶往位于马特洛克的斯梅德利水疗院，但之前的那位经验丰富的医生亨特（Hunter）已经离开，我们很快发现新的疗养方法对我们并不适用，所以1909年7月25日，我们返回伦敦。妻子再次生病，病的时间还不短，所幸遇到了深受我们信任的老朋友哈蒂根医生，他之前在香港，现在在伦敦。妻子的病由他主治，好了许多。但是她病了许久，很多计划好的事情也搁置下来。口炎性腹泻毁了1902—1904年两年的长假，现在，厄运再次来袭，使我们痛苦不堪。

因而，当我去老总税务司在伦敦的寓所拜访时，心中百感交

集。我在1909年10月3日的日记中记下这次造访:"拜访鹭宾·赫德爵士和夫人。见到布鲁斯·赫德(Bruce Hart)女士。总税务司非常客气,还对我说,相比伦敦的家,他更喜欢他在北京的平房。他看起来很好,但比起他真正的身份,倒更像一个卫理公会牧师。"

这是真的。在赫德夫人的客厅里,他看起来最不协调。夫人的客人多是些肤浅的"时髦人",根本欣赏不了鹭宾·赫德先生不那么时髦的外表下的内在。

之前,我和义和团事变时认识的老熟人李经方又有了来往,他是中国驻伦敦公使。他是侯爵(李鸿章)的养子,在英国,人们都称他为李大人。他是个有钱人,把位于波特兰广场的公使馆四周装点得光鲜亮丽。他也是上流社会公认的极文雅而成功的待客主人。

1911年2月5日,我拜访鹭宾·赫德爵士和夫人,向他们告别,当时我并未意识到,这可能是我最后一次见到他。他当时面色不佳,脸上满是胡须。他在室内待得太久,整个人无精打采,但在谈论海关事务时,他看起来很是愉悦。我对自己将来在中国的职务一无所知,对他也如是说。他立刻用他原来的那种处事风格回应我,声称自己和海关总署的任何举动都无关系,不负任何责任。事实上他又进一步说,他已经和海关完全脱节,不知道北京的代理总税务司会如何安排各位税务司。为此,我设了个小陷阱,说道:"哦,某某某现在在南京。"老人立马说道:"对不起,在那儿的是另一个人某某某。"还说什么不知道他的人都被安排到哪儿了!那时,及之后几个月,大家都认为,他即将恢复北京的职务。但命运弄人。

2月11日是不幸的光绪帝的生辰。我到公使馆见李大人,与他

第十九章

道别。他一直都是我非常要好的朋友,我也很感激他一直以来的情谊。2月14日,我们乘坐北德意志劳埃德(Nord-Deutscher Lloyd)公司的克莱斯特号(Kleist)轮船离开南安普敦(Southampton),万幸船上同行之人都志趣相投。一路旅途平安无事,船长考虑周到,在整个里维埃拉(Riviera)地区,船只都靠近海岸航行,乘客心中都对船长充满感激之情。从耶尔(Hyères)开始,他向我们展示了法国和意大利海岸的完美全景。从戛纳、尼斯、摩纳哥、蒙特卡洛(Monte Carlo),一路到圣雷莫(San Remo),我们都沐浴在灿烂的阳光下。我们最喜爱圣雷莫,远处松木繁茂的山冈和积雪盖顶的雪峰构成圣雷莫的暗色背景,令其美不胜收。我以前经常穿行地中海地区,但通常乘坐的都是远离海岸的在大海中航行的汽船。我们在热那亚和那不勒斯休息了两次,两地的白日风光和夜晚景色都令人陶醉,我们尽情畅游了一番。没过多久,我们抵达香港,第二天就离港,在3月26日晚到达目的地上海。

第二天,我从江海关税务司口中第一次听到对我的任命——担任造册处税务司,主管上海总税务司署。两天后,由安格联(F. A. Aglen,行使总税务司职务)签字的官方任命书从北京发来。

对我而言,这是一段新的旅程,因为大都是我不熟悉的工作。造册处税务司的工作职责非常多。它负责的印刷办公室,要印刷所有的"黄皮书",也就是年度季度报表、《年度贸易报告》和《十年贸易报告》,以及许多和中国贸易事务相关的具体册子。

除了税务司署办公室人员外,还有许多专业技术人员、校对人员、印刷人员和修理工——所有人都住在上海郊区名为赫德路的住宅区。房子都很新,在我看来,在选址时"有人犯了糊涂",这里距离上海江边有四英里半,对我们部门日常业务所涉及的大量繁重的运输工作而言非常不便。地面也非常湿软，还有讨人厌的臭水沟。但是，已经定了，我们不得不忍受。怎么说呢，各人有各人的想法吧！

即便很想，但造册处税务司几乎没有什么闲暇时间来发牢骚，我很快就投入到工作中。海关总署实际对鹭宾·赫德爵士最后几年的工作管理并不满意，但也只能生闷气，因为鹭宾不太可能在有生之年在工作上进行急需的改革。我个人一直认为，打破僵局只有一个方法，那就是大力支持为外国员工提供合适的养老金的政策，这意味着在职人员有退休义务。为做成这件事，我努力了好几年，还协助已故的金登干准备他制订的海关退休计划。我记得，这个精心细致的计划——有一流的精算意见支持——是怎样被我们伟大的总税务司搁置下来的，他说，这是他继任者的事。但是，尽管如此，我们一些人还是致力于这件事，但是在鹭宾·赫德爵士休假和去世那段权力过渡时期——1908—1911 年——我们虽然提交了方案，但没有取得任何进展。

接下来的十年，许多人继续忍受苦痛，在煎熬中离世。直到 1921 年，目前的退休计划开始执行，情况才好转。

虽然我和一些资深人士有幸活到了该计划出台，获得了高出预期的收益，但我一直深感遗憾的是，计划里面没有包含我提案中说到的"契约"条款，即约束中国政府——这和总税务司想法不一样——继续执行这一方案，直到最后一名外国员工领取到全部报酬然后退休。

海关的权力是威权中的自主权，运作顺畅，但也绝没有好到可以在国际担保下跟国家政府直接沟通。

除此之外，该协议使海关雇员直接受雇于中国政府，确保他们

第十九章

只要行为端正便可终身受雇,取代了原先的得到通知后三个月内离职——或没有通知,领取三个月报酬离职,这样就普遍提高了海关雇员的地位。

此时,中国革命也是一触即发,尽管革命者被认为是造反者,并被政府镇压。1911 年 11 月 3 日,革命人士悄然占领了上海,但没能成功袭击军火库。他们也对南京火车站造成威胁,但发现车站已经被由上海义勇队支持的上海市警察局占领,只有乘客能进入车站。我注意到我们这边是义勇队里的德国连队负责警戒哨,而几码远之外则是"造反派"的警戒哨。有一个鬼鬼祟祟的中国官员在急着查造反者的枪支——打开枪炮后膛等——我没发现有其他负责的官员。我和哨兵友善地闲聊着。这是一个很奇怪的情况。就像当时一个路边摊主说的,一点小火花都可能会造成一场"大骚动"。事实证明的确是这样,这对外国哨兵来说意味着悲痛:他们的步枪没上膛,而几码远外的中国哨兵的枪支却已经上膛。最凑巧的是,革命方的指挥官在革命前是承包商,而外国哨兵则由海关的总工程师指挥。

就像作家卡莱尔笔下达姆德村(Dumdrudge)的人一样,双方在平民生活中也有过很多令人满意的往来。① 而且,尤其在那位承包商看来,打破这种和平似乎很不合适。但尽管如此,他们之间的和平还是被打破了。

我的另一副业是上海童子军理事会主席。不同于只对具有英国血统的男孩开放的巴登-鲍威尔(Baden-Powell)地方童子军,我

---

① 托马斯·卡莱尔是 19 世纪苏格兰评论、讽刺作家、历史学家。达姆德村是他在论著《衣裳哲学》(*Sartor Resartus*,广西师范大学出版社 2004 年版译为《拼凑的裁缝》)中虚构的村子。

们征收的童子军涵盖各个国家，如美国、英国、丹麦、德国、瑞典等。事实上，驻上海的绝大部分国家都有代表，形成了一支独一无二的童子军组织。很快，参加的男孩就超过了一百人，幸运的是，我们征收的都是有能力和领导力的孩子。造册处税务司住宅有个很大的花园，每次看到在那儿训练的童子军，我们心中都很欣喜。训练从室外"特技"开始，随后孩子们享用茶和香肠卷，我妻子为他们弹奏一首古老的进行曲《约翰·布朗的遗体》（"John Brown's Body"）。我们先排成一列纵队，绕着圆桌行进，接着上楼，转遍整个屋子，然后绕着花园，走到外面街上，直到"约翰·布朗"的回音消散在迷雾中。

1911年9月21日，鹭宾·赫德爵士去世的消息传到上海——他于前一天在白金汉郡马洛（Marlow）的住处离世——很快，我们开始讨论如何在海关内部缅怀他。我们都认为应该由江海关领头。因此，10月26日，江海关税务司墨贤理（H. F. Merrill）先生，还有作为当地总税务司代表的我，向海关总署递交联名信，征求他们对此事的建议等。他们的反应并不热情——事实上，随着时间推移，我们也拿不准能否做成什么事。不过，幸运的是，上海工部局（Shanghai Municipal Council）提供了一笔相当可观的资金，这样一来，我们想方设法筹到了一万五千两白银。同时，我们也确定塑一座雕像来纪念他。这个工作委托给了皇家艺术学会的准会员亨利·佩格勒姆（Henry Pegram），雕像最终放置在离海关大楼不远的上海外滩。这是一尊青铜像，高九英尺，坐落在八英尺宽的花岗岩基座上，他以我们熟悉的一种姿势站立着。底座上的青铜板记录了他在海关工作期间，在邮政、灯塔和其他工作、生活上的成就。雕像完成并展出后，广受赞誉。我和墨贤理高兴的是，在得出最后的定

第十九章

论前,许多人在讨论中多少出于好意提出了不同建议,而我们坚持雕像应是方方正正的。我们和海关总署之间的通信——包括过去和现在的——都让人"难以接受"。一位退休的高级官员写道:"他没什么值得尊敬的,我也不钦佩他对海关的管理。"我个人认为——我相信委员会大部分人也这么想——就其公众形象而言,鹭宾·赫德爵士值得我们为其塑像,但我发誓,我担心的是,我们大多数人都会因为自身了解到的实情,同意上面那位高级官员的观点。多么令人痛惜,鹭宾·赫德爵士在海关工作了四十八年,可谓前所未有,却几乎没在这个由他创立的机构中留下什么令人愉快的回忆。

这一年剩下的日子中,我多次见到伍廷芳,他和唐绍仪都参加了与政府代表的磋商。圣诞节那天,我与伍廷芳进行了一次长谈。他看起来非常好,神采奕奕。他说,希望各方能赶紧达成协议。动身去北京的前一天,他还会见莫理循(G. E. Morrison)博士,向他表达了这一观点:这不是满人和其他中国人民之间的问题,而是满人和应该统治中国的人之间的问题。中国人决意建立一个中国政府,共和制或君主立宪制都行,但必须剔除满人元素。几天之后,我遇上一件趣事。革命派在征募外国人士,据线人消息,前警察和流氓竟都获得了月薪三百美元的职位。这些勇士穿上统一的制服,在金碧辉煌的殖民地酒店(Hôtel Des Colonies)用餐,让所有正派人都倍感厌恶。长江中游地区有些动荡不安,且反德国情绪在革命派中四处蔓延,因为他们相信前德国官员在此地积极帮助帝国主义者。他们确信11月在汉阳遭受的炮击由德国人指挥。因此,在革命者的威胁下,新任命的宜昌税务司(德国人)不能掌管该地。

对我而言,这一年是以参观上海童子军营地——一次极愉快的远足——结束的。在这一年里，我们在法式草地网球俱乐部（French Lawn Tennis Club）成立了一个剑术小组（Cercle d'Escrime），而且招募到不少优秀的击剑手，主要来自领事机构。我们很幸运，找到一位做事效率非常高的教授，丹尼斯（Denis）先生。他精通各种武器，我在那儿度过了许多愉快的练剑时光。我还教了几个年龄大点的童子军花剑和佩剑的要领，他们学得都不错。

1912年最令人难忘的，是宣统皇帝退位，同意成立新共和国。退位诏书将国家最高统治权（迄今以来一直由皇帝独有）转交到人民手中。它以当时的掌权者认可新政府这一最强力的方式使共和国合法化。但不幸的是，新共和国没有立即获得缔约国认可，而缔约国的承认本可以大大巩固新共和国在中国人民心目中的地位。这无须强调，共和国从那时起的历史便足以体现这一点。

上面已经提过，共和初期，我和伍廷芳交往甚密。那时，北京的"列强"不知因何原因，似乎从未认真对待伍廷芳。可能他自己也有责任，因为他很爱开玩笑，说俏皮话，而严肃的政治家很少这样。但那段时期，他还是很严肃认真的。他和他的同僚温宗尧，还有其他"改革者"，无心轻视他们提出的问题。他们非常清楚，假如他们不能胜任他们自己选择的"国家救星"这一角色，等待他们的将是最惨烈的毁灭。他们采用的手段很有意思，也十分典型，主要是通过电报。中国电报局局长要么是乐意，要么是出于顺从，很快就给他们帮助，通过电波向全世界——尤其是美国——那些才能卓越、有影响力的人寻求对新共和国的支持。伍廷芳曾因事两赴华盛顿，非常清楚怎样在正确的场合取悦美国大人物。很快，这个最古老的民族，也是最年轻的共和国，都和那里的人打好了关系。听到的都是"老兄，我们欢迎你"等中肯的话，这比起之前的一切争

第十九章

斗,更加鼓舞了改革人士,也让保守派倍感泄气。然而,没有人认为共和国会长久。即便像已故的莫理循博士那样机敏的中国事务观察家,也倾向于将伍廷芳视为空想家,共和国则是大梦一场。莫理循1911年访问上海时,我驾车带他参观租界里的中国区域;共和旗帜处处飘扬,却看不到可怜的中国龙。莫理循很难相信这一切,一直在说,伍廷芳是一个空想家。最后,我用苏格拉底的方式问道:"那么,在您看来,空想家赚钱吗?"莫理循笑着答道:"不赚!""噢,"我说,"伍廷芳可是白手起家,而且腰缠万贯。"莫理循沉默了,但我能看出来他正在头脑里重新整理一些自己先入为主的观点,这些导致他后来成了中华民国的总统顾问时,是新秩序坚定的支持者。至于革命后来的失败,未来史学家会从正确的角度来看待它的。1898年——中国奇迹迭出的一年——外国公使们在朝廷参见光绪皇帝时,表达了对朝廷的新顾问康有为和他那些对现状不满、愿为维新变法殉道的青年同伴的担忧。这些年轻人上书也都是出于好意:没关系,上帝的反应才是重要的。当时大家还在为自己的智慧和远见自鸣得意,甚至两年后义和团运动爆发前夕仍旧如此,任由一次巨大的机会就这样溜走。

  关于那次变法,鹭宾·赫德如是说:"不能说我们没有看到征兆。"这些警示和教训让他们记忆犹新,但我们还必须记录下来的是,外国公使和鹭宾·赫德爵士还是继续支持慈禧太后的残暴专制,并默许她回京。外国女人去慈禧宫中,如果只看到她的和蔼可亲和总是备好的赏赐,就会愿意认为,慈禧做的都是对的。新共和国最后的命运与人们期盼的不同,确实不是伍廷芳及其同僚的错。孙中山要负很大责任。伍廷芳及其同僚秉着一种侠义精神请孙中山担任中华民国第一任总统,但事实证明他并不是时代的主角。伍廷芳一直到最后都对孙中山十分忠诚，但对孙中山本人从未判断失误。我记得他有次说："孙中山是个好人，但他不知道该怎么统治国家。"随后孙中山所经历的"尊贵放逐"（如那段时日里报纸所述）也充分证实了这一点。1912年4月，伍廷芳才华横溢的儿子伍朝枢，发表了《恳请承认中华民国书》（"A Plea for the Recognition of the Chinese Republic"）①，声名鹊起。他在英国接受了专业的法律培训，于1911年毕业，获得法学学士学位，使得他很适合承担这个任务。在该文中，他拒绝与那些将他杰出的父亲称为"空想家"的人争辩，他也不需要和怀疑中国人是否有能力建立并维护自己选择的政府的人争论。他知道，尽管帝国政权让大家看到的是露在外部的专制，但是在中国政治社会体制的最底部，是存在着民主这一特征的，他愿倾其所有，为自己同胞身上的这一本能以身犯险。他的父亲老伍已经退隐，也很少有人会再去抹黑其名声。"空想家和梦想家！"——父亲根本不是。他只是一个热爱祖国，了解这世上一些美好的事物，并希望为他的祖国去争取这些美好的人而已。

我不想再多说这些朋友在中华民国时期之后的命运。第二任总统袁世凯果敢坚毅，也确实懂得治国，但是，正如之后事件所证明的，他是共和者里面一个强大的异类！

在上海造册处税务司署工作期间，我忙于部门内的各项工作活动。让我吃惊的是，有人告诉我，不久我将被派去负责一个港口。这个港口就是厦门——中国最早开放对外贸易的五个港口城市之一。

---

① 发表于《泰晤士报》。

第二十章

人物特写之鹭宾·赫德爵士——"伟大的总税务司"

该怎么概括鹭宾·赫德的性格?他的性格多面而复杂,要找一个切入点讲起还真有点难。

弗洛伊德对人格如是划分——思维、感觉、直觉和情感,且还有内倾与外倾之分。[①]

这些听起来都不错,但丝毫不能帮我们理解我们伟大的总税务司展现在他可怜的下属面前的特质。这些性格是内倾还是外倾对他而言并不重要,因为他在人际关系上绝对是个专家,非常清楚见什么人说什么话。

不管你用什么方式接近他,似乎都不可能"明白他"。你能肯定的第一件事是,他是一个多面的人,所有的面貌都被一个顽强的意志牢牢地编织在一起。

从外表看,他个子瘦小,像个孩子一样。脸庞的上部分很好看,甚至可以称得上英俊。前额宽阔,尽显睿智;鼻形漂亮;眉毛

---

① 应为荣格提出。

平整均匀，双眼灵动，仿佛会说话；嘴巴和下巴就没那么漂亮了。总的来说，他给人的第一印象是貌不惊人。

他的声音有点奇怪，有些粗哑，可以用好几种语气和口音讲话——至少对我来说如此。他同妇女、孩童讲话几乎都很轻柔；他一般都是低声与人交谈，内敛慎重；而他也会对任何惹恼他的倒霉鬼咆哮，只要他想。他经常在多少带些戏剧性的场合讲汉语，可能影响了他本来自然的声音和口音，因为奇怪的是，有时候他讲英语也会带着明显的中国口音，就像他的汉语口语也总是泄露了他的外国，甚或说，爱尔兰血统。

但尽管如此，他对这门语言和这里的人民——尤其是统治阶级——的了解是很惊人的。不过，他从没有被他用于工作的媒介弄晕——这是许多还在学习中国事务的学生的共同命运。他在外形上有一个突出的特点，那就是一双小而紧凑结实的手，他和人握手的最后动作总是有点像在推开对方的手（显然是无意识的）。

他待人的行为举止并不总是一致，有时充满了吸引人的魅力，有时则僵硬无礼，冷漠无情。他的性格中还有某种害羞的成分，对于像他这样地位稳固的人来说，倒有些让人困惑。

总之，用他最喜欢的一句话讲，他不是一个文雅人，他显然很明白这点。这使他对于其他人——尤其是他的英国年轻下属——身上体现出的优雅举止很是厌烦。毫无疑问，在社交层面上，他和异性的关系比和同性的关系要好得多。但他同样具备男性特征：轻视女性的智慧。文化修养高的人对他没有吸引力；他喜欢的是年轻漂亮的女性朋友——那种会被他折服，并在恰当时刻说出"哎呀，鹭宾爵士！"这样话语的女性；但仅止于此，不会过界。

这么多年来，他身边的女人一个接着一个，尽管也有流言和丑

第二十章

闻传出来,但没有哪个女人能真正拿住鹭宾·赫德。假如有哪个女人开始像阿帕玛(Apame)① 一样以下犯上,那她很快就会被他以最温和且最让人愉快的方式甩掉。如果她错误地利用了自己的魅力,失宠的命运就在那一刻降临。这样的例子不胜枚举,随便选一个便足以说明他在这方面的手段。

继上一个之后,一个相当聪明漂亮的女士获得了鹭宾的喜爱(柏拉图式的),有那么一段时间她甚至还对鹭宾·赫德有一定的影响力(这可是前所未有的)。她自以为已经牢牢抓住了他,旁人也这么想,她的丈夫也这么想,甚至有一天还在公众场合这样说。没有人也不会有人知道,这些是怎么传到我们的大人物的耳中的;但的确传到他耳中了,她如金星一般陨落,"再不会升起来"。她的丈夫被派到一个还算过得去的港口——不是很好也不是很坏的那种;这位夫人也不得不"付出代价,打包行李,跟随而去"。

海关里面没有人嘲笑她的失宠,因为即便是被他永久流放在外的旧爱也仍有能力影响他,这种影响足以摧毁海关里的任何人。

我碰巧在这个对她而言突如其来的结局发生后遇到她。打个比方说吧,她的伤口还在流血,但她努力将它藏起来,装作一切很好,这份勇气让我敬佩。

赫德一向直觉可靠,他还有一种天分:别人还没解释完事情,他就能明白全部情况。高级税务司们出于一种自尊自重感,会在他面前"列出一个问题请他考虑"。有时候他会考虑,有时则不会;不过,如果他果真考虑并给出答复,通常情况下原来的观点也基本荡然无存。我担心,他有时也会有一种冲动,故意让那些长期忠心

---

① 《以斯拉续编上卷》(亦作《以斯拉三书》)中的人物。

耿耿为他效劳的人感到不舒服。比如,他会假装自己强烈地被一些"更好地完成事情的方法"的"野猫似的"计划影响,这些计划是一些怀疑他们上级并急于在他面前提升自己位置的初级人员提出的。在给相关税务司的长信中,鹭宾·赫德会满怀同情之心地描述那个想法——尤其是当那个想法显而易见不可行时。他会指示税务司调查此事,并写出报告——所有这些话语都会写得非常严肃,而且让人觉得,总税务司听到这件事时深感惊讶和痛心。

在令人疲劳的解释以及经历过许多和当事人的摩擦之后,这个愚蠢的年轻挑剔者会被处理。假如总税务司注意到这件事,他会写一封私人信件轻描淡写地谈及此事,或是对那个被激怒的上级说道:"看看你办的事儿!杀鸡还要用牛刀!"

尽管如此,这些初级职员还是经常害人反害己。

这样的事情或许使总税务司和下属之间的关系不再那么官方和无聊,但也没起到什么别的作用。

有些人——不甚了解这些事且从表面来判断的人——倾向于认为鹭宾·赫德不会阅人。其实他们错了。他是非常会看人的,但是他天性中的任性倔强干扰了他。他总是在寻找那种从心理学上说拥有不相容性格品质的人。一个愤愤不平的评论人士曾说:"他喜欢聪明的、畏畏缩缩的无赖。"一个奇怪,也许可能有些邪恶的事实是,面对品德高尚、出身尊贵的人,他似乎会本能地退缩——甚至是害怕。要评判普通男人,可以看看他选择了什么样的同伴,但要评价一个具有突出个性的人,我们需要把他的喜好考虑在内。

鹭宾·赫德的喜好多种多样,但他绝不是一个势利小人。头衔、金钱、名誉在他身上不起什么作用。他不在乎别人,也很少在意偶来的虚饰。他似乎也没有宗教、政治或国籍等偏见——毫无疑

第二十章

问,这是因为他独一无二的地位和矛盾的生活体验;之所以说是矛盾的,在于这些经验是非常有限的,但同时也极其多样,丰富多彩。他担任海关总税务司,在北京别院住了大约四十五年——从1863年到1908年——只回过家两次。假如不是他的才华和直觉,他可能过得十分孤寂,甚至僵化。

在北京这样一个充满国际性氛围的城市中,他的这些品质适用范围很广。在从"所有居住在这个地球上的人"里挑选人员雇用时,他要和所有国家的人打交道。王公大臣们代表朝廷亲信接近他,那些"儿子多,钱不多"的"好人",常常恳请他提名自己人。他的任免权很大,且带有强烈的个人色彩,这使他深深了解人类之本性。作为一名外国人,他必须应对当下各种对立,而作为几乎最高级别的中国官员,他又不得不在东西方之间进行"转化和解释"。

来谈谈可以改变事物的魔力!他必须动用头脑创造奇迹,在常用的多种语言间,在交流中,在偏见上,在知识和无知间,处理所有大大小小的问题,直到人们几乎把他想象为一个魔术师,周围是素来警惕的评论家,时刻会对他的道具大做文章,揭露他的把戏。要理解他那个位置、他的难处和他的成就,需要一些想象力。当然,以另一种方式,从另一种程度上来讲,他无疑就是拿破仑,因为他要么把打算做的、想要做的事情付诸实践,要么就以最快的速度明白它不可行然后放弃;但是,他可从来没有经历过兵败莫斯科或滑铁卢那样的失败。

有时候,回忆起鹭宾,我认为他就像《金银岛》里的超级海盗船长弗林特(Flint),我并没有不敬之意。他确实让普通人恐惧,同样,当较弱的人试图模仿他时,就成了"不管本·冈恩(Ben

Gunn）是死是活，无人在意"。但他们确实会在意弗林特船长，或为此痛苦。

海关人员来自各个阶层、各个种族，在这样多元化的群体中维持纪律当然非常必要。毫无疑问，在他长期的职业生涯中，鹭宾·赫德一直将"自己高高在上，其他人都匍匐在下"的局面保持得很好。

有时候，他的方法是残酷的，通常也是不公正的，但都会达到想要的结果——"既来之则安之"（J'y suis, j'y reste）。

他好像总是很幸运，而且必要时，他也毫不犹豫地助这些运气一臂之力。他在最恰当的时刻从领事馆辞职，而且与李泰国交往甚密，当李泰国因野心过盛的计划——北京方面还没准备好——失宠时，年仅二十六岁的鹭宾·赫德插了个队，抓住了这次机会。需要指出的是，这是一个不显眼的地方小官，但是他就这么一步一步慢慢积累，翻过了京城的城墙，成为受到皇家信任的参赞。

就算在那个时候，在他的整个职业生涯中，他都没有索求任何东西。在这方面，他那不起眼的仪态帮助了他，他很擅长用简朴来缓和敌对和猜疑。后来的年月里，他开始开玩笑说，自己年龄大了，能力也不行了，而且尤其喜欢在和爱发问的记者们会面时这样说。接着记者们就宣告世人，我们伟大的总税务司已经是英雄迟暮。实际上他们很快又会打破这一说法，因为他们后来才醒悟过来，这狡猾的"老头子"不过是和他们开玩笑，他还是和以前一样。北京城被困时期他所经受的那些严酷考验对他个人性格而言实则是件好事。说他是懦夫这个事情是怎么传开的我们不知道，但京城遭受围困时鹭宾·赫德爵士让人不可思议的平静和无怨无悔的勇气是让人吃惊的。编年史家可以证明这一切。

第二十章

　　对他来说这是一段可怕的经历。过去他好似住在山沟里一样,并且他也习惯了那样的生活。他很少会在离家很远的地方睡觉。

　　他一直钟爱的隐私被人强行打破,过去几年的常规突然被无情打乱;但他一直以一种静候的哲学精神对待这一切,耐心等候,在膳宿等事上坚持和大家保持一致。当他挺过这一切,设法从一个外国侵入者手中将老房子的所在地取回后,他又在老地基上,一排排地复制了房子结构。他的许多老习惯和方法又都恢复了原样。

　　那些想要利用"总税务司已经因为这些伤痛变得温和,'磨难是对他的一种祝福'"这一想法的人很快就发现他们是痴人说梦。他恢复了自己的总税务司职位,从哪儿离开,在哪儿开始。

　　鹭宾·赫德的真实想法仍是个谜,因为他从未记录过这些,而且迄今也没有出现这么一个人,可以向鹭宾的同代或后代讲解其为人。除了他"亲爱的日记"被完整保存下来,所有其他记录都被彻底销毁。或许从这本日记中,我们可以得知他对自己所交往的人和事的看法,但在日记面世前,世人对真实的鹭宾·赫德仍然一无所知。

　　当他说,"我越了解中国,似乎就越不懂它"时,那些最了解他的人——我们很少这么说,因为没有人真的了解他——大都能和他感同身受。

　　从表面上看,他相当会交际,从不让来客落空;但是当他们事后仔细想想,便会发现,他给的信息或看法几乎没什么价值,很少是他们想要的。

　　或许,在跟不属于自己阶层的人谈话时,他才是最快乐的,并且常常表现出一种让人不舒服的同情心和洞察力。

　　我认识一个因家庭问题而烦恼的年轻钢琴调音师。他在北京时为总税务司的钢琴调音。鹭宾爵士当时注意到这孩子满脸愁容,帮他找出问题在哪儿,还给他很多好的建议。这个年轻人反复地说:"我跟他说了家里的一些情况,还有我想放弃调音,去看海,或是其他,然后他对我说:'不要做那些事,让那些事情自然停止,自会柳暗花明。'我听了他的话——真的就好了。"

有时,鹭宾还会给傻乎乎的年轻女子写一些令人钦佩的建议信。我曾见过一封,也曾目睹没有听从他建议的女子悲惨的结局。

即使在今天,幽默感在一个人的性格中,也是被广为看重的。在这方面鹭宾·赫德并不可靠——我指的是他的幽默感并非那么常有,而且也不是很善意。他尤其喜欢跟女性讲那种相当老套的社交笑话——但我不能说上天赐予了他面对人生的幽默感,他也似乎忘记了听者耳中的幸福。

记得一次在他家隆重的晚宴上,我们聊到投资。他看着我说:"请问,你是怎么投资自己钱财的?"毫无疑问我应该笑着说些不同的东西,但我当时正因迟迟未来的提拔和工作的来回调动而苦恼,狗急了也会跳墙,我脱口而出:"鹭宾爵士,我为家人买靴子和鞋子。"现场哄堂大笑,因为大家对我家有几口人非常熟悉,但我们的总税务司没有笑。他的嘴巴紧闭,似为不祥之兆,后来他对我的提拔比之前更慢了。

还有这样一件事,北京"南苑"(即学员食堂)的基层人员,因为深受主管压制,本着坦率的原则亲自将他们的委屈说给总税务司。总税务司听了,开始还比较宽容,但最后恼了,暗示代表们的发言已经超时。不幸的是,发言者打断了这个"逐客令",说他们的话还没讲完,这样对他们是不公平的。这完全激怒了鹭宾,"公平"这个词之于鹭宾,就像红布之于斗牛,圣水之于撒旦。他转向

第二十章

这个可怜的孩子,用一种阴险的语调慢慢说道:"你将被派到——"他会点出一个名声不好的港口,"到那儿之后,你会有大把的时间来反思这件事。"那一刻,这些话相当隐晦,让人不得要领,但这个年轻人为他这一孩子气的愚蠢行为付出了二十多年的代价,再没有像原来那样受到总税务司喜爱,而且不得不等到我们伟大的总税务司离世后才有望获得认可和提拔。

一定程度上讲,鹭宾有着爱尔兰风格,但仅是某种程度。他曾给他的一位高级税务司写信说:"布莱克(Black)先生或怀特(White)先生下个月会被调走——其中一人肯定会走,但也很可能两个都会。"不过他这封信可让税务司犯了大难,整个办公室因此心怀忐忑,布莱克先生、怀特先生及他们的妻子都心神不宁,全体员工都惴惴不安,直到最后事实证明,没有一个人走,大家的情绪才安定下来。但是,绝不会有人知道他到底是在放烟幕弹还是真的开火。

调任或威胁调任是他最喜欢的武器,考虑到当时较小口岸交通和住房条件普遍不佳,这个武器对下属来说还是相当有杀伤力的。他曾公开表示自己不喜欢竞技游戏,或类似比赛,而且不沉迷任何适于男性的体育运动,他和同事们在非官方层面上没有什么互动,他也不喜欢俱乐部活动。他很喜爱音乐,喜欢摆弄自己的小提琴,偶尔也参加些业余的戏剧表演。

据说,他是一位相当好的演员。我从来没有在舞台上看到过他,但基于"已知的形式",我可以想象出,只要他一心想给人们留下印象,那他一定有诀窍做到这点。

关于他的道德准则和宗教信仰,我们只能猜测。或许他有着尼采式的"超越善恶"观,有着完美的自控力,即使冒险行走在薄冰上，也无所畏惧。但他又坚定地信仰造物主，支持宗教，至少在表面上是如此。好的作品，他可以慷慨地送人；他对家人的慷慨就更不一般了。他的品位很简单，但他喜欢漂亮衣物，经常去一个要价昂贵的裁缝那儿做衣服。他买了大量的书，甚至对现代小说都十分了解。他总结自己的生活是"因为忙碌，所以快乐"，可见所有事物中，他毫无疑问最爱的还是工作。没有人能比他更努力或更持久地坚持这项工作。对权力的热爱驱使着他，但他也从未忘记他对自己一手创立的海关的责任。他有为海关职员的职业前景"绘制蓝图"的习惯，他这个习惯很奇怪，也颇具毁灭性。我记得他曾几乎是悲哀地对一名员工说："你是海关里我唯一无法安排职业前途的人。"

天知道会有什么事情发生在这个可怜的员工身上，但他先一步去了天国，这倒省得总税务司烦恼了。这些只能说明，总税务司所谓的很在意我们所有人的未来，只是讨厌别人不听从他的安排。可以肯定的是，他一直把实权握在自己手上。他的员工都是些没什么价值的人，总理文案税务司虽一个接一个，但没有谁对于我们瘦小却强硬的独裁领导来说是不可或缺的。虽然他青年时代的朋友与他也没有多么亲密或深厚的友谊，但用美国人的话说，他对于这些"那时懂他的人"，有着一种奇怪而感伤的忠诚。通过他们的孩子，他给予他们许多回报。他把这些朋友的孩子带进海关工作，而且努力把他们往上推，提拔他们，毫不在意是否公平。

有人这样总结，"在他忙碌的生活中，对于梦中的家园实则有种内在的难民情怀，这家园部分是他年轻时的家乡，部分是他自己想象中的家"。他长期和妻子、孩子分离，但他们总是清晰地出现在他脑海中。他很喜欢他的弟弟杰姆（Jem），一个非常可爱且富

第二十章

有同情心的人，他和杰姆在一起比和任何人在一起都自在；但即便有血缘纽带，对弟弟来说，他仍旧难以捉摸。

他最大的愿望实现了，身为总税务司，他死生同荣。他突然去世，却只像"休假"而已，我们总感觉他还会回来，只要他想回来，就能随时恢复职务。没有人会——至少我不会——认为他"放弃了"，或是他"被击倒了"或"被击杀了"。当命运宣称这一回合结束时，他这个击球手"完成了他的击球"。留在他身后的海关、老员工，甚至那些根本没有任何理由喜欢他的人，都觉得某种不可替代的东西从他们的生活中消失了。

而且，他的离开似乎也不仅仅是为自己的职业生涯画上句号，因为随着他一起消失的还有大清帝国；曾经飘扬在他控制下的海关口岸各地的大清龙旗也不见踪影。"革命"之后，五色旗飘扬在四分五裂的中国大地上，只留下旧的旗帜来遮盖过去的帝制阴影。老太后、伟大的总督与大臣们、殉道的光绪皇帝，还有像谜一样的他们所有人的支持者鹭宾·赫德爵士——活着的时候，他们的命运紧紧连在一起；到另一个世界后，他们却各自安息在不同的地方，相距甚远。他们以最高的荣耀安葬在祖国大地，静静地躺在巨大的陵墓里——而鹭宾爵士则葬在英国境内，远离他曾经为之努力并在意的一切，远离那些在他的事业上懂他的人。这看起来似乎不太合适。

但他的雕像就矗立在上海外滩，不远处就是他事业启程的第一站。他离开故土，来到中国，来到他曾如此热爱并为之服务这么多年的土地。这可能是种结束，但或许，在上帝大审时我们可能再度碰面——伟大的总税务司以及他的海关——等待上帝对我们所有人做出宣判！

第二十一章

我接管厦门港——回忆裴式楷爵士——重访汕头——厦门的"宗族械斗"——冯·施佩上将来访——我们在花园聚会上招待埃姆登号——我反对以进步之名破坏偶像——爱理鹗爵士访问厦门——士兵和盐——尴尬的局面——日本舰队虎视眈眈——禁鸦片——我调至福州

我们乘坐法国邮轮保罗·来凯特号（Paul Lécat），途经香港，行至厦门。这是一艘非常漂亮、装备精良的船舶，但是烹饪和膳宿管理方面却相当随意。不过，船上的每一个人都非常友善。一路南下时，气候状况几乎一小时一变。没过多长时间，我们就到了香港，很快我就和九龙税务司一起讨论我们的"海关形势"，他既是我的老朋友也是老同事。他曾在庚子事变后临时设立的海关总税务司署驻上海办事处工作，就职于裴式楷爵士手下，我们很自然地就提到了裴式楷爵士及其自愿退休。裴式楷爵士是最可爱、最善良的主管领导，此外，他还相信，应与他的员工一起共事，而不是凌驾于他们之上。在他任职海关副总税务司和代理总税务司职位期间，我和他有过几年的书信往来，从没见他颐指气使，反而总是彬彬有

第二十一章

礼,哪怕他不赞成对方的说法,亦是如此。

他在北京社交圈里毋庸置疑是备受欢迎的,作为北京俱乐部的主席,他在本地社交聚会中十分惹人注目,但在自己家里,他是一个很亲切的主人。对自己的敌人,那些随意辱骂他的人——我能确定的是,这些人从未找到过任何证据来支持他们的责骂或抱怨——他也宽容有礼。是他的美德,而不是他犯了任何错误,导致他从代理海关总税务司这一职位上退了下来。他的退休当然不是他从1873年起就为之效命的政府的授意。我记得当时有位中国高官对我说:"他为什么要卸任?你知道,当他决定这么做时,我们也不能执意留他。"事实上,他们试图挽留他,做另一项工作,却导致了复杂的局面,正如后来他亲自对我讲的,他最终辞掉工作是因为他不想让中英两边政府都为难。几年以后他在北京的家中去世,他选择了那个地方作为自己的家:他是一位真正仁慈的爱尔兰绅士。

从香港沿着海岸线一路向上至厦门途中,我们顺便到访汕头,这里是1874年我开始自己海关生涯的第一站。我再一次站在当时工作的房间,在那儿,我顶着酷暑,挥洒着汗水,在几乎不可能的条件下刻苦努力学习中文,度过了五年漫长的时光。我沿着那条老路,一直走到迪克(Dierk)家,现在的德国领事馆。就像建造那所房子的人预言的那样,这个地方如今发展了,房屋草地都很漂亮。之前只有海滩和沙丘的地方,孕育出一个新的欧洲区。

第二天早上我们到达厦门,我在1912年11月28日正式接管该港口。我们住在税务司住所,即鼓浪屿的一所海滨别墅。不过办公区和商业区都在厦门——这对于我的旧疾口炎性腹泻来说不是件好事,因为来回路上都要经历长时间日晒。

一个在上海过惯了忙碌生活的人,来到厦门,生活当然有巨大反差——不管是工作还是游玩方面。但在快到年底的时候，平静生活被几宗"宗族械斗"打破。就外国人而言，这些内部事务一般都是在其视线范围外了结的，与他们无关，但这次，外国人的锚地被选为战场。子弹横飞，理船厅官邸的窗户被震碎，还有一枪正打中一艘英国轮船，还好没有造成什么伤亡。这让我和当地的军事官员——一个资历很老，人也友善的湘籍军人——有所接触。他的想法都是正确的，可惜他手中权力太小——这一点，他管辖下的那些无法无天的家伙都很清楚。

另一件引人关注的事情是，一艘英国轮船在下游港口着火。在理船厅有效的指挥下，我们的旧消防泵还是创造了奇迹。像以往一样，当训练有素的中国士兵士气高昂、同仇敌忾时，他们是很难被击败的。当地海关的控制权问题还是没有解决，我的言辞必须坚定，确保海关权力丝毫不容侵犯。厦门实际上是由福州大官们的副手管理的。不过，我们不久就认识并理解彼此了，并决心"为了中国的利益"一起努力。这始终是我的最后一条理由，用这条理由总能赢，屡试不爽，因为很显然，我们中的任何人都不可能宣称自己秉持其他信条，效忠他国！

厦门有一个市政委员会和一支小警队，该警队由一名信仰锡克教的外国警司与中国警察组成。他们要求我加入委员会，但是我以其他工作压力太大为由拒绝了。不久，一名当地老居民告诉我，我不卷入市政实务的漩涡中是相当明智的。我当时不知道委员会的情况有多么糟，而随后一些事件证明他讲的差不多是对的。

在当地的名人中，有一个德国医生，他的妻子怀上了四胞胎。只有一个男孩活了下来，其他三个都死了。有两个孩子在六个月时出世，其他两个都是足月出生。我在想，这算不算是创了纪录？他

第二十一章

是个很不错的人,但可以说,和他妻子这件事相比,他就没那么令人印象深刻了。

大概新年的时候,两艘德国巡洋舰格奈泽瑙号(Gneisenau)和沙恩霍斯特号(Scharnhorst)来到厦门港。他们是典型的作战舰只,每艘都有二十七名军官和近八百人的水兵。后者是海军上将格拉夫·冯·施佩(Admiral Graf von Spee)的旗舰,他后来在离开福克兰群岛①时客死异乡。他的军官们——尤其是年轻人——格外像英国海军。他们大部分都操着一口流利的英语,在岸上很受欢迎。上将总是将他的乐队派到为表达对他的敬意而举办的各种各样的小聚会上,每一次船舰短暂停留后离开时,大家都是一片痛苦的哀号。不知道是不是因为狡猾,德国海军总是表现得和英国在华舰队及各个港口讲英语的人们相处得非常融洽。

没过多久,埃姆登号(Emden)到访厦门,但它的指挥官不是在同英国船舰的重大作战中取得赫赫战功的令人敬畏的穆勒船长(Captain Muller)。这艘船舰当时的指挥官是冯·莱斯托夫船长(Captain von Restorff)。我们在海滨别墅招待了他们一下午。大家都很愉快,因为这所大宅与漂亮的场地非常适合举办招待会。埃姆登号乐队本身就是主持,我负责准备大量的"淡味啤酒",还有香肠、雪茄、蛋糕,以保持免费酒水的高标准。我们做梦都没有想到,他们的鼓和号角未来会用来庆祝抓获许多勇敢的英国商人和击沉他们的船只,而他们自己也在澳大利亚复仇者的手中灰飞烟灭。恰恰相反,几天之后,整个社区(可能住了八至十个不同国籍的人)都在德国领事馆庆祝德皇的生日。埃姆登号鸣放礼炮,乐队演奏了《万

---

① 阿根廷称其为马尔维纳斯群岛。英阿两国对该地区的主权归属存在争议,1982 年两国因群岛归属问题爆发战争。

岁胜利者的桂冠》("Heil Dir"),我们都举杯祝福伟大的祖国万岁。晚上的时候,埃姆登号还在俱乐部剧院上演了一场重要节目,之后我们一直跳舞到凌晨三点。这多么像一个小型的国际联盟啊。

中华民国的统治者颁布法令查禁当地鸦片贸易,但是命令下达到省级政府后,执行起来并不全是一帆风顺的。要对付我们身边随处可见的那些吸食鸦片的尊贵人物一点也不容易,除非以无理地干扰个人自由为代价。我一直是反对禁止鸦片的,或许它的目的是好的;我也不大同意使用诸如破坏罂粟作物或是私闯民宅这样专断的查禁法。作为一项义务,我出席了几次"禁烟"活动日,看到鸦片、鸦片烟枪及其他用具在公众面前被焚毁。这些活动非常精彩,但至于真正的"交易"——嗯,那时是有不同意见的,而且不同声音一直都有。

另一个我不太支持的当地运动,是将各种寺庙改造成世俗学校。首先,通常不适合对寺庙进行这种目的的改造。其次,改革者反传统的热情致使他们犯下破坏神灵这样的错误。神灵对于过去无数代人来讲,是一种精神上的安慰,这也是我们对神灵职能寄托的一种美好愿望——而现在,他们却在未能给大家提供任何恰当的精神抚慰替代品时做出这样的事。就像查尔斯·金斯莱(Charles Kingsley)评论他的埃塞克斯(Essex)乡巴佬时说的:"即便相信穿长筒靴的魔鬼,也胜过没有任何信仰。"对于刚刚成立的中华民国这个"年轻人",这是非常不利的情况。一个年轻的现代官员特别激进地推翻了神,但他做得有点过了,之后我对他施加了一些压力,他就把很多破坏物倾倒在我们港口,这正好给了我一个提醒他注意的机会:他侵犯了一条国家法律。我让他把这些神像重新打捞上来,或者至少做个打捞的样子。天在上,地在下,而我们对两者

第二十一章

都所知甚少。事实上，这是一个"不论断他人，才不会被他人所论断"的改写本。然后我打开后门，简单地暗示说，他们应该小心地移走并保护好这些塑像，因为国外的很多人会出高价买它们的！

大概也就在这一时期，在四个灯塔中的一个工作的一名海关老员工来向我们抱怨，说他的孙子因被人诬告诱拐一名女人而被捕。当我想告诉他一个共和政府是不可能做这样的事时，他大叫道："一切还是和以前一样糟。"

3月6日，香港大学副校长爱理鹗爵士（Sir Charles Eliot, 现在是英国皇家驻东京大使）造访厦门。他此行是在巡回考察中国各种各样的教育机构。我们向他展示了两所学校——英华学院（Anglo-Chinese College）和同文书院（T'ung Wen Institute），这两所都是我比较感兴趣的，尤其是第二所，我还担任其副主席。爱理鹗爵士精通教育，在语言学方面学识渊博，给我们每个人都留下了深刻的印象。他还给这两所学院的学生做了好几场生动的演讲，他的到访使我们所有人都受益匪浅。

这个时候，当地文职官员遇到了一件大麻烦。五百名湘军从常州这个县级城市乘坐小船南下，途经上海，换乘船只回家。每个人都带了一袋盐——毫无疑问，这是军事官员给他们发盐以代替薪俸。注意，盐在福建是很便宜的，但到了长江上游价格就很贵。但盐是受政府垄断的，禁止私人运输。这让牵扯该事件的所有相关人士都很尴尬，尤其是海关税务司，他的责任本是"攥住盐"。然而，在中国，一般还是能找到摆脱困难的方法的，可这一次，直到政府下达将盐追回的命令时也未能找到摆脱之法——当时盐已经载上了一艘出港的轮船，五百名勇士紧紧地抓住自己的包不放。当然，我那时也没闲着。当地文官很友好，我们一致认为，这些士兵的将军真是昧良心，出现这样的事责任全在他。显然，一段时间后他自己也这么想，安排了一个小方案来挽救这一局面和自己的脸面。当海关前去缴盐时，在船上搜到的盐只有一点儿，倒是发现一个拿着很多钱的军官，这些钱是准备在船到达上海后发给士兵们的。这该死的盐都不见了——不必问它"怎么没了，到哪儿去了"，什么都不用问。这也不是第一次"用盐代替薪俸发给士兵"失败了。不过，我们还是很高兴看到这最后一批湘军的。他们有着良好的战斗素质，但是，就我之前在朝鲜对他们的了解，与他们近距离打交道是非常危险的。后来我听说，在最后被"遣返"回远方的湖南家乡前，他们在上海也经历一番大麻烦。

通过翻看日记，我发现自己有参加周日教堂晚礼拜的习惯。我们海关有着"礼拜联合会"的特征，就是说，我们的信仰各不一样，布道坛这周日供这个基督教教派用，下周日就该另一个教派用。有一次，一个圣公会教徒布道讲解："当基督被钉在十字架上时，上帝是否也感到痛苦？"这真是一个高度形而上的话题，但我现在无论如何也记不起答案究竟是"是"还是"不是"。

幸运的是，到厦门后不久，我就和陈恩涛海军上校——既是海关监督，也是我的同事——有了来往。在此之前最后见他是在1911年，我是载洵贝勒率领的赴欧洲海军代表团的随从。同行的还有海军提督萨镇冰和梁诚先生。当时陈恩涛因为腿疾卧床不起，我介绍哈蒂根医生给他，很快病就痊愈。上流阶层的中国人绝不会忘记每一个帮助，哪怕它很微不足道，这为我们之间友好的交往铺平了道路。他当时大约五十四岁，保养得很好，游历过很多地方，曾亲历鸭绿江海战。青年时期他曾在英国海军作为学员参加过培训，谈起之前的学长，他总会流露出感激与钦佩之情。他和我，还有地方官

第二十一章

员在应该如何镇压鸦片走私、武器走私、食盐走私这些行为方面想法一致,但由于"宗族纠纷"、秘密结社的存在,以及在没有任何蒸汽船巡逻的情况下,这些问题的解决几乎不会有任何进展。我们竭尽全力从各方面获取秘密消息,我对其中一个间谍还有印象——他是一个有着一半爱尔兰血统的欧亚混血儿。这还是我第一次遇见这种混血儿,但就我所能回忆起的,他混血混得并不怎么显眼。

我们遇到的另一个困难是,自清政府割让台湾和澎湖列岛给日本后,日本人就一直近在咫尺。打个比方说,它就一直在我们大门口,而且还有许多中国人——土生土长的福建人——居然声称要日本人来保护。在所有人中,他们称不上可靠忠诚,但我们必须谨慎地处理他们的问题,以免给日方采取军事干涉提供说辞。即便前大清官员和共和国官员都涉嫌与日本政府有勾连,人们普遍认为是日本政府为了自己的目的帮助并支持了中国的秘密结社。大约在这一时期,日本海军——一次通常包含六艘巡洋舰——会到访厦门港,毫无疑问,他们想在当地中国人面前很好地维持自己的影响力。难怪许多中国人想成为在台日本人,只遵守日本法律,这和广州的香港籍中国人有点像。当然,这给当地中国官员造成的尴尬和香港籍中国人在广州的情况也是一样的。

共和议会预计在北京召开,但是各省的人们几乎没有意识到这可能会对他们当地事务带来影响。很自然,他们会用经年累月积累下来的经验,依靠身边的官员来解决国内的所有问题。某日,一个鸦片经销商代表来见我,想让我帮忙防止外国生鸦片在厦门销售受干涉。我向他解释了我的立场,即颁布许可之后,我就不能进一步关注已经从海关放行的任何商品。他们询问,政府是否应该帮助他们,显然,他期望得到肯定的答复。他们会不会是不诚实的商人?

这个贸易是不是值很多钱？我问将要去参加议会的福建代表们持什么看法，他们的发言人用一种不怎么尊敬的口气说道："哦，他们都是支持禁烟的。"他是马来西亚槟城籍中国人，受过良好教育，也很聪明，大概四十八岁，很显然已经不相信对任何事物的"禁止"。他是对的，随后的中国毒品史不幸地充分证明了这一点。

我们港口海关也开始感觉到北京新成立的海关委员会的存在给我们带来的影响。自然，港口的中国海关监督很希望依靠这一新机构来扩大他们在面对外国海关税务司时的权力。在这方面，我和所有中国当地官员的友好关系使得我不用处理这些很容易在新统治下不断发生的棘手问题。当地的海关事务尤为难办。某些本地海关收入已被标记为补充的"信贷准备金"，以偿还最近的国外贷款，所以必须仍旧首先由总税务司的代表，也就是港口税务司控制。我和中国同事多次就"我们两个谁来掌权"进行讨论。从他的角度来看，他的想法无疑是正确的。但是我总能提出理由赞成维持现状，并坚持一个非常让人满意的事实：假如我们的海关总税务司是一个"收税总管"，那他同时也是"总发款员"——这种安排既确保我的中国同事定期拿到他每个月的配额，又让他的处境比本地的其他兄弟们要好，因为那些人的薪酬经常遭拖欠。

但我在厦门的任期并不长。很快，我就前往福州——福建省省会，一个临近厦门的港口。我们遗憾地离开了厦门和那儿的中外好友。送行场面很盛大。爆竹声声响，几乎整个社区的人都来码头跟我们道别。

第二十二章

福州的生活——旧环境下的新官员——当地宣布独立——试图架空海关税务司——湘军威胁要制造骚乱——我的副税务司和英国领事——俱乐部晚宴及其后果——接受去伦敦办事处的提议——预感到灾难就要降临——到访并辞别香港，乘坐一艘德国邮轮回国

第二天早上我们到达福州港的塔锚地。这是我们第一次看到盛名远扬的闽江，以及尖顶峰往上郁郁葱葱的小山衬着远处当地度假胜地鼓岭的壮美全景。福州市地理环境优越，革命爆发前，很多退休官员和学者就安家在这里。这儿有一支满族军营，将军是蒙古族人，所以这儿满族人口也很多。革命爆发后，一切都变了。

满族富人逃走了，他们的房屋被洗劫一空，而穷人则沦落到挨饿受苦的境地。精美的旧式建筑却留存下来——静静地见证着这座城市过去的荣光。

我及时拜访了福州行政长官，发现他就住在其中一栋建筑精美的旧时清政府衙门里。

他很友善，当然我也是；但是他和迄今为止我有幸打交道的旧的清政府朝廷官员之间的强烈差异，让我心中充满惆怅。

这是我第一次亲身经历与共和国高级官员的会面。他们都是现代人士——有些略懂一些英语，但对于北方的中国人或官员礼节几乎没有任何了解。不过，一个海关税务司是没有什么政治见解的，所以我秉着惯用且适用的口号，"为了中国的利益"，很快就与他们搞好了关系。

福州有一个位置绝佳的赛马场，位于鼓山麓地。比赛已遭废止，但是场地很好地保留了下来，现在用于足球和其他运动，也用于国家节日庆典等活动。城里到处都是有趣的老店铺。我还对有名的漆器进行了专门研究，收集了许多"真正有价值的"样板。

福州茶物美价廉，已经传遍世界各地，有的甚至在利物浦中转，直接销往布宜诺斯艾利斯。质量上乘、不染尘埃的茶叶会被精美地包装起来，一个个小袋子上印有"一磅"字样，六个这样的包装再装入一个盒子，再将四个这样的盒子绑在一起。这都是南美销售商的想法，因为和消费者喜好一致，这些生意做得很大。

福州也因茉莉花而闻名遐迩。茉莉花气味芳香，用于使当季的茶充满香气。我记得有一次闻到一种特别刺鼻的味道，我去寻找它的源头——发现是一个种满了茉莉花的园子。

这是一种很奇怪的反差，这么可爱芬芳的花朵，却要靠恶臭熏天的粪便来滋养。这就是大自然化学的妙处所在。

但是我们安静单调的生活注定要承受一场粗暴冲击。有传言说，江苏、安徽、江西、广东四省已经宣称脱离北京政府独立，大概在6月18日，众所周知，有人威逼福建都督（Military Governor）参与其中①；进行威逼的这人是从日本留学归来的广东人，实际上

---

① 即许崇智逼迫福建都督孙道仁宣布福建独立一事。

第二十二章

控制着福州城的湘军,还赞成"废除袁世凯的中华民国总统头衔"。都督想辞职,但湘军不许他走,将他关押起来。城里的湘军大约有一万人,外面又没有任何武装力量,情势对于叛乱者来说简直是一场地毯滚球游戏(carpet bowl),再轻松不过。他们提出三个要求:(1)强制从乡绅和商人身上征税,以维持他们和士兵的生活;(2)获取海关收入;(3)对外国人和本地人具有唯一且最高的命令权。这样的场面当然荒谬而混乱,但也有严肃的一面。恐惧迅速在所有遵纪守法的人群中蔓延。我的中国同事海关监督,被赶出办公室,为了活下去不得不逃走。"独立人士"的代表们正等我关于放弃海关管理权和收入的答复。我还记得被推举作为我的"接替者"的那个人的打扮:他穿着一身海军夏季制服,身上佩着一把大剑。我们所有人一遍遍交谈。我坚持这样的观点:中国是一个不可分割的整体,不论何时,当大多数人不接受当政者时,宪法会提供一个解决方法。我们的职责——我这样将自己与中国,以及与中国福祉联系在一起——不是打仗,而是让大多数人认可和采纳我们的观点。听完这些,他们一片茫然,于是我接着向我的准继任者解释说,尽管不论何时,我都很乐意他与朋友来造访我,但只有海关总税务司才能正式地将他介绍给我。

第二天我们再次会面。我向他强调了在税收一事上干预税务司职权会带来的重大危害。而且,我再次将"为了中国的利益"作为主题,询问他们每个人,是让一个了解当地社会内情的人来处理这些事情更有利于国家,还是让一个不明就里的人来处理更好?

看得出来,这个就要接任我位置的可怜的年轻人穿着军靴的脚开始摆动,因为天色渐晚,我们再次推迟了这一讨论。第二天发生的事带来了让人欣喜的转向。塔锚地和福州城之间不通航且危险重重,要跨越十二英里海路,尽管如此,一艘日本鱼雷驱逐舰无视这些困难,当真停在了我们海关大楼门前——对于所有人来说,这是一个再明显不过的提示:外国人也在关心他们能在当地革命中获取什么利益。还有一个事件是孙中山的到来,但他只在塔锚地停留了一两天,然后就转船去了日本。日本领事似乎预见到他要来,但不论这次到访有什么意图,似乎都流产了;然而,这起事件却唤醒人们讨论,日本人在最近运动中所起的煽动作用。

不过,现在整起事件正逐渐平息。广东人许崇智无疑是这场湘军骚乱的幕后黑手,他发现返回家乡很方便,于是很聪明地赶紧溜回广州,及时保全自己一命。

在一些公告里,民政长的名字再次悄悄地出现,这意味着,"独立人士"宣称的军事管制已经停止。

那个文件的第一条实际上就是说:任何反对新政府的人都将被处死。他们把这份公文拿给我,我记得自己当时说:"喔,我想没有人会反对了。"听到我这句没什么用的俏皮话,他们都笑了,但心里其实是恼火的。

8月9日,袁世凯政府再次控制了福建省,我们仍然头疼的问题是怎样摆脱那些实质上掌控福州城的湘军。毫无疑问,袁世凯一直对局势的"真正内在"了如指掌,而且他和我们都很清楚,省府并不支持造成所有这些麻烦的秘密结社的白痴。如上所述,我的老同事被迫匆忙逃离,继续隐藏踪迹,但我尽力通过北京总税务司帮他处理一些事情,以避免袁对他的正直产生怀疑。但是他正经历的这些对他来说太艰难了,不久之后便去世了。

我还记得他的儿子常常独自一人在夜里拿着给袁世凯亲启的信来找我,我还开心地觉得这些信到了后者手里,证明了我的老同事

第二十二章

是一个对中国政府多么忠诚的老公仆。

这些事情刚稍微平静下来,就又发生了一件不愉快的海关事件。我的副税务司的探亲假得到批准,俱乐部为他准备了一场送别晚宴。他是一个善良、和蔼、随和的爱尔兰人,对人从没坏心眼。但就在将要回家这天,他不小心打破了英国领事馆门前一盏陈旧的路灯。他当时不知所措,赶紧回到俱乐部,没几分钟,被激怒的领事官员就手持大棒跟了过来,喊道:"你打碎了我的灯;我会给北京发电报,把你解雇。"

双方大打出手,不幸的是,法国领事——一个大块头男人——出来调停,毫无疑问他是出于好心,但他只拉着一方,那个领事便毫无顾忌,不用担心会有任何还击,然后重重地给了我那单纯的副手几棒。无疑,他伤得很重,而袭击者却毫发无损地走了。我第二天早上才听到这件事,立刻开始着手在双方之间做和事佬。我当下就给领事去信,建议让我来处理此事。他拒绝了我,之后我便去面见他。

在这儿要提一下,这名领事也是前面提到的北海事件中的主人公,所以当我发现他满身戾气时,一点也不诧异。起先,他拒绝和我讨论这件事,但寒暄一会儿后,我们不仅谈了此事,还聊了许许多多其他不平事——对这些其实我都一无所知。

最后结束的时候,他说到我的副手:"他在别的地方已经有麻烦了。"我回道:"您也是。"他答道:"哦,是的,在——但是,假如你看过记录,你就会明白我是对的。"我们见完面,我比任何时候都更强烈地意识到:他并不正常,他是病态的。

当然,这只会让事情更加棘手。毫无疑问,如果他和我一样在鹭宾·赫德爵士手下成长起来,那他一定没有时间找这么多事;但英国政府似乎对其驻远东的领事官员的这些奇特行为十分宽容,看起来也完全不清楚,履行司法职责的人一旦道德失衡,在偏远地区可能造成的精神和道德上的痛苦。当领事将我们的副税务司送上领事法庭,让他因"恶意损坏"灯具的罪名接受审讯,并将其定罪时,这一道德界限就被打破了。

对于破坏路灯这一指控,被告愿意认罪,但他反对他们指控他恶意而为——但领事坚持这一罪行是恶意的。我没有出席审讯,但从所有方面来看,这是一场诙谐的闹剧,领事既是控方,又是陪审员和法官,非常具有可可风格(Koko style)。同时,整出事件也传到了北京,将在那里进一步审理。许多文章从各种可能的角度对此事进行解读。有人告诉我,仅领事的答辩就有四十张大纸之多。

我丝毫不怀疑这点,因为他在自我辩护上向来是东拉西扯。然而,结果让人高兴,他从机构退休,开始"游历世界各国,享受生活"。

不过,我们很快又被卷入更大更严重的麻烦中。允许近期"福建独立"运动的始作俑者逍遥法外,不是袁世凯的作风,他开始充实效忠他的部队。运输舰和巡洋舰开始抵达,闽江港口被占领,城里的湘军被尽可能地孤立。

如前所述,湘军的首领已经逃走。他们没有火炮,只有步枪和随身佩戴的小手枪。不过,他们的人数大大超过了外面的军队人数。外面的军队不可能用火炮将他们驱逐出去,这样太冒险,可能会烧掉半座城。而且,假如又有一个湘军头儿,还随时可能发生另一场政变。

海军部总长刘冠雄上将是福建人,被北京方面派来专门处理此事,他很干练地处理好了整起事件。在拥挤的市中心,要解决有武

第二十二章

装、有组织的数千名士兵不是一项容易的任务。湘军说:"要我们出城,就必须答应我们的条件。如果不能满足,我们将一直在这儿等着,直到得到我们想要的。如果你们打算把我们赶出去,那我们就得打一仗了。"

但他们的侧翼被一个很聪明的策略打开了缺口。他们在这儿驻军多年,大多数人还和当地福州女子结婚。这样,遣返工作就变得困难了。有建议说,对于和福州女子结婚的男子,就没必要再遣返了,权宜之计就是让他们通过这种联姻成为闽南人。这个点子迎合人心,一下子我们就少了几千人需要处理。没有人显得慌忙。安置事宜进展迅速,在一个晴好的日子,剩余的约三千名强壮士兵被送上了去往上海的船,所有人都拿到了应得的报酬,高高兴兴地回去。我和上将及他的官员一起处理了诸多麻烦。他们其中一人还是我的老朋友——李鸿章的"虎贲",即安徽卫队中的一名军官。

刘上将在他塔锚地海军船坞的住处——一个易于防御的位置——指挥了所有行动。不这样做的话,他就容易暴露,有遭到暗杀的风险。他很少出门,但有一次隐藏身份到访我的办公室,没有引起别人注意。叛军头目仍然在逃,并为谋杀袁世凯的地方官员提供了大笔资金。

我们就中国、日本和俄国聊了许多,谈话也很有趣。他是李鸿章的老"弟子",聊到李大人在处理错综复杂的中国困境方面的政策时,大家相谈甚欢。

我希望他能来我家吃午饭,但他拒绝了。他知道其中的危险性,我想,他是不愿将我卷进来。刘冠雄不只是勇敢,还很有同情心,是我记忆中最高尚的那种中国官员。他在处理这些湘军和跟这事无关的平民事务时之所以这么成功,很大程度上是因为他这些优秀的品质。在福州，我还见到了胡约翰（Wolfe）副主教，他1861年来福州——他是一位精力充沛的老人家，看起来最多不超过六十五岁。福州传教机构以出有才能、有影响的人而闻名，还有许多一流的教育机构。最主要的就是三一学院——沿袭都柏林模式，由爱尔兰教授管理。

学生们热衷于学英语，我还记得他们将《麦克白》里宴会那场戏演得有多棒，他们唱校歌时有多么欢快。

"班柯""麦克白""麦克白夫人"演得特别好。服装是半旧的中国古代服饰。演出是英文的，大部分观众都是中国人，有妇人有孩子，即便听不懂台词，大家似乎都能跟上剧情：这也是对威廉·莎士比亚戏剧不朽的戏剧性的致敬。

港口本身和周围乡村的美丽环境充满趣味。我几乎天天都会到俱乐部房子上面的小山爬一圈，背靠高山，站在那儿能看到闽江大桥、桥那边的城市，以及河流的狭长港湾等壮丽景色。每一天不同的时间，景色在光影交错中变幻不一。有月光的夜晚风景尤其美好，有时还很怪异。我还保存有已故的司艮德男爵（Baron v. Seckendorff）拍下的一些很有艺术特点的当地风景照，男爵在选合适的拍景角度方面天分惊人。

本想着在这儿再干一年后我就可以全薪离职退休了，但这样的日子在收到海关总税务司意外的来信后戛然而止。他在信中给我提供了去伦敦办事处工作两年的机会。奇怪的是，尽管我立刻就接受了这一工作调动，但在刚发出电报那一刻，我和妻子都同时感到一种巨大的压抑。我们也说不清是怎么回事——没有任何线索暗示，但我们有预感，似乎会遇到很大的危险。我们没有任何头绪地左思右想，最后决定什么都不想，抛开一切，就这样吧。但这种可怕的

第二十二章

对于未来莫名灾难的预感,已经完全破坏了我们的处境。它就在前面,而我们即将踏入其中。当然,和大多数人一样,我们完全不知道1914年人类世界会发生什么大事,我只是将这段或许有价值的经历记下来。

我们完全没想到我们会和德国开战,所以我们在1914年5月28日,还坐上了北德意志劳埃德公司的吕措号(Lützow)船从香港启程。

在上船前,我们能在香港待大约一周,我们这一周过得也很愉快。我们骑着摩托在(对我们而言)陌生的庆典道(Jubilee Road)上吹风。一个轮胎爆胎,正修理的时候,又遇上暴风雨,但最后总算在中午十二点半左右回到住处,虽然我们浑身湿透,但玩得很开心。一直以来我都想去参观香港大学,在弗朗西斯·克拉克(Francis Clark)博士及其夫人的友善招待下,我们一起在那儿喝茶,他们带我们参观了学校每一处。工程专业当时是它的主要特色,我相信,现在也是如此。但当然,在资金允许的情况下,学校的整个规划是渐进式的,向着各学科方向扩展。在我任粤海关税务司期间,我总是热情地敦促广州高官和士绅为其捐款,他们都很乐善好施。我记得有个总督给了一笔相当大的捐款。

那时候电影刚刚在香港出现。我们在一个更像棚子而不是剧院的地方看了《三个火枪手》最棒的一个版本。负责放映的那个可怜的法国人看上去像是在发烧,但从九点到午夜这段电影放映的时间,他一直很顽强地转动胶片相机让大家顺利地观影。在远东地区,我常常能注意到法国人身上散发出来的这种勇敢气质——不论是士兵、水手,还是平民,都一样。即便立刻死亡,他们也要"表现出自己那勇敢无畏的气质"。

我们是在到达新加坡时,听到了爱尔兰皇后号在圣劳伦斯(St. Lawrence)遇难的消息。我们睡在岸上重建的欧洲酒店(Hôtel de l'Europe)。试问小卧室和浴室的电灯和电扇,与前几年旧的宽敞房间里缓慢转动的布屏风扇和井里打来的大桶冷水,哪个更舒适呢?回到船上后,我们开始注意到,北德意志号上的一切好像都不太对劲。它是一艘邮政蒸汽船,现在却在货运航线上运营,对于乘客的舒适性也不太在意。

住在二等舱位的是我的两个老朋友(海关稽查科人员)——两个德国人,都为中国和中国海关做出过很大贡献。他们都接受了"退休条款",永远回家去了。我经常想,不知道他们在正与半个世界交战的"自己亲爱的祖国",后来会遭遇什么。

乘客们开始一起适应新环境,但他们真的是相当无趣的一类人——绝大部分是德国人,全都非常反英。6月29日早上,船上无线电收音机接收到消息,斐迪南大公夫妇在萨拉热窝遇刺身亡。

消息传到船上,即刻引起反响。船上的德国人用阴沉的眼光看着我们,并认真地"交谈"着。他们当然都知道这也许意味着,黎明的曙光随时都会降临;当然,我们不会这样想。我妻子的健康状况非常糟糕,我们唯一的想法就是怎样在她没有彻底垮掉前上岸。

在最后一刻,经历一场可怕的斗争后,我们总算到岸。船长在高度紧张的状态下到了安特卫普(Antwerp),又迅速离开。贴出的告示说,船将在早上八点离岸,但七点之前船方就将所有到南安普敦的乘客赶上岸,并差点将我们留在比利时。船舷将被拖走的一瞬间我们上了船。这段航行是我记忆中最不愉快的一次。战争期间吕措号被英军俘获,在挂上红色的英国商船旗后被德国潜艇击沉。我相信,在它被俘获时,船上有足够的武器,使它可以在短时间内被

第二十二章

装备成武装商船。

航行期间,船上的人一直把我当作德国人,直到我和他们所有人进行了一场势同水火的谈话后,他们才醒悟。但是,我知道,我跟他们谈话使用的是德语,表达效果并不像我想要做到的那样好。

不过,在船上我还是遇到了一两个有意思的人。一个是来自德属新几内亚的典型北德人。他是一个身材高大的中年男子,作为一个殖民主义者,很显然他是成功的。唯一让他悲伤的事情是,近年来,德国政府对这片领土过于感兴趣,实际上还派出了许多官员,而这些官员似乎认为白人不应该总是任凭自己的意愿行事。他称呼他们为"没有经验的年轻律师"。这些误入歧途的人是老殖民者的眼中钉,后者认为"大棒"是解决当地所有弊病的灵丹妙药。陪我这位朋友一起的是他的妻子——一个非常漂亮的瑞典人。她显然认为,从社会意义上讲,新几内亚就是一个"令人恶心的沙漠",那儿的年轻人除了喝酒外无所事事,整个社会弥漫着冷漠的味道。她似乎非常厌倦自己的丈夫,但很精明地盘算着这个男人的大笔财富在汉堡精英圈的潜在价值,正是这将他们系在一起。然而,她差点和一个年轻又有野心的美国犹太人越界了。那个犹太人教她跳"探戈",或许两个人跳舞时的距离太近,以至于彼此难以拒绝对方的吸引力。但她及时地悬崖勒马,我最后一次见她,是她在丈夫的臂弯中跳《蓝色多瑙河》,她看起来就是众人崇拜的对象。

不过,我们很高兴能离开"祖国"(吕措号船),在 7 月 3 日来到温莎酒店,这里离我们要去的位于威斯敏斯特老皇后大街的中国海关办事处就很近了。

第二十三章

我于 1914 年 7 月接管伦敦办事处——战争爆发——中国中立导致的复杂局势——英籍海关雇员大批离开中国,参加到战争中——在伦敦办事处的工作——内班人员的制服及我们怎样为他们提供这些制服——对帝制与民国时期中国官员服饰的一些回忆——战争贸易部和中国邮政部的油墨

鉴于回国后发生的一切,回想 1914 年 5 月我们乘坐德国邮轮回家,真觉得是件奇怪的事情。但如果要让我说出选择德国邮轮的真相的话,那就是,德国邮轮对待乘客的态度比半岛及东方航运公司要更友善和气。当暗杀斐迪南大公的"慢速导火索"在欧洲巨大的火药库中开始燃烧时,我们正在悬挂德国旗帜的邮轮上,正在法国领地阿尔及尔的土地上,但是除了中心帝国的主战派,谁也不知道正在准备中的秘密恐怖事件。

我不是一个预言家——也就是说,我不会为将来十年里要发生的事情或喜或悲——下船的时候,我是比较想得开的,不知道从哪儿还模糊地听到这句话,"每一天受的苦够多了",所以我的心情基本还是愉悦的。比起现在或将来,我更在意的是过去——1881

第二十三章

年，我的第一个任期，年轻的我以及摆在面前的所有麻烦，还有1891年——反正让我担心的不是1914年。

我于1896年6月离开的这个办事处几乎没什么变化，我们难以替代的办公室管理员亨利·辛斯塔特（Henry Sinstadt）还在这儿工作——和以前一样警觉高效——已做好迎接我的准备。我下意识地认为，我要在这个再熟悉不过的行业再主持两年工作，然后会有一年的假期，那之后我就辞去工作，希望——虽然有点渺茫——之后的日子能在伦敦和德累斯顿两个地方度过。

接过这个工作，再次投入这个氛围中，我的生活变得极其忙碌，这里的氛围跟中国任何一个大大小小港口税务司办公室的都大不相同；我几乎是沮丧地坐在这张我的老上司金登干曾经坐过的椅子上，这样说有字面上和隐喻性的双重含义。我有时几乎会产生一种幻觉，似乎听到他开着车到了前面门口，被人迎上楼，脚步中有轻微的停顿，这是他走路的特点。不管是在伦敦还是在北京，这种物是人非似乎给人一种怪怪的感觉。相较于鹭宾·赫德伟大的人格，我们新的总税务司显得暗淡无光。我很同情那位被麦考利（Macaulay）引证的老锡克士兵的感受——"他从渺小的生者那里转过身来，向死去伟人的画像致敬"。

艰苦的工作和内心的记忆带给我的这种情绪使我对欧洲政治的兴趣较之往常减少许多。直到7月29日还是30日，我才突然清醒地意识到，"早已预见"的危机已经来到我们身边。和远东的绝大部分人一样，我知道德国人野心勃勃，也清楚，不是可能会有战争，而是战争不可避免——总有一天会爆发。但是，我们总希望，不管怎样，德国人的常识，或者受到威胁的那些国家能够及时地做好准备和预警工作，让我们避过这场劫难。但是这两种情况都没有发生，战争没有被制止。德国人还是把他们的理智扔到了狂妄自大的漩涡中，而我们似乎觉得，准备得最不充分的国家最不容易受到攻击。

随后，我们看到比利时做出了光荣的决定，它英明的国王向条约的另一方发出了呼吁。条约的其中一方给出的保证是假的，另一方给出的保证会是真的吗？英国在一天内就给出了它的答案！①

8月4日后欧洲发生了什么事，在这里已无须赘言。但是在这场灾难带来的恐惧和痛苦中，先是中国，然后是中国海关，表现出的奇怪的反常立场愈发危险。海关名义上是中国的，但其本质和根本是国际的。它被称为"海关"，但实际上远不是这么简单——由于它代表的是对中国债务的担保，因此也就代表着中国的偿付能力和诚信。

去担心未来可能会怎么样，或是为可能付出的代价而哭泣，都没有什么用；但是从局内人的认识来讲，我敢冒险断言，假如协约国失败，德国人实现其称霸世界的计划，那中国和中国海关大概就是武力铁拳之下世界新格局中最大的资产了。

我大概是在1914年8月6日想到所有这些的，而且，如果非要说实话，我的发现是，所有的胜算都不在我们这边——呃，我们先不说这个。同时，只要战争还在继续，直到决胜的那一天，不管是不是命运，中国海关，或许得一直纠缠在这个星球上最奇怪的蛛网中了。

牢牢守住我们北京堡垒的海关总税务司，是一个英国籍的领

---

① 1914年夏，德国照会中立国比利时，要求允许德军借道通过以进攻法国，比利时国王阿尔贝强力拒绝了德国的要求。8月4日，德军进攻比利时，后者在边境列日要塞进行了殊死抵抗，这是第一次世界大战的第一场战役。同一天，英国以德国入侵中立国比利时为由对德宣战。

第二十三章

导。该机构包含了所有交战国国民、所有可能参战国国民和所有中立国国民，他们中既有充满敌意的人，也有友善的人。总税务司这个英国人，受雇于一个很明显对协约国友好的中立政府，尽管一开始也会担心德国获胜的后果。所以，从战争的第一天起，我们这位英国领导就不得不谨慎处理一切，以保持海关里各方微妙的平衡。在这个过程中，他艰难地处理这一切所需的勇气和坚定不移的坦率是值得我们称赞的。

中国当局也用中国人与生俱来的那种从未背弃他们儒家思想的"风度"，令人敬佩地处理当时的情况。他们没有无故挑剔或找麻烦，而是继续遵守无条件中立的原则，对所有国家一视同仁。英国籍的总税务司和国际（来自各国的）工作人员效仿了这种做法。

当日本人和英国人接管胶州岛时，第一个也是最大的混乱出现了。按照与北京签订的协议，那儿的中国海关由德国人负责。他们此时不得不停止对海关的管理，被强行送往日本关押。但中国方面仍然保持中立，海关里的其他德国人继续在他们自己的港口工作。

不难想象，对于一个在中立的中国仍有敌对国同事的英国人来说，在伦敦工作时会遇到什么样的复杂情况。当然，也只有在英格兰，这种滑稽荒谬的场面才能维持多年，但事实就是如此。我们的官方密电不可避免地遭到禁止，使事情更加棘手。我无法收到北京的私人指示，也无法给他们发送任何官方信息，除非是用公开的海底电报——这些通常无法保密。急件送过来要很长时间，尽管是一式两份的，有时也会因为鱼雷袭击而丢失。在伦敦，它们也会遭"审查"。总的来说，事情很"困难"。

将任何供需品送出去早就是一件费力的事情了，因为出口任何国内需要的物资，都有可能落入敌人手中从而帮助敌方，这当然是不允许的。我们的许多外行人士和其他官员，看起来就像巴里（Barrie）笔下的老苏格兰病员，"不想祈祷也不想唱诗"，就"想讨价还价"。他们一直"想讨价还价"。如果他们能够命令式地说"你应该"或"你不应该"，那事情就简单多了。但他们往往什么都不讲。

当然，我不可能在这儿把整个战争期间伦敦办事处内部发生了什么都讲个清楚，但我会根据时间顺序，纪事性地列一些能代表我们的困难、焦虑和悲哀的事例。

我手头的第一件事就是将一个娶了英国女子做妻子的德国同事小心谨慎地安全送出英国。在战争突然爆发之前，他一直愉快地生活在伦敦。他是非常亲英的，但英国对他的敌意让他一点也不开心。在他离开的前一夜，我们请他一起喝茶。他明显悲伤极了，眼眶红红的，对攻占巴黎的必要性唉声叹气。他算幸运的，当时我们还在期望德国"遵守游戏规则"，报纸都在谈论"同我们英勇的敌人在战场上分个高低"，霍尔丹勋爵（Lord Haldane）的喃喃自语"德国是他的精神家园"还没有完全消失。我的德国朋友及时地取道加拿大开溜，如今关于暴行的谣言开始流传，如果他还在，那等待他的命运就是拘留，那我会很担心！还好这些都发生在通行证和其他阻碍因素发挥作用之前。拘留他立马就会带来一些棘手的问题——关于在中国海关管控下的德国人的地位问题。让人欣慰的是，这是一个不合逻辑的世界，不过要处理这种混乱仍颇为棘手——在北京的德国先生们可以为总税务司工作，并由后者支付工资，但在伦敦（虽然仍听命于总税务司，仍是由他发工资），我们亲爱的德国先生会被扣押拘留。当你找不到解决某个问题的出路时，那最好就放弃它，我现在就是比较轻松的，因为我们的这位德

第二十三章

国先生在他自己变成一个难题之前已经幸运地离开了。

一位高级美国税务司那时也在伦敦,他的妻子和女儿也跟他在一起,但他们在拿通行证时遇到了点困难,因为当时许多美国人都着急回美国,他们认为,几周内德军将领兴登堡(Hindenburg)就会向我们的城市街道进军。因为这个同事在休假,和伦敦办事处没有一点关系,我对他的事是没有责任的。作为一个有着真正老美国血统的新英格兰人,他非常渴望看到协约国的旗帜到处飘扬——当时只有六国,法国、比利时、俄国、塞尔维亚、日本,还有我们英国——显然让人遗憾的是,这些旗帜中没有美国的星条旗。

自然,战争带来的第一个后果,就是打乱了所有休假的海关人员的计划,我们不停地收到来自他们的询问,因为他们的状况相当糟糕。总税务司发文警告说,如果在假期到期前,他们被要求回到中国海关工作,那么假期就得缩减。他把问题扔给了每个人,让他们用自己的良心来做决定,是要坚守在中国还是参加到战争中去。当然,参加战争(中国当时是中立国)意味着辞职,这是不幸但必要的。尽管如此,几乎所有到了服兵役年龄的男子都牺牲了自己的职业生涯而选择参加战争。总税务司从自己对人手的需要的角度公开谴责了他们的离开,但同时,也很有个性地说道:"假如他们没有选择参战,我就会认为他们不是正直的人。"

海关这个大家庭由多国人员构成,这一点仍在造成广泛的混乱。对此我可以用以下事例说明。有个俄国人休假去了瑞士。他在里加(Riga)[①] 和汉堡都有投资。作为一个俄国人,他不可能在汉堡拿到钱,也不可能将里加的资金转移到日内瓦。所以他把他的悲

[①] 波罗的海上的港口,1710 年被俄国吞并,此后成为俄国西北部重要港口和贸易中心。1918 年拉脱维亚独立,里加成为其首都。

惨遭遇写信告诉了伦敦办事处，我们则尽力帮他。这是一起典型的事例，可以说明全体休假人员怎样通过求助伦敦办事处在最短的时间内解决他们遇到的私人问题。在金钱问题上，人们通常会遇到很大的困难，精神紧张，即便在正常情势下，陷入这种困境也不是开玩笑的，而在战争时期，这会加倍困难。

我在上文提到，海关是对中国部分债务的担保，所以当敌人巧妙地散布关于中国贷款的各种谣言时，问题就来了。证券交易所被关闭，英国政府所有证券的价格都通过协议稳定，所有外国股票的报价都只是名义上的，因为这些股票都已不可能在交易所交易。不过，我们避过了这一狡诈的、有预谋的暴跌，从总税务司那里传来的令人鼓舞的消息重振了投资者的信心。

日子在继续，情况却没有好转。1915年一开年，中国海关就遇到了巨大的困难，我从伦敦办事处的角度来看，禁不住会觉得，大批在中国海关工作过的年轻人的离去是一个战术性错误。在远东地区似乎流传着很多不负责任的言论，说英国缺少新兵。事实并非如此，但就算这是真的，政府也会考虑采取简单的解决办法，比如强制兵役；他们甚至可以做得再多一些，征召所有的劳动力，不分性别，以满足国家的需要。中国大公司或机构的领导几乎不会对员工说这么多来告诉他们不要走，反而，或许是想让员工自己意识到——他们也不会说出来——英国需要他们继续留在中国工作。佛兰德斯（Flanders）[①] 并非唯一一个要有人守住战壕的战场，但当然，留在原地，坚守岗位，不会像到一万英里之外的前线参战那么壮烈。"他们还要为那些在那儿站着待命的人服务"，从数字角度来

[①] 由于地处欧洲北海地区要冲，佛兰德斯在两次世界大战中都是欧洲的主要战场之一。作者在文中描述的这段时间，正在进行第一次佛兰德斯战役。

第二十三章

看,那些辞去在中国和日本的工作的英国年轻人的数量微不足道,但这个数字对削弱英国在远东贸易中的支配地位的影响远远不是"这么丁点儿"——尽管他们不会从这个角度来看待这个问题。我总是冒险提出这个看法,在那个风雨飘摇的时代,这样做可是冒着背负各种罪名以及被认为是"不爱国"的风险的。

确实,我们伦敦办事处的工作和经历大多是悲剧,但也有被布鲁斯·班斯法瑟(Bruce Bairnsfather)① 俏皮地称为"真的很要紧的事儿"的那么瞬息一现,证明了我们还是英国人。谁会忘记他那幅以此为名的传奇漫画:在狂轰滥炸中,一个男人还在列"过去两周发的树梅果酱罐头"清单。对伦敦办事处来说,"要紧的事儿"不是果酱,也不是什么吃的东西。但就是在这么一个似乎不应该为有这样的追求而特别开心的时刻,总税务司突然兴高采烈地想到,海关应该满足一个大家长久以来的需求,应该为他,为税务司、副税务司,还有助理们(假如他们能负担得起这身打扮的话)设计一套合适的制服,作为出席正式场合时的打扮。他指派我做一些必要的初步调查工作。

在那个时候,能买到的布料都很贵,质量还不好,而且所有服装贸易行业的分支都接满了战需品订单——裁缝们都"一个顶几个用",每一件事都在停摆。但是,我们还是尽了最大努力。我敢说,我们是以数树莓果酱罐头的精神做这件事的。最终我们为所有员工(包括我们的总税务司)设计了一套非常漂亮的制服,还有一本漂亮的插图集,里面是特别设计的穿着制服的人物的画像,非常富有艺术感,这是为了将制服清晰地呈现给穿着者。《当我第一次穿上

---

① 英国连环漫画家,以冷酷而幽默地描绘战壕里的士兵而著名。

这身制服》,就像这个标题所说的,展示出我们应该如何戴徽章(当我们有徽章时)!整个工作是由陆海军贮藏部的裁缝分部完成的。我认为它"全是顶好的",而且有专家向我们保证,这个模板也是他们从事服装贸易以来见过的最好的。但不知何故,这事似乎被搁置下来,我从未有机会看到自己穿着一身中国海关税务司的制服,尽管我仍然满怀希望想看看我们的总税务司和我先前的同事穿着我们精心为他们设计的这身大衣,像所罗门(Solomon)极荣华的时候[①]。和许多其他事情一样,为内班人员定制制服这个主意最早是在19世纪60年代末期由鹭宾·赫德爵士提出的,我相信,1872年去参加巴黎博览会的中国海关代表穿的其实就是他设计的制服——深绿色布料,金线竹形花边,再佩着一把剑。他们一定是开幕式上给人留下深刻印象的一道风景。就像本森(Benson)阁下在谈到自己的长袍时说的,"里面没有孔雀"。

对内班人员来说,很长时间以来,制服一直是悬而未决的问题。照例,英国部门会反对此事,因此下面这件事就很让人惊讶了:总务科税务司(Chief Secretary)——一个英国人——据说是指示伦敦办事处关注此问题的主要提议人。

对外班人员来说,制服当然是至关重要的,它可以保证职员在船舰上执行任务时得到应有的尊重。不穿制服的人显然不可能搜查并扣押船只。但对于内班人员来说情况就不一样了。他们的工作是在各个海关办公室内部进行的,对他们来说,不必像银行职员那样穿件显眼的制服作为标志让别人认出。在旧时清政府时期,所有的

[①] 《圣经·马太福音》6:28-29:"何必为衣裳忧虑呢?你想:野地里的百合花怎么长起来;它也不劳苦,也不纺线;然而我告诉你们:就是所罗门极荣华的时候,他所穿戴的还不如这花一朵呢!"

第二十三章

满汉官员都穿戴着代表自己官阶的官服和徽章,或许他们也有过这样的争论:应该也给海关税务司提供和他中国当地同事相同的"官衣"(即官袍)。但据我所知,他们从来没有提过这样的要求。如果税务司穿着一件最好是黑色,长度能够盖住臀部的大衣出现在正式访问的场合,他们就会相当满意了,他们还喜欢税务司戴一顶有中国装饰徽章的高帽子——假如他有的话。

在广州,一年四季的气候都很折磨人。我过去常常为外国领事们感到难过。他们许多人都没有白色制服,常常穿着一件金丝镶边的外套和常规布料的长裤,热得满头大汗。唯一例外的是美国代表。他采纳了我的装扮,即一件剪裁考究的黑色羊驼毛外套,同样材质的裤子,白衬衫,白领子,黑领结,黑色短袜和一双黑色的薄鞋子,再戴一顶高礼帽,这就是一身非常有特色的"官衣"了,而且所有的行头的重量加起来不超过三到四磅。顺便说一下,大家通常不知道,这顶黑色的高礼帽在头部和帽子之间留有非常合适的空隙,算是世界上最好的遮阳帽。在随后的共和时代,上面提到的这些装束都被认为是"过头"的,脱离了真正的民主朴素。对于新共和国的政府人员来说,穿着剪裁粗糙的破衣服四处走动,坐在街上常见的那种类型的破椅子上,是件骄傲的事情。当然,军人是不一样的。我记得有一个非常有名的当地将军,他穿着一身最特别的海陆军制服的混合版,再配备一把巨大的骑士弯刀。

毫无疑问,当时实际上统治中国的是"督军",他们的着装更加合理,尽管——你可以从公告新闻上他们的肖像判断出来——在制服选择原则上他们有很大的宽容度。

就海关内班人员而言,制服无疑是应该有的,他们可以在适当的场合穿——就像领事们穿他们自己的制服一样——但也不是在办公室工作的每一天都要穿。我猜海关达成的一致意见就是支持这个观点。这个话题我们先放心地说到这儿；但我总是很开心地回忆起这段经历，我曾一手为我以前的同事创制一套非常漂亮又适合的"官衣"，就在那个战争全面爆发、世界惨遭浩劫、德军炸弹声时时回响在我们耳边的年代。

在那段最艰苦的岁月，时间仍分分秒秒地很快过去，伦敦办事处的压力只增不减，由于无法和北京进行快速通信，我们要负责接待不断来访的问询者。尽管没有人看起来为此犯愁，但在中国中立的整个时期内，我们海关还是在继续我们不正常的地位，而且必须将我们队伍内外的情况全部考虑进去。走错一步，一场不愉快的危机都有可能跟着发生。我推断，没有哪些国家能像英国和中国一样，在这样几乎不可能的条件下，麻木地维持这样一种不合规范的方式。当然，我们总是假定，在事务方面是没有什么危险的，而且当我们不得不如履薄冰时，我也很小心地不在裂缝周边到处竖立"危险"的警示牌，正如我在俗语里发现的真理所述："眼不见，心不烦。"总归有的是时间！

比如，讲点儿轻松的事，1915年年底战争贸易部就发生了有趣的插曲。当时中国邮政已经完全从海关行政部门分离出去，因此也不能再由位于伦敦的海关总税务司署伦敦办事处作代理。邮政部的全部文具用品直接从伦敦承包商处获取。这些承包商中，有人给我寄来一封绝望的信，像是一封紧急求救信。中国邮政部的全部油墨供应被战争贸易部拦下。该部门说，他们知道有中国海关，但完全不知道还有中国邮政，因此，他们不能将邮政作为中国政府的一个部门，赋予它中国海关同样的特权。在将油墨放行前，战争贸易部要求一些官方人士为其担保，确保它作为"邮政部门"的官方身

第二十三章

份。我可以这样讲,油墨,从一开始就是"在索引上"的。索引包含了军需部急需的物资。而军需部总是告诫战争贸易部,不先行咨询他们,不准许一点儿油墨离开国境,这非常重要。承包商们求助于我,我就去面见了战争贸易部部长。他一直笑,说道,既然"话已经说出去了",他还是倾向于放行,因为他觉得军需部的人没必要再从成品中提取什么有价值的成分——不管在军需部看来有什么价值。但是他也同意,如果中国公使能出具一份官方权威说明,证明中国邮政部的身份,将会更加恰当,也更令人满意。这样做已经够友善了,邮政部也承认中国海关极力为它争取到的这一仁慈的中立特权。作为一名清政府时期的前邮政局长助理,我以自己的经验说明,这次交易是真诚的,是井然有序的,公使感到很满意。

第二十四章

1917年，总税务司的财务责任扩展——递补海关中的英国员工——伦敦中英圈子里掀起"茶壶里的风暴"——我们在伦敦办事处挂上中华民国的五色旗——为在法国的中国劳工旅提供中国乐器——总税务司成为弗朗西斯·安格联爵士，获得大英帝国爵级司令勋章——他老练地清除中国海关内的日耳曼元素——英国在中国的宣传——战时的贸易难题——我们如何将灯塔运到中国——停战欢庆

一个非常漂亮的美国女打字员曾抱怨说："生活就是一件事接着一件事。"我们发现，整个1916年伦敦办事处的确就是这样。在这儿记录或详述我们所有人承受的痛苦经历超出了本书的范围，所以我仅"记下这个时间"，将日历翻至1917年，那年发生了一些变化。

年初，总税务司的财务职责发生变化，有了明显的扩展。除了通常的贷款业务，他还负责整个赔款业务。当然在白银价格上涨的帮助下，前一年年底获得了一笔数目可观的贷方余额。

1917年上半年的赔款甚至可以不动用食盐税收。这意味着，

第二十四章

在支付了所有的担保债务后,财政部长还会有较大的盈余供支配。这位财政部长非常缺钱,而且政局远没有恢复稳定,虽然近在咫尺的南北分裂似乎变得越来越遥远,不过新议会中争辩双方偶尔还是会互扔墨水瓶和尺子。

国民党尽管有广州方面的认可,但还有北洋军阀可以与之抗衡,双方都不具备绝对实力打倒另一方。如果先不谈政治,中国1916年的情况不是那么糟糕,而且在1917年已经能看到美好的前景,这一无声的事实就强有力地证明了海关及其外国领导有效的工作方式。

当然,审查和不允许使用密码电报还是普遍的,但我们已经越来越习惯脱离我们的设备,尽管有时我也会想,鹭宾·赫德和金登干在缺少电报的日子中会如何活下来,电报对他们二人来说,可是官方食粮啊。弗朗西斯爵士和我的性情同我俩各自的前任都大相径庭,我们也不太想念持续信息带来的刺激。新总税务司对出于政治动机的"烟花"和"作秀"没什么兴趣,我也不必费时间费心思猜测他下一步会做什么。因为我知道,一般来说,他会采取合理行动,也会对我的行动满意。

战争导致海关外国工作人员,尤其是英国员工严重流失,到了必须尽可能增补的时候了。起初,让年轻的英国人在中国从事非战斗性质的工作似乎是不可能的,而假如我们没做到这点,一定会导致其他国家的人大量涌入。如果海关所征召的员工中绝大部分既不是中国人,也不是来自西方国家的人,那海关的国际特色将会减淡,而且也可能不可挽回地失去海关各等级职员中重要的东西方平衡。不过,幸运的是,我们很早就认识到,在战场前线之外的其他地方,也有英国人的战壕,虽然看不到摸不着,但依然真实存在。

我想，战争的最后两年在我们伦敦办事处工作的所有人员，在回顾海关名录那些岁月的特定页面时，都会为自己能够为记录在其中的大英帝国队伍尽绵薄之力，而感到自豪和感激。

但即便是在我们保全自己人时，也还是会出错，在紧要关头掉链子，这让人备感无力。有一次就遇到了可怕的麻烦。我们给一批最令人满意的新招募成员预订了一艘半岛及东方航运公司的船离开。让我们恐惧的是，就在这个时候，这艘汽轮突然"离港"，中国航线一度中断。还有一丝机会存在——在马赛搭上前一艘汽轮，但这种可能性几乎为零。法国方面给他们的护照"签证"是一个更复杂的问题。我到处奔波，在官方高层的特别要求和法国盟友的友好合作下，所有手续都被豁免了。我需要办理的公文都在最短的时间内完成。但我们仍旧焦虑不安，直到第二天早上我们的人在查令十字（Charing Cross）车站被送走。

大约也是在这天，或是早几天，一名美国记者向新闻界透露消息，大意是在中国的英国领事机构队伍中有许多德国人，这在中英圈子里掀起了一场有趣的"茶壶里的风暴"。前公使、前领事，以及曾在那儿工作的所有人都竭力申斥该说法，否认这种愚蠢的指控。政府给北京方面发电报，北京方面回电，使得问题即刻升温，这一点让这场风暴的始作俑者也惊讶得目瞪口呆。我及时跟他见了一面，让他了解了有些人喜欢称为"真相"的东西到底是什么。我们友好地交谈，我甚至发现了这个干扰我们中英圈子的误导性信息的来源。分别的时候，他说："我猜，下一次我想要发表任何关于中国的事情时，我会先来找您。"他又补充说："要是我早认识您，我想就不会有今天这样的事情发生了。"他是一个优秀的人，现在也是一个非常著名的国际记者，但遗憾的是，我们再也没见过。

第二十四章

在这件事之前,中国已经出现了某些反对中立的倾向,但还没有什么确切的事情发生,不过能够感觉到,中国也正卷入战争中。据我所知,协约国没有给它施加直接的压力,但同盟国无疑一直在通过各种渠道进行宣传。还有人宣称,德国的心理学关于中国的误区和在其他地区一样严重,特别是他们认为中国人将野蛮凶残和冷酷节俭两者结合在一起,并且会赞赏这样的想法——用金属线将阵亡的士兵捆绑成一大束,从尸体中提取珍贵的油脂等物质用于战争。这肯定令中国印象深刻,不过对于一个对逝者极为尊重的民族来说,留下的印象可能与预期正相反。

一个令人高兴的巧合是,1917年8月,就在第一批美国军队开进伦敦的同一天,中国宣布加入反对同盟国的战争。在此之前,我们这些国家已经承受了三年的负担!伦敦办事处很高兴能够挂上中华民国的五色旗。这让我们的邻居相当困惑,他们对旧的龙旗非常熟悉,但从没见过继龙旗之后的这面五色旗。我认为,我们在晚报上引发了关注。

中国和美国加入协约国后,全世界有超过十亿人一致反对德国。中国没有派出远征军,但在法国的中国劳工旅(Chinese Labour Corps)[①]得到了扩充。我从一个指挥着一个连士兵的前同事那儿听说了很多关于这些援助者的事。他在信中热情夸赞这些人品行端正,对工作充满热情和快乐。但他同时也担心(那时是9月),在冬季的几个月里,除非能给他们提供一些娱乐活动,否则这些人会觉得长期的赋闲生活异常沉闷。他提议说,假如能收集一些中国乐器给他寄到法国,那一定会大受欢迎。

[①] 中国劳工旅是第一次世界大战期间隶属英军的一支中国劳工部队,主要负责为搬运货物、挖掘战壕等作业提供劳力。

他手下的这群人都是中国北方人，尽管我不知道在这方面中国南北方究竟有多大差异，但我还是觉得琵琶在中国十八个省的每一处应该都是能被欣赏的，三弦应该也不会比它差太多，还有中国的长笛——竹笛也是。我知道的这些乐器在整个中国大地，不管东西南北，都很常见——更不用说"小鼓"。

所以我们初步定下了要寄些什么，只要我们能在伦敦找到这些乐器，不用花费宝贵的时间给中国方面写信去要，那就最好。幸运的是，像往常出现紧急情况时那样，中国公使馆出面帮忙，发出紧急求助信号，很快就在伦敦各种各样不起眼的地方找到了我们需要的乐器。对我来说，这是一个特别有趣的想法：一场用合适的乐器演奏的中国音乐会，应该可以与后方的其他演出相媲美。但对那里是否有足够的音乐家，我是持怀疑态度的——事实证明这样想可能有点过分。中国音乐的权威之一阿理嗣（Van Aalst）说，"能演奏他所描述的这些乐器的"只有"少数人"；一般来说，最经常演奏这些乐器的是盲人，而且劳工旅里也没有人懂 C 调三音。但总有可能，这些人里有人自带才艺。我经常注意到，乘船在中国旅行时，总会在船上发现一些能人，他们会用"一点音乐"使大家欢愉，消磨三餐之间的漫长时光。

幸运的是，在中国公使馆和我的朋友、主持中国驻伦敦总领事馆工作的曹云祥[①]先生的帮助下，我们给法国那边寄去了胡琴和笛子，还给他推荐的上海一家店铺写信，进一步订购需要的东西。我费尽心思想弄到一些长号角，它们在中国士兵的手上，确切地说，

[①] 曹云祥（1881—1937），浙江嘉兴人，教育学家。1907 年赴美公费留学，1914 年获哈佛大学硕士学位，后赴英国伦敦大学进行研究，同时出任中国驻英使馆秘书。回国后，任北洋政府外交部参事、清华学校校长，积极推动清华学校改办大学。

第二十四章

在他们的嘴上,可以发出骇人的声响。我经常听这些乐器,而且在想,对于即将上前线消灭敌人的士兵来说,这可以说是多么合适的前奏曲。事实上,这些声音,还有奇怪的鬼脸和翻滚的动作是昔日中国人准备打仗的基本特征。我毫不怀疑这样的乐声能"吓倒"除最勇猛的敌人外的所有人。事实上,我觉得约书亚一定也是靠着这样刺激神经、让人心烦的"号角声"摧毁了耶利哥(Jericho)城墙。①

然而,我们找来这些优质的珍宝,并不是为了帮助他们求得爱情或金钱。可能的情况是,由于缺少它们,中国劳工旅里的音乐就失去了一次展示一种新型堑壕攻击的华丽机会。但事实证明,一台"德科"(Dekko)留声机才是最受欢迎的,它不仅能播放中国唱片,还能播放一些军事音乐和其他西方音乐。在这类西方音乐唱片中,杰克·谢泼德(Jack Shepherd)的《欢笑歌》("Laughing Songs")立刻就流行起来,哈利·兰黛(Harry Lauder)的管乐队一直最受大家喜爱。我相信,音乐帐篷里一定整日整夜都挤满了兴高采烈的"中国佬"。

关于"中国佬"这个词,许多现代中国人认为这是在美国的西方人对自己同胞的蔑称。但是就这次世界大战而言,并非如此。"中国佬"和"英国兵"(Tommy Atkins),还有法语的"法国兵"(poilu)是一样的,是对我们的盟友(那些在许多场合证明了他们价值和英勇的人)表达感情的一种称呼。

关于总税务司在1918年新年授勋之列,之前没有任何人听到

---

① 这里借用了《圣经》中关于耶利哥城陷落的记载:约书亚得到神的晓谕,带领以色列人扛着约柜绕城七次,最后吹起号角、大声呼喊,摧毁了耶利哥城墙。《圣经·约书亚记》6:20:"于是百姓呼喊,祭司也吹角。百姓听见角声,便大声呼喊,城墙就塌陷,百姓便上去进城,各人往前直上,将城夺取。"

过一点风声。被授予荣誉后,他就成为弗朗西斯·安格联爵士,大英帝国爵级司令勋章获得者。他的前任们分别获得过第一等级圣米迦勒及圣乔治勋章(G. C. M. G.),和第二等级圣米迦勒及圣乔治勋章。许多人都认为,历史也一定会在他身上重演,尤其是考虑到1911年以来,他对中国及自己国家的贡献,以及成功克服的诸多困难。但是,在这样的事情上,个人并没有选择余地,除非失礼地拒绝接受。对一个人来说,相比被朋友问"为什么选中了你",被问"为什么没有选中你"当然更好。此外,总税务司受到本国的认可,也显然强化了外界对海关的尊重——外面很少有人了解它对中国人和外国人的真正价值。外国政府完全认可这些工作,鹭宾·赫德爵士要想同时戴上自己所有的勋章,估计也挺难的。要做到这样,得有俾斯麦或基钦纳(Kitchener)[①]的体格,尤其是中国勋章都相当大。

  安格联总税务司的一大成就是以一种坚定但并不无情的方式清除了海关名单上的同盟国的元素。名单上有一百四十七名德国人和奥地利人,在每一个条目旁边,他都附上一个说明:"将其名字从名单上删除。"他们可以选择辞职,但都拒绝这样做,这可能是奉最高领袖(Aller Höchste)的命令行事。但尽管如此,到期的工资和退休津贴还是发放给了他们。历史应该公正地记录,这些日耳曼人里,许多人都有着毋庸置疑的能力,有些人甚至天分极高。不管是在内班还是外班,这些人全都是踏实可靠的。在混乱的1914年到来之前,他们和非德国籍同事都相处得非常好,令人钦佩。我不想像一位著名的权威人士声明的那样,说他们是我们海关的骨干,

---

[①] 英国陆军元帅、伯爵,英国军界实力派人物,以镇压苏丹起义、结束布尔战争和在"一战"前组建了三百万大军而闻名。

第二十四章

因为这样说会贬低英国人。这些英国人从始至终兢兢业业工作,承受很多痛苦,面对内外攻击,一直保持大英风度。但德国人作为第二名也是受之无愧的,他们对中国政府和海关的英籍总税务司一直忠心耿耿。德璀琳、康发达(Kleinwächter)、史纳机(Schoenicke)、夏德、阿理文(Ohlmer),还有许多其他人,所有这些名字都会被永远铭记,直到海关成为传奇。遗憾的是,我们现在想到他们,就无法摆脱世界大战中我们双方对立带来的阴影,尽管在最后,同盟国付出了比协约国更沉重的代价。

我在别处也谈到了战时将物资送达中国有多困难,哪怕是(表面上)最普通无害的东西也是这样。比如说大头针,它和油墨一样都是"禁忌",因为它们通常用黄铜丝做成。但是现在对大头针的需求极为迫切,我搜遍各处,甚至给美国方面下订单,也只是发现,那个伟大的共和国也不比我们好到哪儿去。"目前的问题相当多,有'饭桶'、奸商、'吃喝玩乐'的人,更不必说悲观者和乐观者们幼稚愚蠢的行为。"在给上海同事的信中,我这样写道,以解释大头针不足的困境。我在精神上也备受煎熬,因为一颗炸弹落在了安妮女王门(Queen Anne's Gate),就在格雷子爵(Viscount Grey)镇上房子的正前方,也就是我们办事处附近。所以我在信中补充道:"因此,拥有三倍、四倍幸福[①]的人是,也应该是,生活在中国并领取值四先令八便士海关银两的人"。

在中国通商口岸保护下,我的同事们远离战争,很难意识到当时伦敦正在发生什么。有人曾给我写信:"我想你在家应该过得很好。"不过我给他的回信还是不要在这儿讲了!我想补充的是,所

---

① 语出维吉尔《埃涅阿斯纪》。

有没在伦敦办事处工作过的人都坚定地相信,被任命在那里工作,就相当于"休假"。但只要有人迈进了办事处门槛,开始艰苦的工作,这种愉快的幻想总是很快就消散了。这实际上并不是"迈进了这扇门,希望就抛在了身后"的情况,但他肯定将"休假"抛在了身后。根据我的记录,从1891年到1896年,我只得到过一次可以离开短短十五天的许可。从1914年7月8日到1920年10月2日,准确说来,我完全没有休假。

关于英国忽视在远东地区的宣传这件事,伦敦办事处爱莫能助。大战期间,这些宣传很少展开,这件事经常被拿来作为一种责难,我很自然就被这样的话题吸引了:我们应该做些什么教育中国人的思想,使他们正确看待协约国同德国人及其给世界带来的灾难所进行的斗争。在一个朋友的好心帮助下,我在隶属于贸易委员会的战争博物馆查阅到反德宣传材料,其中还包含了由英国领事馆一位主要领导撰写的一份非常有趣的概述,介绍了在中国方面的整个计划。也是那个时候,英国乔治国王画像下面的中文尴尬地写错了,我们做了校正。在那里,他被称为"英国王",这对于身为英国国王和印度皇帝的乔治来说,是非常不恰当的,甚至可以说是不敬。一看到"王"这个字,我就想,这里肯定没有外国汉学家把关,事实也确实如此。写这个词的是个广东人,显然在本国的帝国传统和表达方式上,他没有经过任何培训。但不知何故,他倒成了一个公认的"中国事物"的权威。我相信,相关部门也没有特别感谢那些对他的这一失误提出抗议的人。

另一种宣传方式,反复灌输常识和强调敏捷性,这在各个部门"掌权"的英国临时官员中是必要的,而我的一个建筑师朋友知道很多关于这些和蔼可亲的人古怪行为的趣事。不过,他承认,我之

第二十四章

前将一座灯塔运到中国去的经历可能会成为一项纪录。我开始着手完成这个订单，起初它是一件不可能做成的事情。这件事"做不成"，尤其是因为，不管是我还是供应商，都答不上来这些官员对于灯塔结构组成部分的疑问。"有没有把可能对军需部，或者文具部，或者天知道哪个权势部门有用的材料藏在里面？"我可不想因提供虚假信息或隐瞒真实信息而被关到地牢里，但我试图这样对他们讲：军需部、文具部、所有其他的部门一点也不会变得糟糕，即便这个灯塔被运走了，我们肯定一样会赢得战争。但这并没有令人满意。我恳求说，这是一个战前建成的二手灯塔，留在这儿也没有用，它原先的买家已无力支付，而这时中国方面愿好心接手。这也是徒劳的。怎么做都不管用！他们平静地分发了无数份不相关的表格（描述灯笼和塔所含成分）让我填写，浪费我和他们的时间。如果能出具证书证明这座灯塔的诚实和清醒，应该更管用吧。

同时，随着这些可笑手续的拖延，中国那边对灯塔的需求变得更大。由于一场破坏性的地震，中国海域的一个重要区域几乎变得黑灯瞎火，或者说它随时可能变得没有一丝光亮。但这些官员还是不肯放行，看起来几乎是被"灯塔"这个词给迷住了。直到最后，我定下了运货的日期——在那个船只经常延误、吨位普遍稀缺的年月里，这可不容易。由于绝望而无畏，我告诉那个部门，我已经这样做了。我也告诉其他一些人，向他们描述了一幅令人痛心但真实的画面：拒绝可能会意味着什么——船只在残酷的岩石上撞得粉碎，水手淹死在大海中，等等。当然，实际上这并不是拒不拒绝的问题，只是他们奉行这样可怕的话——"在获得许可之前，必须做到让本部门完全满意"。这只是他们的乐趣，但在整场战争期间，它在阻碍合法贸易方面确实干扰不小。

那可是整场战争期间啊！这真是一种可怕的永恒，正如罗瑟琳在亚登森林中所言："时间的脚步因人而异。"① 而它的脚步也太艰难了，尤其是在这场巨大的战争即将结束前。战争结束的那一刻终于到来了。11月的那个星期一，我如往常一样在办事处上班，就在那个11月的第11天的11时，伦敦市用炮声向人们宣告，停战协议已经签署，从那一刻起，前线的所有敌对活动都将停止。

即刻，所有的事情也都像敌对活动一样停止了，所有在威斯敏斯特的人都涌向大街，渐渐地，大批的人群也从其他街区涌来。战争结束了，我们胜利了！或者用我们英国兵的话说就是"Gurr finny"。人们到处呐喊欢呼，许多人还向白金汉宫行进。这种场面持续了整整一天，那天晚上在特拉法加广场（Trafalgar Square）聚集的人越来越多，势不可挡，这场庆祝达到高潮。街灯被仓促地擦洗了下，经历四年的黑暗之后，它们似乎闪烁着神圣的荣光。大本钟再次被照亮，锈蚀的钟摆敲打着，已发不出和谐的钟声。这声音说明，尽管我们亲爱的老"沙哑声"挺过了战争，但已不再处于最佳状态。事实上，所有的事情都像兴登堡"向伦敦进军"② 中描述的那样，只不过这是我们协约国的庆祝，而不是主宰一切的德国人，上帝保佑！

我们加入了庆祝的人群，站在大本钟旁挥舞着小旗子，思考着——思考着——不停地思考。周围的人们高兴地狂欢，还有几个人流下了眼泪，但我没有看到任何酗酒或混乱的场面。车辆不得不以蜗牛般的速度前进，公共汽车也插着旗子，载着是它合法载客数

---

① 语出莎士比亚戏剧《皆大欢喜》。
② 1916年出版的《兴登堡进军伦敦》（*Hindenburg's March into London*）一书，描绘了坦能堡战役的胜利者雄赳赳气昂昂开赴英吉利海峡对岸的场景。

第二十四章

两三倍之多的人们。

或许这是伦敦这座城市两千年历史上最美妙的夜晚。每个人都为彼此欢呼，因为我们所有人一起经历了这场世界末日，我们在痛苦和黑暗中被可怕的四骑士①驾驭着，而现在，承蒙上帝保佑，强大的胜利天使吹响了它光荣的号角。我们有权欢呼！

---

① 末日四骑士出自《圣经·启示录》，传统上和现代文作品将其描述为瘟疫、战争、饥荒和死亡。

第二十五章

大战中中国海关员工复员——唉,不是所有人都回来了!光荣榜及幸存者在战争中的贡献——新的海关养老金计划及其对新老雇员的意义——伦敦办事处参与筹划——国际法中的棘手案件——我清理了伦敦办事处的档案——回忆原办事处主管金登干——我在工作四十七年后退休

1914年我被任命到伦敦办事处时,最初的任期是两年左右,但残酷的命运改变了总税务司的计划,也改变了我的计划。这些情况使我能坚持下来,并且不仅在战争期间,而且在和平时期出现了其他问题时,能为海关"尽绵薄之力",对此,我还是很乐意的。

这些问题中的第一个当然就是复员问题了。中国海关的情况比较复杂,他们不仅仅是在英国复员,还要回到远东原来的岗位上。我们的海关员工们从前线各方回来,都希望回到中国,但在让他们获得自由并再次用船将他们送回中国前,我们还有很多工作要做。

唉,不是所有人都回来了!最优秀的一些已经不在了,但我们把他们的名字、他们不朽的贡献都整理出来,发到北京,刻在光荣榜上。一些人是我老朋友的儿子,我看着他们长大。还有一些,同

第二十五章

样是我非常熟悉和亲密的人，我们在条件或舒适或艰苦的地方一起工作、玩耍，那些记忆将我们紧紧连在一起。我们享有共同的命运——既不受总税务司喜爱，也不受上帝的眷顾。"总税务司"和"上帝"是掌管我们命运的双神，他们之间也经常互相影响。

属于第一类的有戈登·雷伯恩（Gordon Raeburn）和"汤米"·科克尔（"Tommy" Cocker），属于第二类的有埃尔韦·皮卡尔-台司德朗（Hervé Picard-Destelan）、杰拉尔德·里奇（Gerald Leach）、贝休恩·布鲁斯（Bethune Bruce）、佩里-艾斯库（Perry-Ayscough），还有一个非常可爱的法国年轻人德拉斯特（Delastre）。他们都是忠诚可靠的好人，在"小港口"的亲昵环境中，他们的生活经常和我们的交织在一起。此外还有战争敌对方的马克西米利安·海伊（Maximilian Hey），他很早就在与俄军的战斗中牺牲了。

中国海关光荣榜做出来时，它体现的不仅是它的国际性——还有更深层次的意义。在英国籍负责人的领导下，大家和平共处、团结一致。当战场上我们的同志为了共同的信念而牺牲，他们这种不朽的精神传回我们这里时，至少我们在精神上不会分裂。"他们在一支永恒的军队中行进！"

我们的航运业已经枯竭，海岸周边和其他地方的七百艘大班轮也只剩下腐烂的躯壳，这使得我们很难将海关员工送出国去。尤其是，一开始还不允许女性乘船旅行，而男人们自然也不希望在经过过去四年残酷的分离和焦虑之苦后，继续抛下自己的妻小。不过，当权者好心的合作使我们能够尽可能简化这些问题，虽然失望不可避免，但我们尽量让它少些。恢复全额薪水，回到中国的环境中去，对于在佛兰德斯战壕下待了几年的他们来说似乎就是到达小小的天堂了。没有人比总税务司更欢迎他们的再次回归。应该记录下来的是，弗朗西斯爵士及夫人在战争期间竭尽全力照顾海关人员，我有幸推进了他们的诸多善行和仁慈，他们的行为绝不会被受惠者忘记。加利波利（Gallipoli）一战中，安格联夫人不幸地失去了她唯一的弟弟，我们都很难过。我们都深深地爱着他，大家都在为他哀悼，"贝·鲍尔弗"（Bay Balfour）。

在那些活下来的人中，海关尤其为海利·贝尔（Hayley Bell）感到骄傲。他奔赴战场时是一名高级帮办，回来时已是一名戴着杰出服务勋章（D. S. O.）的陆军中校。他和自己的士兵在战壕中并肩作战，凭借出色表现赢得了这份荣誉。1920 年，总税务司出版了一份战争期间《中国海关成员所做贡献及获得荣誉记录》——对我们所有人来说，这都是一段令人骄傲的记忆。

仍是在 1920 年，中国海关的另一件大事是总税务司颁布了一项新计划，规定工作满四十年或到了六十岁的员工需强制退休。海关总署长久以来都焦急地期待着能出台某项计划，来缓解对于老员工和新员工而言都越来越难以忍受的局面。

因开办与维持中国邮政管理局的需要，海关不时会收到从财政收入中退还的大笔款项，这也使得新计划有可能实施。新计划的主要特点是引入了强制捐献原则，即那些愿意享受新计划带来的好处的人必须捐献。不过，不管有无捐献，这些人都不会失去之前只要工作超过七年，便会付给他们的"奖金"。

自然而然地，几乎每个人都冲过来捐献，最后加入进来的是我们这些即将退休的人——要么已经头发灰白，要么疲惫不堪。年龄大的人开始慢慢减少，其结果是，整个海关机构不仅在薪水上，而且在满足感和希望上都提升了一大步。计划将于 1921 年 3 月 31 日后最终生效，我决定继续留任，直至事情完成。"惟有忍耐到底的

第二十五章

必然得救。"① 这句话一直是我的座右铭,即便是在患口炎性腹泻那段生命终点似乎就在眼前的黑暗日子里,我仍然这样想。尽管我觉得,工作这么久之后,我不可能还对漫漫人生路心存多少希望,但当让上了年纪的人平静离开的钟声敲响,我还能继续留下工作时,我的心中还是甚为欣慰与满意。

同时,伦敦办事处还有很多工作要做。尽管已经病得很严重,但莫理循先生直到生命最后,还对海关里外班与内班的薄弱环节保持着关注。他一直以这样的风格为我们工作着,就在他过早逝去前不久,我还收到来自他的一封长信,内容关于上海外班人员的罢工威胁。因此,我很高兴自己能在大事上让他放心,没有顾虑。我回信写道:"中国海关每一位员工的责任就是听命于总税务司或者辞职(要么服从,要么走人 [Aut disce aut discede])。

"至于说不满情绪,我们不可能期望它完全不存在,但就外班的管理而言,毫无疑问的一点是,最近这个重组的整体趋势是想消除不满情绪,改善薪资待遇、职业前景以及工作条件。就我所听到的,我们外班的老员工没有搅进最近的这股风潮,离它远远的。在我看来,这股风潮是由一些多少受到布尔什维克倾向影响的、情绪不安的人策划的。"

令人痛心的是,他的朋友们的担忧是有道理的,莫理循再也没有回到北京继续他的工作。他在 1920 年 4 月 20 日给我的最后一封信中写道:"我沦落到了一个被称为阳光灿烂的锡德茅斯的地方,但是在这儿很难看到阳光。来了二十二天,我只有三天见到阳光。"

不久之后,他就在那儿去世。我们的总税务司弗朗西斯·安格

---

① 语出《圣经·马太福音》24: 13。

联爵士刚好那个时候休假回国，我们很自然地聊到莫理循先生，在关于外班人员的不满那件事上，他可能略微有些被误导。不过，话题结束时，总税务司感叹道："对于死者，唯有称美（De Mortuis）。"

弗朗西斯爵士热衷于从退役的人中招募内班人员，但因年龄问题而受到很大阻碍。迄今为止，我们的求职者年龄都介于十八和二十三岁之间，平均年龄在二十岁。一个二十岁时加入我们的四等帮办可以在这儿服务满四十年，拿到我们新养老金计划的全部福利，但年龄较大的人就拿不到了。而且，让这些退役人员在年纪较轻但年资较长的人手下工作也是反常和不便的。不仅如此，刚从学校出来的男孩子有更好的机会学好汉语。新计划会对语言进行定期的进步测试，因此，语言的掌握比以往任何时候都更重要。不过，我们在完全遵守规则的同时，还是可以有例外的，我们会让那些在佛兰德斯和其他地方表现英勇的优秀候选者通过。

顺便说一句，新计划给我们办事处带来了许多额外工作量。这是因为养老金以终身年金的形式发放，受益人可以自行选择人寿保险办事处。这使得可选地域非常大，许多人到我们这儿来问询，征求建议和帮助。"应该去哪个国家？哪个办事处？"

我收集了大量通知，以及英国、加拿大、美国和欧洲大陆办事处给出的关于各种各样"选择"的解释，还有各种政府方案。问询者国籍各不相同，每个人的需求也各不相同。不过，我们也尽了全力。人寿保险是我的爱好之一，我对所有保险情形的细节都非常熟悉。而且，这对我而言也是一个个人问题，因为我也即将退休，在给他人提供建议之余，也必须给自己找个保险办事处。所以无论如何，我们都能在这项计划的细节上帮助我们的总税务司，并且据我

第二十五章

所知，即便是在这个吃力不讨好的世界，我们也没有遭到任何人的辱骂。事实上，所有一流的办事处都遵循类似的方针，提供类似的保险费率，提供同样的保障。

同时，我们还要处理一项更为复杂和痛苦的工作。我相信这么一句谚语："棘手的案件使法律无能为力。"但有些法律看起来是专为制造棘手案件而制定的。我注意到几起与没收敌人私有财产相关的案例，在我看来，一些原先在海关工作，但现在是我们"敌人"的前同事，他们辛辛苦苦赚来的、从工资里费心攒下的钱，被我们协约国无情地扣下，是非常冷酷无情的。对他们来说，失去工作已经够不幸了，再剥夺掉他们唯一的生活经费，在我看来，不管怎样都是不对的。我们知道几起关于战争寡妇的令人痛心的案件，她们的丈夫之前都在海关工作，但在法律的召唤下参了军，战争时期法律不讲任何例外。他们失去性命的同时也失去了生计；在战争最后结束、和平到来之前，也不可能有人为她们做点什么事情。

当然，所有交战国都是这样做的，不论何时，只要俘获敌人财产，就随意没收；但尽管如此，我并不认为"地球上的战争或和平"，会因此获得巨大利益。我还记得这样一个特殊案例。一个在上海出生的孩子，父亲是德国人，母亲是英国人，读的是英国公立学校，他身上的盎格鲁-撒克逊血统显然大于其德国血统。但这个孩子落到英国政府手上以后，所有积蓄都被没收。甚至有人怀疑，他的父亲——一个在上海做生意的人——或许已经取得了英国国籍，但这个父亲很久之前就去世了，而这个儿子——我觉得有点堂·吉诃德气质——拒绝用这种理由挽回自己的钱财。他的"精神家园"无疑是他年幼时和求学时的英国环境，但由于他是在德国战败出局时被要求做出选择，他不会签署一些必要的文件来声称自己是一名英国人。

  当然，战争及其带来的影响笼罩着一切，但在我的伦敦任期内，我承担的另一项任务是删减我们的档案，这不是一项令人开心的任务。在本就不充足的休息时间里，我常常忙于清理这些档案，销毁不需要的。自1874年以来，没有什么动过，我们堆积的档案数量令人震惊，但这项工作必须得做，因为我们的书架已经快被挤爆了。我也觉得需要自己亲自动手，因为这项工作需要一个对我们办事处过去和现在的情况都非常了解，知道哪些东西不需要、哪些东西要留下的人来做。看起来，我最适合做这项工作，因为在金登干先生之后，我是在伦敦工作时间最久的，长达十三年又七个月。

  我们忠心耿耿的办公室管理员辛斯塔特，对每一个卷宗所在的位置了如指掌，这简直不可思议。在他的帮助下，我仔细检查成堆的"卷宗"。这儿应该说明一下，每一个卷宗里其实包含的是收集好的经我们伦敦办事处处理的每一项"订单"和"公务"的文件。"订单"是商业上的，"公务"是政治上的。在检查这些文件的时候，我比以往任何时候都更加震惊于金登干先生的工作是多么细致和全面；而斯莫利特·坎贝尔（Smollett Campbell）在给他的堂哥①做助手的这些年里所做的这些记录工作也让人赞不绝口。这些档案纪念了众多可敬的人的努力成果，现在，要把它们拱手送给纸浆生产商，叫我颇为不忍。但我知道，当我这样做的时候，心中对于他们过去的工作是怀着无比尊重之情的。我敢说，此后所知较少的人会使这项工作变得更容易。我在1881—1883年及1891—1896年与金登干先生一起工作，从个人感情上我是很不舍的。假如我们

---

① 即金登干。

第二十五章

办事处还有别的人选的话,我真的认为我应该怯怯地躲开,将这项不可避免的清理工作交给某个后来者去做。然而,照目前的情况,我必须面对这项任务,明智但不太好地销毁这些"在文件中战斗并完成"的东西。

但对于那些了解并欣赏他这种自我牺牲式付出的人来说,金登干先生的功绩不会被撼动。就像前面提到的,我自然而然地经常想到他,坐在他的椅子上,似乎能听到他急匆匆上楼的脚步声。当然,他为我们伟大的总税务司做过的所有工作——无论公事还是私事——我都非常清楚。但他所做的那些事情是否得到了应有的回报,即便只是几句来自上级的赞扬呢?我想并没有。鹭宾·赫德在这方面绝对是吝啬的,而且认为"这都是我独自做的"。在这样的想法和态度下,他绝不会承认助手的存在,唯恐这个世界会对他的全知有所怀疑。在伦敦时,他至少有一次机会可以对金登干表达敬意以示怀念,但他没有这样做。

金登干的工作很大程度上都是保密的,只有他和他的上级知道。海关总署对此所知甚少,更不消说公众了。他从不要求任何荣誉或认可,只是在自己高地血统①的忠诚下默默地服务。因此,知情者应该把他的功绩讲出来。金登干比总税务司赫德去世得早。他一直尽忠职守,直到1907年死神将他带走,他为海关忠实的服务才画上句号。

我非常想做些什么,好让人们永远铭记我们伦敦办事处最杰出的人,我能做的很少,但的确做了。我找了一幅他的照片,将它放大,照片中的他穿着宫廷服饰,戴着御赐双龙宝星,以及英国授予

---

① 即苏格兰血统。苏格兰高地因地势得名,是对苏格兰高地边界断层以西和以北的山地的称呼。

的最低等级圣米迦勒及圣乔治勋章。照片挂在老皇后大街二十六号的秘书室的墙上,俯视着三十五年峥嵘岁月里他一直坐着的这把椅子——这样的纪念方式必然不会被磨灭。金登干先生和已故的索尔兹伯里(Salisbury)勋爵长得非常像,当他每天穿过圣詹姆斯公园的小桥,去圣詹姆斯街的草堂俱乐部吃午餐时,经常被误认为是那位杰出的政治家。

他的社交和家庭生活本不应在本书的讨论范围内,但我们可以看到,他是一个忠实可交的朋友,也是最好的丈夫和父亲。他同漂亮、才华出众、魅力四射的妻子以及聪明的儿子们、美丽的女儿们组成了大家庭。如果说他有什么可爱的人性小缺点的话,那就是他对于甲级板球的热爱,那已经不仅仅是爱了——这毫无疑问是他在切尔特纳姆(Cheltenham)那段日子留下的后遗症[1]。这是他忙里偷闲的爱好,因为他的原则是把白天的每个小时和晚上的大部分时间都贡献给公职。尽管如此,如果说在板球赛季,他偶尔不同寻常地离开办事处很长一段时间,也不会有人不知好歹地来问谁赢了比赛!

就我个人而言,我欠他很多。他的派遣风格在海关是无人能及的,此外,他还很熟悉公务账目管理。他还颇具外交天分,洞察力也很强,再加上卓越的判断力,甚至是预见力。我在不同时期都曾与他一起共事,如果说我没有从他对我的和善教导中学到任何东西,那我真就是个呆瓜了。"对他的赞美来自高贵的竖琴而不仅仅是我。"可惜事实并非如此。我冒昧地对他的诸多美德、他的工作效率、自我克制以及尽责这些显著特质说上几句话,表达我卑微的

---

[1] 金登干青年时期曾在英格兰切尔特纳姆学院学习,该校以优秀的体育事业和成就闻名,而板球是其最著名的运动,许多校友都是板球专业人士。

第二十五章

敬意。全面地看他这个人、他的性格、他的职业，似乎更能印证这一苦涩的说法："这个世界对它最伟大的那些人一无所知。"当然，有少数人比金登干更有名，而且收获的奖励远远超出他们应得的，却不会超越他应得的！

让人高兴的是，我的主管弗朗西斯·安格联爵士正巧在我退休日期要到来前休短假回国。我们两个商量好，如果我申请退休，就可以在海关休最后六个月的全薪假。鉴于当时的情况，这是可喜可贺的。因为受到条件限制，我职业生涯的全部岁月里，我只享受过不足一半的探亲假。在中国期间，几乎也没有休过什么短假，所以在我退休时，没有受到任何形式的日常手续的刁难，真是让人意想不到的欣慰。

我在伦敦办事处的工作即将到期，因为上面已同意我退休，而且我的继任者也已任命好。令我由衷感到高兴的是，这个职位给了我的一位老朋友盖伊·艾奇逊（Guy Acheson）。在最后一个月的"交接"过程中，我们一起工作得很愉快。他上任，我卸任，顺利交接。总税务司绝大部分时间都在伦敦，我最后的官方行动是1920年10月2日为他和安格联夫人送行，他们要回到中国。

与他们告别后，我和艾奇逊走回办事处，签署了最后的文件，结束我多年来的工作，握手，分别。

在这儿，我也要同我的读者朋友们——如果有的话——说再见，结束对我中国之旅的回顾。

泽西（Jersey），1924年复活节